사례로 배우는

재무제표

사례로 배우는

재무제표

지은이 이호열
펴낸이 박재규
펴낸곳 경남대학교 출판부

초판인쇄 2008년 12월 10일
초판발행 2008년 12월 18일

주소 경남 마산시 월영동 449
전화 055) 243-2330 · 249-2074
팩스 055) 249-2073
전자우편 ko10@kyungnam.ac.kr

ISBN 978-89-8421-285-5-03320

값 15,000원

f i n a n c i a l s t a t e m e n t s

사례로 배우는

재무제표

이호열 지음

| 시작하는 말 |

기업과 관련된 재무정보를 외부 이해관계자들에게 전달하는 가장 중요한 수단은 재무제표(financial statements)이다. 기존에 간행된 재무회계 분야와 관련된 대부분의 전공교재는 특정 회계적 사건에 대한 회계처리방법을 단편적이고 부분적으로 다루고 있어서, 이들 특정 회계적 사건에 대한 회계처리의 결과가 최종적으로 재무제표에 어떻게 반영·표시되는지 그리고 재무제표간에 산술적으로 어떻게 연계되는지를 다루고 있지 않는 문제점이 있다.

이 책은 초급 및 중급 재무회계에서 배운 자산·부채·자본·수익·비용 등에 관한 회계처리방법을 바탕으로 하여, 재무제표의 작성과정을 구체적으로 다루고 있다. 이 책의 목적은 우리나라 회계기준에 따라 작성·공시해야 하는 기본 재무제표 ——— 대차대조표, 손익계산서, 이익잉여금처분계산서(또는 결손금처리계산서), 자본변동표, 현금흐름표 ——— 의 작성과정을 가상사례를 이용하여 체계적으로 설명함으로써 기본 재무제표간의 상호관련성(articulation, 연계성)과 기간별 상호관련성을 익히는데 있다. 이 책은 이러한 목적을 달성하기 위하여 다음과 같은 내용에 중점을 두어 모두 8개의 장으로 구성되어 있다.

제1장에서는 투자자들과 경영자들 사이에 비대칭정보로 인하여 자본시장에서 사전적으로 발생하는 역선택 문제와 사후적으로 발생하는 대

리문제(도덕적 해이 문제)를 완화하기 위한 제도적 장치 및 재무회계정보(재무제표)의 역할을 설명하고 있다. 이러한 설명은 지금까지 막연하게 느껴왔던 재무회계정보의 중요성을 구체화하는 데 도움을 줄 수 있을 것이다.

제2장에서는 회계정보(재무정보)・재무회계정보・재무제표간의 관계를 설명하고, 기본 재무제표인 대차대조표・손익계산서・현금흐름표・자본변동표와 이익잉여금처분계산서의 의의와 기본요소를 설명하고 있다.

제3장에서는 회계시스템과 회계적 사건을 설명하고, 재무제표 작성과정(분개→전기→수정전 잔액시산표의 작성→기말 수정분개 및 전기→수정후 잔액시산표의 작성→재무제표의 작성→장부의 마감분개 및 전기→마감후(이월) 잔액시산표의 작성→역분개)을 설명하고 있다.

제4장에서는 기간별 또는 기업간 재무정보의 비교가능성과 신뢰성을 증진시키기 위한 회계기준의 필요성과 의의, 우리나라 회계기준의 체계를 외환위기 이전과 이후로 구분하여 설명하고, 재무제표의 작성・표시와 관련된 회계기준도 설명하고 있다.

제5장에서는 현금흐름표를 제외한 나머지 기본 재무제표(대차대조표, 손익계산서, 이익잉여금처분계산서 또는 결손금처리계산서, 자본변동표)

의 작성과 표시의 일반원칙 · 목적 · 기본구조 · 표시방법 등에 관하여 「기업회계기준서 제21호」 '재무제표의 작성과 표시 I'을 중심으로 설명하고 있다.

제6장에서는 현금흐름표의 목적 · 기본구조 · 표시방법 등에 관하여 「기업회계기준서 공개초안 제03-16.2호」 '재무제표의 작성과 표시 II(현금흐름표)'와 「기업회계기준(제6장 현금흐름표)」을 중심으로 설명하고 있다.

제7장에서는 서비스업을 전제로 세 회계연도에 걸쳐서 다양한 회계적 사건들을 가상사례로 만들고 이들 다양한 회계적 사건들이 기본 재무제표(손익계산서, 이익잉여금처분계산서 또는 결손금처리계산서, 대차대조표, 자본변동표, 현금흐름표; 직접법과 간접법)에 어떻게 반영 · 표시되는지 그리고 한 회계연도의 재무제표간 상호관련성과 세 회계연도의 기간별 상호관련성을 설명하고 있다.

제8장에서는 유통업을 전제로 한 회계연도에 걸쳐서 다양한 회계적 사건들을 가상사례로 만들고 이들 다양한 회계적 사건들이 기본 재무제표(손익계산서; 포괄손익계산서, 이익잉여금처분계산서, 대차대조표, 자본변동표, 현금흐름표; 직접법과 간접법)에 어떻게 반영 · 표시되는지 그리고 한 회계연도의 재무제표간 상호관련성을 설명하고 있다.

우리나라는 국제회계기준(International Financial Reporting Standards; IFRS)을 2009년부터는 자발적으로, 2011년부터는 전면적으로 도입·시행하기로 결정하였다. 우리나라 기업이 한국채택국제회계기준(K-IFRS)을 적용하게 되면, 전 세계적인 회계처리기준의 단일화 추세에 적극 동참하게 되고 우리나라 기업의 재무제표와 외국기업의 재무제표간의 비교가능성이 제고되며 국제사회에서 우리나라 회계투명성에 대한 신뢰도가 향상될 것이다. 이 책은 한국채택국제회계기준을 도입하기 이전의 '현행의 기업회계기준'에 따라 재무제표의 작성과 표시를 설명하고 있다.

기존에 간행된 재무회계 분야의 전공교재들이 특정 회계적 사건들에 대한 회계처리방법을 단편적이고 부분적으로 다루고 있는 문제점을 보완하는 차원에서 이 책을 엮었다. 그렇지만, 아직도 미흡한 부분이 많아서 자칫하면 자원(종이)낭비가 될 것 같은 불안과 우려를 지울 수 없다. 개선을 위한 독자 여러분들의 아낌없는 지도편달을 바라며, 불안과 우려를 지울 때까지 그리고 한국채택국제회계기준에 따라 이 책의 체계와 내용을 계속해서 검토·보완할 것을 약속드린다.

이호열 씀

| 차 례 |

f i n a n c i a l s t a t e m e n t s

자본시장은 자금의 공급자인 투자자와 자금의 수요자인 경영자를 연결시켜주는 장소이다. 자본시장의 실패를 방지하고 자본시장의 기능을 적절하게 유지하기 위해서는 재무회계정보를 중심으로 하는 기업 관련 정보가 자본시장에 제공되어야 한다. 재무회계정보는 자본시장에서 투자자로부터 경영자에게로 자금이 배분되기 이전에 발생하는 역선택 문제와 투자자로부터 경영자에게로 자금이 배분된 이후에 발생하는 경영자의 대리문제(도덕적 해이 문제)를 완화하거나 해소시키는 기능을 수행하고 있다. 따라서 재무회계정보는 한정된 경제적 자원이 자본시장을 통하여 효율적으로 배분되도록 지원하는 기능을 수행하는 자본주의 시장경제체제의 중요한 하부구조의 하나이다.

1 장

자본시장과 재무회계정보

1 자본시장과 재무회계정보

제1절 • 비대칭정보와 자본시장

모든 경제주체들(기업, 정부, 가계 등)이 정보적 측면에서 가장 관심을 갖지 않을 수 없는 것이 비대칭정보(asymmetric information) 또는 정보불균형(information asymmetry)의 상황이다. 이는 간단히 말해서 거래의 어느 한 쪽이 다른 쪽보다 우월한 정보를 가지고 있는 경우를 가리킨다. 그런데 우월한 정보를 가지고 있는 쪽(informed party)은 그렇지 못한 상대방(uninformed party)보다 유리한 처지에서 거래조건이나 거래규모 등을 결정할 수 있기 때문에 항상 초과이익을 얻을 수 있다. 따라서 모든 경제주체들은 누구나 우월한 정보를 가지려는 욕망을 가지고 있으며, 이렇게 행동하는 것이 지극히 당연하고 보편적인 성향이다.

우리는 현실에서 비대칭정보(또는 정보격차)의 상황이 매우 다양하고 광범위하게 전개되고 있음을 쉽게 확인할 수 있다. 즉 비대칭정보의 상황은 개인과 개인간의 거래, 개인과 기업간의 거래, 기업과 기업간의 거래, 정부와 기업간의 거래 및 정부와 개인간의 거래 등에서 다양하게 존재하고 있다. 그리고 시장경제에서 대부분의 경제활동들은 다양한 계약관계를 기초로 하고 있는데 유감스럽게도 대부분의 계약들이 비대칭정보의 상황에서 체결되거나 계약들이 체결된 이후에 비대칭정보의 상황이 발생하는 것이 현실이다. 현실에 만연된 비대칭정보의 상황을 초래하는 요인들은 다양하지만 단순하게 두 가지로 분류할 수 있다. 하나는 감추어진 속성 또는 타입(hidden characteristics or type)이고, 다른 하나는 감추어진 행동 또는 노력(hidden action or effort)이다.

감추어진 속성이란 거래의 쌍방 가운데 어느 한 쪽이 다른 쪽이 모르는 속성을 가지고 있는 경우를 말한다. 감추어진 속성은 경제적 거래나 계약을 체결하기 이전의 단계에서 발생하기 때문에 사전적 비대칭(ex ante asymmetry)에 해당한다. 감추어진 행동이란 계약의 쌍방 가운데 어느 한 쪽이 계약의 이행과 관련해서 다른 쪽의 행동이나 노력 수준을 완벽하게 감시·감독(monitoring)할 수 없는 경우를 말한다. 감추어진 행동은 계약을 체결한 이후의 단계에서 발생하기 때문에 사후적 비대칭(ex post asymmetry)에 해당한다.

이와 같은 두 가지 요인들은 경제적 거래과정이나 계약을 체결·이행하는 과정에서 비대칭정보의 문제를 발생시킨다. 감추어진 속성으로 인하여 역선택 문제(adverse selection problem)가 발생하고, 감추어진 행동으로 인하여 주인-대리인 문제(principal-agent problem)가 발생한다. 그리고 역선택 문제와 주인-대리인 문제로 인하여 경제적인 거래가 활발하게 이루어지지 않거나, 거래가 이루어진다고 하더라도 그 결과로서 시장균형이 비효율적인 경우가 발생하여 사회전체의 효율적인 자원배분이 저해될 수도 있다.

주인-대리인 문제

주인-대리인 문제를 대리인(경영자)의 도덕적 해이 문제(moral hazard problem)라고도 한다. '도덕적 해이'란 용어는 본래 보험산업에서 나온 용어로서, 일반적으로 보험을 가입한 이후에 보험가입자는 사고방지노력을 상대적으로 덜 하는 경향이 있음을 의미한다. 도덕적 해이는 단순히 보험산업에서만 나타나는 현상이 아니라, 우리의 경제사회 현실 속의 많은 분야에서 여러 형태로 광범위하게 나타나는 현상이다. 그리고 도덕적 해이 문제 또는 주인-대리인 문제를 간단히 대리문제(agency problem)라고도 한다.

특히 이러한 문제들은 자본시장(또는 증권시장)에서 자금흐름을 왜곡시킬 수 있다. 자본시장(capital market)은 자금의 공급자인 투자자(주식투자자와 채권투자자 등)와 자금의 수요자인 경영자를 연결시켜주는 장소이다. 투자자들은 자신의 부(wealth)를 늘리기 위해서 기업에 대한 투자를 고려하며, 기업의 경영자는 경영활동에 필요한 대규모 자금을 자본시장의 투자자들로부터 조달한다.

자본시장(증권시장)

자금의 수요와 공급을 연결하여 주는 금융시장(financial market)은 일반적으로 화폐시장과 자본시장으로 크게 구별된다. 이들은 모두 자금을 중개하는 추상적인 장소라는 공통점을 갖고 있으나, 화폐시장(money market)은 단기성 자금을 중개하고 자본시장(capital market)은 장기성 자금을 중개하고 있다는 점에서 성격을 달리하고 있다. 그리고 자본시장은 증권시장과 같은 개념으로 사용되나 엄밀한 의미에서 약간의 차이점은 있다. 자본시장은 장기성 자금이 거래되는 시장을 포괄하는 개념으로, 주식 · 채권 등이 거래되는 직접금융시장과 장기대출 등이 거래되는 간접금융시장을 망라한다. 이에 비해 증권시장(securities market)은 주식이나 채권, 기업어음과 같이 자금의 유통거래가 장단기 자금의 구분 없이 자금의 최종수요자가 발행하는 직접증권을 매개로 하여 이루어지는 직접금융시장이라 할 수 있다. 요약하면, 자본시장은 유통되는 자금의 장단기 구분에 따른 분류이고, 증권시장은 자금의 유통수단에 따른 분류이다. 그러나 증권시장에서 이루어지는 거래의 대부분은 주식이나 채권과 같은 자본시장 상품이므로, 일반적으로 양자를 서로 같은 개념으로 사용하고 있다.

투자자

투자자(investors)는 기업실체가 발행한 지분증권(주식)의 소유자인 주식투자자와 채무증권(회사채)의 소유자인 채권투자자 등을 가리키고, 채권자(creditors)는 기업실체에 대하여 법적 채권을 가지고 있는 자금대여자 등을 가리키며 경우에 따라 공급업자 · 고객 · 종업원 등을 포함한다. 즉 채권투자자는 투자자이면서 채권자이기 때문에, 이를 명확하게 구분하지 않고 모두 투자자로 부르는 경우가 많다. 또한 상황에 따라 채권투자자를 투자자 또는 채권자로 명확하게 구분하여 사용하기도 한다.

자본시장은 일반적으로 다음의 두 가지 문제를 가지며, 이를 적절하게 대처하지 못하면 시장실패(market failure)로 이어진다.

첫 번째 문제는 투자자로부터 경영자에게로 자금이 배분되기 이전에 사전적으로 발생하는 문제로서 기업가치 및 기업위험의 평가와 관련되어 있다. 경영자는 자신이 경영하는 기업의 가치와 위험을 잘 알고 있는 반면, 자본시장에서는 다양한 종류의 많은 기업들이 거래되므로 투자자는 특정 기업에 대한 가치와 위험을 제대로 평가할 수가 없다. 즉 비대칭정보의 상황이 존재하는 자본시장에서는 개별 기업에 대한 올바른 평가가 이루어지지 않고 모든 기업이 평균적인 수준으로 평가되기 때문에, 일반적으로 낮은 수준의 기업이 높은 수준의 기업을 자본시장에서 몰아내는 역선택 문제가 발생한다.

두 번째 문제는 투자자로부터 경영자에게로 자금이 배분된 이후에 사후적으로 발생할 수 있는 문제로서 경영자의 기회주의적 행위와 관련되어 있다. 즉 비대칭정보의 상황이 존재하는 자본시장에서 경영자는 자금공급자인 투자자가 원하는 기업가치의 극대화에 관심을 갖기보다는 투자자의 이익이나 기업가치를 희생하더라도 자신의 개인적 이익을 극대화하려는 행위를 선택하는 대리문제가 발생한다. 경영자의 대리문제가 심각하면 자본시장에 자금의 공급이 위축되어 자원의 효율적 배분이라는 자본시장의 기능이 제대로 수행될 수 없게 된다.

기업의 경영자는 경영활동에 필요한 자금을 조달하기 위하여 투자자들에게 정보를 제공할 유인이 있으며, 또한 투자자들은 기업에 대한 투자기회를 평가하기 위하여 정보를 필요로 한다. 이러한 정보는 자본시장에서 자금의 수요와 공급을 연결시켜 주는 중요한 역할을 한다. 자본시장의 실패를 방지하고 자본시장의 기능을 적절하게 유지하기 위해서는 재무회계정보를 중심으로 하는 기업 관련 정보가 자본시장에 제공되어야 한다. 재무회계정보는 한정된 경제적 자원이 자본시장을 통하여 효율적으로 배분되도록 지원하는 기능을 수행하는 자본주의 시장경제체제의 중요한 하부구조(infra-structure)의 하나이다. 재무회계정보의 기능은 자본시장에 존재하는 역선택 문제와 자본시장에서 자금을 조달한 경영자의 대리문제(도덕적 해이 문제)에 대처하는 것이다.

1. 역선택 문제에 대한 제도적 장치

역선택은 품질에 대한 정보 부족으로 품질에 대한 구별이 불가능한 경우, 양질의 재화나 용역이 퇴출되는 현상을 초래하여 궁극적으로는 저질의 재화나 용역만 거래되거나 아니면 시장 자체가 성립하지 않는 시장실패가 발생되는 현상이다. 자본시장에는 이러한 역선택 문제를 해결해 주는 제도적 장치로서 투자자와 경영자 사이에 중개인들이 존재한다. 중개인들은 중고차량시장에서 중고차량의 품질을 독립적이고 객관적으로 확인하여 구매자와 판매자가 중고차량의 가격에 대한 합의점에 이르는데 도움을 주는 자동차정비사와 같은 역할을 담당한다.

자본시장의 중개인들로는 재무중개인과 정보중개인이 있다. 은행 · 보험회사 · 뮤추얼 펀드(mutual fund) · 벤처캐피탈회사와 같은 재무중개인(financial intermediaries)은 투자자들로부터 자금을 모집하여 이를 경영자에게 연결시켜 주는 역할을 담당한다. 신용평가회사 · 재무분석가(financial analysts) · 외부감사인과 같은 정보중개인(information intermediaries)은 다양한 투자기회의 질에 관한 객관적이고 신뢰할 만한 정보를 생산하여 투자자들 또는 투자자들을 대신하는 재무중개인에게 제공하는 역할을 담당한다. 이러한 중개인들이 자신의 역할을 제대로 수행하려면 기업 관련 정보가 반드시 필요하며, 이에 따라 경영자는 재무회계정보를 중심으로 한 기업 관련 정보를 자본시장에 제공함으로써 시장실패를 방지하고 시장기능을 유지하게 한다.

2. 대리문제에 대한 제도적 장치

정보의 비대칭에 따라 경영자들은 자금의 제공자인 투자자(주주나 채권자)의 이익에 반하여 자신의 이익을 극대화하고자 하는 행동을 취할 수 있다. 주주들은 자신이 투자한 기업의 경영자가 기업가치(주가)를 극대화시켜 주기를 원한다. 그러나 경영자는 자신이 회사를 100% 소유하지 않으므로 주주들이 원하는 기업가치의 극대화보다는 기업가치가 손상되더라도 자신의 이익을 극대화하는 행동을 취하게 된다. 즉 주주들이 모르는 비자금을 조성 · 운용하면서 개인적으로 유용하고, 호화스럽고 사치스러운 사무실 · 집기 · 전용차 등을 소유함으로써 개인적인 과시를 추구할 수 있다. 또한 경영자는 채권자들로부터 차입한 자금으로 자신을 포함한 주주들에게 과도한 배당금을 지급하거나 고위험-고수익(high risk high return) 사업을 수행할 수 있다. 고위험-고수익 사업은 실패하는 경우에 회사의 지급능력을 위태롭게 하므로 채권자들의 이익은 저해되지만, 성공하는 경우에는 고수익이 발생하므로 정해진 채권자들의 몫(이자)을 제외하고 나머지는 경영자와 주주들이 챙길 수 있다.

이러한 경영자들의 도덕적 해이(moral hazard)가 심각하면 자금의 제공이 위축되어 자원의 효율적 배분이라는 자본시장의 기능이 제대로 수행될 수 없게 된다. 재무회계정보는 기업의 재무적 성과에 대한 정보를 제공하여 경영자들의 행동을 감시·감독할 수 있도록 하는 수탁책임기능을 발휘함으로써 경영자들의 도덕적 해이를 경감시킬 수 있다.

자본시장에는 경영자의 도덕적 해이 문제에 대처하기 위해서도 다양한 제도적 장치가 마련되어 있다. 경영자에 대한 주식선택권(stock option)제도, 성과급제도를 비롯하여 다양한 감시제도(사외이사·외부감사), 소액주주들의 집단소송제도, 차입금의 사후관리를 위한 채무계약(일정 수준 이상의 운전자본 유지, 일정 수준 이하의 부채비율 유지, 배당 제한) 등이 있다. 경영자의 도덕적 해이 문제는 지금과 같이 자본시장이 발달하기 훨씬 이전부터 인식되어 왔던 문제이기도 하다. 어느 나라를 막론하고 오래 전부터 자본과 관련한 상법규정(자본유지의 개념 등)을 유지해오고 있으며, 이는 채권자들에 대한 경영자의 도덕적 해이 문제를 경감하기 위해 마련된 것이다. 그러나 자본시장이 발달할수록 기업의 경영과 소유는 분리되고 이로 말미암아 채권자에 대한 경영자의 도덕적 해이에 추가하여 외부주주에 대한 전문경영인의 도덕적 해이도 현저해지고 있다. 도덕적 해이에 대처하기 위한 다양한 제도적 장치도 재무회계정보가 없이는 그 기능을 원활하게 수행할 수 없다. 상법의 자본유지에 관한 규정이나 채무계약에 관한 규정은 대부분 재무회계정보를 근거로 하고 있으며, 성과급제도나 감시제도 등도 그 실제적 운용을 위하여 재무회계정보를 사용하게 된다.

제2절 • 역선택 문제와 재무회계정보

1. 역선택 문제

정보를 많이 가진 쪽의 감추어진 속성으로 인하여 발생하는 문제로서, 흔히 역선택 문제(adverse selection problem)라고 한다. 역선택이란 문자 그대로 경제적 거래 과정에서 바람직한 선택 대신에 바람직하지 않은 선택이 이루어지는 상황을 가리킨다고 할 수 있다. 이 용어는 원래 보험계약과정에서 발생하는 현상을 설명하는 것으로서, 보험시장에서는 보험회사가 보험가입자의 숨겨진 속성을 알 수 없는 입장에 있는 한, 불리한 보험가입자라도 선택할 수밖에 없다. 이처럼 감추어진 속성이라는 비대칭정보의 특성에 의해 야기되는 '불리한 선택' 또는 '쭉정이 선택'을 가리켜 역선택이라 한다. 이러한 역선택은 보험시장뿐만 아니라 내구재시장(신제품이든 중고품이든 간에)이나 노동시장 그리고 금융·자본시장 등 많은 종류의 시장에서도 역선택이 관찰되고 있다.

따라서, 오늘날 역선택 문제란 시장의 두 주체인 수요자와 공급자 중 어느 한 쪽이 거래의 대상인 재화나 용역의 성질에 관해서 다른 쪽에 비하여 우월한 정보를 가지고 있는 시장에서 발생하는 일반적인 현상을 가리킨다. 이것은 이른바 "악화가 양화를 몰아낸다(Bad money drives out good)"는 그레샴의 법칙(Gresham's law)의 현대적 재현이라고 할 수 있다. 그레샴의 법칙이 양화는 결국 시장에서 사라지게 되고 악화만이 유통될 것임을 시사하고 있듯이 거래될 재화나 용역의 성질에 관해 비대칭정보가 존재하는 시장에서는 특별한 보완장치가 고안되지 않으면, 좋은 품질의 재화나 용역은 시장에서 점점 거래가 줄어들게 되고 나쁜 품질의 재화나 용역만이 거래되든지 아니면 아예 거래가 이루어지지 않게 되어 시장자체가 폐쇄되어 버릴 수도 있는 것이다. 이와 같이 거래의 어느 일방에게 감추어져 있는 속성을 다른 일방이 알 수 없음으로 인하여 역선택이 이루어지고, 장기적으로는 나쁜 품질의 재화나 용역이 시장을 지배하게 되는 문제를 가르켜 역선택 문제라고 한다.

증권시장도 잠재적으로 역선택 문제에 자유로울 수 없다. 증권의 속성(품질)을 가장 잘 알고 있는 쪽은 자금의 수요자인 증권(주식, 채권)을 발행하는 기업의 경영자들이고, 자금의 공급자인 투자자들(주식투자자와 채권투자자 등)은 항상 그 품질에 대하여 회의적이다. 따라서 발행기업의 경영자들에게 증권에 대한 정보가 편재되어 있는 경우에는 나쁜 품질의 증권만이 증권시장(주식시장, 채권시장 등)에 나오는 결과를 가져와 극단적으로 투자자들은 그 증권에 대한 거래를 거부하는 사태가 발생할 수도 있다. 또한 경영자들도 자신이 경영하는 기업의 가치에 대하여 정보를 전달할 수 있는 수단이 없다면 증권시장에서 거래되는 기업들(예를 들면, 유가증권시장에서 거래되는 주권상장법인이나 코스닥시장에서 거래되는 코스닥상장법인)은 모두 가치가 낮은 것들뿐이고, 가치가 높은 기업들은 모두 사기업(private firm) 형태로 운영되는 결과로 나타날 것이다. 따라서 증권시장에서의 역선택 문제는 자금의 효율적 배분과 위험분담이라는 증권시장 본래의 기능을 약화시키고, 극단적으로 증권시장 자체가 폐쇄될 수도 있다.

2. 재무회계정보의 가치평가기능

감추어진 속성으로 인하여 발생하는 역선택 문제를 해소하고 증권시장의 기능을 적절하게 수행할 수 있는 방안이 필요하다. 재무회계제도는 증권시장에서 역선택 문제가 발생되지 않게 하거나 완화시키기 위한 방안의 하나이다. 발행시장과 유통시장의 기업내용공시제도는 기업에 중요한 정보가 발생하는 즉시 이를 증권시장에 알리는 현대 자본시장의 핵심적인 제도 중의 하나이다. 적시에 공시되는 신뢰성 있는 기업정보는 근거 없는 풍문 등의 폐해로부터 투자자들을 보호할 뿐만 아니라, 보다 많은 부가가치를 창출하는 기업으로 투자를 유인함으로써 경제적 자원의 효율적 배분을 촉진시킨다. 이러한 의미에서 공시제도의 건전성은 곧바로 자본시장의 건전성으로 이어진다고 할 수 있다.

우리나라에서는 발행시장의 공시제도에 따라 일정액 이상의 유가증권(주식이나 채권)을 모집·매출하여 투자자들에게 필요한 자금을 조달하려는 기업은 증권거래법에 의거하여 유가증권신고서와 사업설명서 및 발행금액확정보고서 등을 단계별로 작성·공시하여야 한다. 특히 유가증권신고서와 사업설명서에는 재무제표와 감사보고서가 포함되어 있다. 따라서 투자자들은 신뢰할 수 있는 재무회계정보를 이용하여 새롭게 발행되는 유가증권의 품질을 평가할 수 있다.

또한 우리나라에서는 유통시장의 공시제도에 따라 기업은 증권거래법에 의거하여 정기공시와 수시공시를 하여야 한다. 정기공시는 일정기간의 기업활동에 관한 정보공시로 대상기간에 따라 사업보고서·반기보고서·분기보고서로 구분된다. 이들 보고서에도 재무제표와 감사보고서가 포함되어 있다. 수시공시는 기업경영에 중대한 영향을 미치는 특정 사건이나 상황이 발생할 경우에 이를 신속하게 제공하는 정보공시이다. 즉 정기공시는 과거정보인 반면에 수시공시는 현재정보 또는 미래정보로서 특성을 지니므로 투자자들에게 그 중요성이 더 크다. 따라서 투자자들은 신뢰할 수 있는 회계정보를 이용하여 이미 유통되고 있는 유가증권의 품질을 평가할 수 있다.

특히 2000년 3월부터 실시되고 있는 금융감독원(Financial Supervisory Service; FSS)의 전자공시시스템(Data Analysis, Retrieval and Transfer System; DART)은 다량의 각종 공시서류를 일반이용자들(투자자, 기타 이해관계자)에게 인터넷(http://dart.fss.or.kr)을 통하여 실시간으로 제공함으로써 공시의 신속성과 기업경영의 투명성을 제고시키고 있다.

이러한 회계정보의 강제적 공시(mandatory disclosure)는 투자자들에게 의사결정에 필요한 정보를 제공하는 기본적인 기능 이외에 증권시장에 존재하는 정보의 격차를 해소하여 거래당사자들의 정보 수준을 대등하게 함으로써 시장원리의 작동을 원활하게 한다. 또한 투자자들이 주주나 사채권자의 지위에서 상법이나 증권거래법 등에 의거하여 갖게 되는 권리를 실질화하는 기능을 수행하게 한다.

또한 회계정보의 자발적 공시(voluntary disclosure)도 역선택 문제를 해소하여 증권시장의 기능을 적절하게 수행할 수 있게 한다. 즉 경쟁적인 자본시장(competitive capital markets)에서 한정된 자금을 얻기 위하여 신뢰할 만한 재무회계정보를 자발적으로 공시하는 기업은 자금조달능력에서 상대적으로 우위에 있다는 신호로 볼 수 있다. 그리고 적정한 재무보고와 성실한 공시는 기업의 미래에 대한 불확실성을 감소시킴으로써 투자위험과 자금조달비용 자체를 줄일 수도 있다. 우수한 경영능력이나 성과를 달성한 기업은 재무회계정보를 자발적으로 공시할 유인을 더 많이 갖게 되나, 기업들간의 경쟁으로 상대적으로 낮은 성과를 올린 기업도 재무회계정보를 자발적으로 공시할 유인을 갖는다. 왜냐 하면, 우수한 기업이 재무회계정보를 자발적으로 공시하고 나머지 기업이 재무회계정보를 자발적으로 공시하지 않을 경우, 자본시장에서는 나머지 기업에 대하여 성과가 아주 나쁜 것으로 평가하기 때문에 재무회계정보를 강제적으로 공시하도록 규제하지 않더라도 경영자는 자발적으로 재무회계정보를 자본시장에 공시하게 될 것이다. 따라서 경영자에 의한 재무회계정보의 자발적 공시는 역선택 문제를 완화하거나 해소함으로써 투자자들과의 의사소통(communication)을 개선하기 위한 수단이라고 볼 수 있다.

이와 같은 재무회계정보의 강제적 공시와 자발적 공시로 자본시장에 참여하거나 참여할 투자자들에게 체계적이고 신뢰할 만한 재무회계정보를 적시에 지속적으로 제공하면, 정보의 비대칭과 이에 따른 역선택 문제가 완화되거나 해소됨으로써 증권시장은 본래의 기능을 적절하게 발휘할 수 있게 된다. 즉 투자자들의 의사결정에 유용한 재무회계정보를 제공하게 되면, 증권시장에서 효율적인 거래가 촉진된다.

여기에서는 이를 재무회계정보의 '가치평가기능(valuation function)'이라고 한다. 즉 가치평가기능이란 기본적으로 투자자(보통주주)를 회계보고의 주요 대상으로 보고, 회계의 기본 기능은 기업가치나 가치측정치와 관련 있는 회계수치(accounting amounts)를 제공하여야 한다는 것이다. 재무회계정보는 자본시장에서 거래되는 주식과 채권의 가격에 영향을 준다. 물론 주가는 자본시장에 공식적이든 비공식적이든 주어지는 모든 정보에 의하여 변동할 수 있지만, 기업의 미래손익을 예측하는 데 유용하고 체계적인 재무회계정보를 자본시장에 제공함으로써 자원이 효율적으로 배분될 수 있는 증권의 가격형성에 공헌하여야 한다는 것이 가치평가기능의 핵심이다.

가치평가기능은 투자의사결정에 유용한 재무회계정보를 자본시장에 제공함으로써, 증권의 품질에 관한 정보의 비대칭을 해소하는 데 있다. 증권의 품질을 평가하는 데 도움되지 않는 정보로는 재무회계정보의 가치평가기능은 달성되지 않는다. 따라서 이 기능이 제대로 수행될 수 있게 하는 관건은 재무회계정보의 유용성(usefulness)이다.

이러한 회계정보의 유용성은 크게 정보적 관점과 가치측정적 관점으로 구분할 수 있다. 정보적 관점(information perspective)에서는 모든 정보를 반영한다고 가정되는 증권(특히 주식)가격의 변동을 관찰함으로써 재무회계정보가 정보내용(information content)을 지니고 있는 지를 평가하며, 주로 일정기간 회계이익과 그 기간에 주가의 움직임간의 상관관계 또는 회계이익이 실제로 공시되는 시점에 주가가 그 정보에 반응하였는지의 여부로 회계정보의 유용성을 경험적으로 검정한다. 반면에 가치측정적 관점(measurement perspective)에서는 주식의 가치를 어떻게 평가할 것이며, 이러한 평가에서 재무회계정보는 어떤 역할을 하는가 하는 기본적이고 실질적인 문제에 관심을 가지며, 재무회계정보와 주식가치를 결합시킨 모형을 개발하고, 회계수치를 이용하여 직접 주식가치를 평가함으로써 재무회계정보의 유용성을 경험적으로 검정한다.

그리고 재무회계정보의 가치평가기능은 의사결정유용성(decision usefulness)을 추구하는 이른바 정보지향적 접근방법에서 전통적으로 강조되어 온 기능이다. 즉 이 기능은 재무회계정보가 투자자들의 경제적 의사결정을 촉진(facilitate economic decision making)하는 것이어야 한다는 사고를 기본적 전제로 설정하고 있다.

그래서 재무회계기준위원회(Financial Accounting Standards Board; FASB)가 1978년에 발표한 재무회계개념보고서(Statement of Financial Accounting Concepts;

SFAC) 제1호(SFAC No. 1) 「기업 재무보고의 목적」(Objectives of Financial Reporting by Business Enterprises)과 한국회계기준원(Korea Accounting Institute; KAI)의 회계기준위원회(Korea Accounting Standards Board; KASB)가 2003년 12월에 발표한 「재무회계개념체계」에서 모두 의사결정유용성이라는 정보지향적 접근방법을 강조하고 있다. 이 개념보고서와 재무회계개념체계는 회계(재무보고)의 주된 목적을 "정보이용자의 경제적 의사결정에 유용한 정보의 제공"으로 제시하면서, 정보제공자보다는 정보이용자 중심의 사고방식에 입각한 재무회계정보의 가치평가기능에 초점을 맞추고 있다.

제3절 • 대리문제와 재무회계정보

1. 대리문제

경제활동의 거의 대부분은 당사자들간의 계약을 통하여 이루어진다. 계약이나 거래가 성립된 이후에, 권한을 위임한 일방 당사자(주인)가 그것을 위임받은 다른 일방 당사자(대리인)의 행동이나 노력을 관찰할 수 없어서 그것에 관한 정보가 대리인에게 편중되어 있을 때는, 대리인(agent)이 주인(principal)을 위하여 계약에 명시된 최선의 행동이나 노력을 경주하기보다 오히려 대리인 자신의 이기적 이익을 추구하는 행동을 할 수 있다. 그것은 지주와 소작인, 주주와 경영자, 채권자인 은행과 채무자인 기업, 상점 주인과 종업원, 주권자인 국민과 정부간에서 다양한 형태로 관찰된다. 이러한 문제를 대리문제(agency problem)라 한다.

만약 계약당사자들간에 완전정보와 영(zero)의 거래비용을 전제로 한 완전계약(perfect contract)이 성립되면 대리문제는 발생하지 않는다. 거래비용(transaction cost)이란 경제주체들이 수행하는 각종 거래활동에 수반되는 모든 비용(상품의 질과 거래, 계약상대방의 신뢰도에 대한 정보수집비용, 계약당사자와 흥정하는 데 드는 비용, 계약작성에 필요한 비용, 계약이 체결되고 나서 계약이 제대로 준수되는지를 감시하는 데 드는 비용 등)을 의미한다. 완전계약은 ① 계약성립 이후 계약이행 이전에 발생할 수 있는 모든 상황을 계약당사자들이 완전히 예견하여야 하고, ② 모든 상황의 발생에 대하여 어떻게 대처할 것인가, 어떤 방식으로 계약당사자들이 위험과 책임을 분담할 것인가 등에 대하여 완전한 합의를 이루고 이를 계약화하여야 하고, ③ 계약이 내용대로 완전히 이행되어야 하고 계약당사자들이 자발적으로 계약을 완전히 지켜야 한다는 세 가지가 모두 충족될 경우에 성립되는 계약이다.

그러나 현실의 계약은 대부분 불완전계약이다. 왜냐 하면 제한된 합리성(bounded rationality)으로 인해 인간은 제한된 정보만을 소화하고 이를 활용할 수밖에 없기 때문이다. 인간은 완전한 정보를 가지고 있는 것이 아니라 제한된 정보만을 소화하고 이를 활용하는 데 불과하다. 따라서 현실의 계약은 불완전할 수밖에 없고 항상 대리문제가 발생할 가능성이 있기 때문에, 불완전계약을 전제로 하면 대리문제는 회피할 수 없는 단지 정도의 문제라고 할 수 있다.

2. 대리비용

대리이론(agency theory)은 모든 계약관계를 주인-대리인 관계(대리관계)로 파악하여, 대리인의 행동 여부가 주인의 이해관계와 일치하지 않을 때 일어나는 문제를 해명하고, 그 문제에 대처하는 방법을 고찰하는 이론이다. 대리관계에서 이기심에 따라 행동(self-interested acts)하는 대리인이 기업가치의 감소를 초래하는 행동을 함으로써 발생되는 기회비용을 좁은 의미의 대리비용(agency cost)이라 한다.

대리관계의 전형적인 형태로는 주주와 경영자간에 존재하는 지분의 대리관계 및 채권자와 경영자간에 존재하는 부채의 대리관계를 들 수 있다. 이들 관계에서 주주와 채권자가 주인이고 경영자가 대리인이 된다. 주주와 경영자간에 지분의 대리문제가 발생하고, 채권자와 경영자간에 부채의 대리문제가 발생한다. 이러한 대리문제를 그대로 방치하면 주식회사제도(특히 공개법인)는 쇠퇴될 것이고, 나아가 자본시장도 적절하게 기능을 수행할 수 없게 된다.

그러나 합리적인 기대를 형성하는 자본시장은 경영자의 이기심에 따른 행동으로 인하여 대리비용이 발생될 것을 예상하기 때문에, 대리비용이 크게 발생되리라고 여겨지는 기업일수록 당해 기업의 신주발행이나 사채발행에 수반되는 자본비용(cost of capital)은 크게 증가될 것이다. 여기에서 대리인인 경영자는 자본비용을 줄여 유리한 자금조달을 하기 위해서 대리비용을 줄이기 위한 다양한 수단들을 설정·운영하거나 계약들을 체결·이행하여 자본시장을 설득하려는 유인을 갖게 된다. 따라서 대리비용으로 인하여 주인의 이익뿐만 아니라 대리인의 이익도 줄어들기 때문에 다양한 수단들을 설정·운영하거나 계약들을 체결·이행하려는 유인은 주인과 대리인 모두에게 있다.

대리비용을 감소시키기 위하여 다양한 수단들이 설정·운영되거나 계약들이 체결·이행된다. 대리인의 행위를 통제하려는 감시수단(monitoring system)이나 기업가치를 증가시키는 행위를 유발하려는 유인수단(incentive system), 그리고 대리인이 자신의 행위를 스스로 규제하여 적극적으로 신뢰를 획득하려는 보증수단(bonding system)이 설정·운영된다. 회계정보의 공시나 회계감사제도 그리고 기업의 내부조직을 원가책임단위·수익책임단위·이익책임단위·투자책임단위로 분할하여 그 세부조직별로 업적을 평가하는 책임회계제도(responsibility accounting) 등은 감시수단의 하나이고, 업적에 따른 경영자보상제도나 종업원지주제도(employee stock ownership plan)는 유인수단의 하나이고, 무담보사채의 발행에서 특약되는 재무제한조항(debt covenants)이나 기업설명회(Investor Relations; IR)는 보증수단의 하나로 볼 수 있다.

한편, 이러한 수단들을 설정·운영하거나 계약을 체결·이행하는 데는 비용이 수반되고, 이들 비용은 좁은 의미의 대리비용의 감소와 상충(trade-off)관계에 있다. 이 비용과 대리문제로 인하여 발생되는 기회비용을 포함하는, 대리관계에서 파생되는 모든 비용을 넓은 의미의 대리비용이라고 한다. 대리문제를 감소시키기 위한 제도를 설계할 때는 넓은 의미의 대리비용을 극소화하는 데 초점을 맞추어야 한다. 대리비용을 극소화하여 기업가치를 극대화하는 계약을 '효율적인 계약'이라 한다.

3. 재무회계정보의 계약기능

주인과 대리인간에 효율적인 계약을 체결·이행하여 기업가치를 극대화하기 위해서는 감시수단, 유인수단, 보증수단이 유효하게 설정·운영되어야 하는 데, 이러한 모든 수단들에 재무회계정보가 중요한 역할을 하고 있다. 즉 회계정보의 공시나 회계감사제도는 그 자체가 감시수단으로 이용되고, 유인수단으로서의 보상제도에서는 회계이익에 따라 경영자의 보상액이 결정된다. 보증수단의 예로 열거한 재무제한조항에 있어 각종 제한내용(배당제한이나 일정 수준의 순자산유지 등)은 재무회계수치에 의거하고 있고, 기업설명회에서도 주주들에게 재무회계정보가 제시된다.

이와 같이 대리비용을 감소시키기 위한 다양한 수단들에 재무회계수치가 이용되어야 하기 때문에, 재무회계정보의 주된 기능으로 계약의 감시와 이행을 촉진시키고, 계약당사자들간의 이해관계에 따른 갈등을 감소시켜 대리비용을 감소하려는 데 있다고 할 수 있다. 여기에서는 이를 재무회계정보의 '계약기능(contracting function)'이라고 한다.

대리이론에 따르면 기업이 온갖 형태의 계약들에 묶여 있다는 사실에 착안하여, 기업을 계약의 연결체(nexus of contracts)로 인식하고 있다. 즉 기업을 개개인간에 무수한 계약관계들을 연결시켜 주는 법적 의제(legal fiction)라고 보기 때문에, 경영자는 주주·채권자 등의 이해관계자들과 묵시적이건 명시적이건 계약을 체결하고 그 계약에 명시된 대로 기업을 경영한다는 것이다. 예를 들면, 경영자와 주주간에 고용계약이 체결되며, 경영자와 채권자간에 채무계약이 체결된다. 또한 경영자와 정부간에 정부계약이 체결된다. 이러한 각각의 계약에 대리관계가 성립된다. 그러나 경영자와 주주·채권자 등의 이해관계자들간에 정보의 비대칭이 존재하여 계약을 체결한 이후에 대리문제가 발생하고 이로 인하여 대리비용이 발생한다.

대리문제로 인하여 발생하는 대리비용을 감소시키고, 계약을 효율적으로 이행하기 위하여 유인수단, 보증수단 및 감시수단이 설정·운영된다. 구체적으로 경영자와 주주간의 고용계약, 특히 경영자보상계약에는 유인수단이 설정·운영되며, 경영자와 채권자간의 채무계약에는 보증수단이 설정·운영된다. 그리고 경영자와 정부간의 정부계약에는 감시수단이 설정·운영된다. 이러한 각각의 수단에 재무회계정보가 활용되고 있다. 따라서 재무회계정보는 다양한 계약들의 효율적인 이행을 촉진시키는 기능이 있다는 것이다.

재무회계정보의 가치평가기능이 자금의 공급자인 투자자나 채권자의 관계에서만 중시되는 기능이라면, 재무회계정보의 계약기능은 경영자를 비롯한 투자자와 채권자를 포함하는 모든 이해관계자들(stakeholders)간에 중시되는 기능이다. 이러한 재무회계정보의 계약기능은 가치평가기능보다 비교적 늦게 주목을 받았다. 이것은 오늘날과 같이 기업의 소유권과 경영권이 엄격히 분리되어 전문경영자가 기업경영을 전적으로 담당하고 있는 상황에서 나온 기능이라고 할 수 있다. 따라서 이 기능은 재무회계정보가 계약당사자들간의 다양한 이해관계를 조정하고 통제하는 데 사용될 수 있음을 강조하고 있다.

앞에서 설명한 바와 같이 대리관계에서는 경영자와 주주 • 채권자 등의 이해관계자들간에 존재하는 정보비대칭으로 인해 계약을 체결한 이후에 대리문제가 불가피하게 발생된다. 대리문제로 인하여 발생하는 대리비용을 감소시키고 계약을 효율적으로 이행하기 위해 감시수단, 유인수단, 보증수단 등이 설치 • 운영되는데, 이러한 각각의 수단에 재무회계정보가 활용되고 있다. 이하에서는 보상계약, 채무계약, 정부계약의 경우로 나누어 그것을 설명한다.

1] 보상계약

경영자와 주주간의 대리관계로 인하여 발생하는 지분의 대리문제를 해소하기 위하여 유인수단이 설정 • 운영된다. 지분의 대리문제(agency problem of equity)란 주주와 경영자간의 이해관계에 따른 갈등으로 인하여 발생하는 문제로, 이는 계약체결 이후에 정보비대칭의 상황을 이용하여 경영자가 자신의 효용을 증가시키기 위한 행동을 하고, 노력을 적게 하고, 주주와 경영자의 위험에 대한 노출이 다르기 때문에 나타난다. 즉, 경영자는 자신의 효용을 극대화시키는 의사결정을 하게 된다. 이 때 경영자에게는 화폐적 현금흐름으로 인한 효용뿐만 아니라 호화로운 사무실 집기, 매력적인 비서, 피고용자의 존경, 자선기부금의 액수와 종류와 같은 비화폐적 측면의 효용도 역시 중요하다. 이러한 효용충족을 위한 소비를 특권적 소비(perquisite consumption)라고 한다. 또한 경영자는 특권적 소비와 더불어 회사업무를 등한시하는 경향이 있다. 특히, 이러한 특권적 소비의 유인이나 직무태만의 경향은 경영자가 지분을 전부 소유할 때에 비하여, 지분을 일부 소유하여 외부주주가 존재하는 경우에 많아지며 이로 인하여 외부주주의 이익이 침해된다.

유인수단으로서의 경영자보상제도는 크게 두 가지로 나눌 수 있다. 하나는 회계이익과 같은 회계성과측정치를 기초로 하는 이익연동형 경영자보상제도이고, 다른 하나는 주가나 주식수익률과 같은 시장성과측정치를 기초로 하는 주가연동형 경영자보상제도이다. 이러한 보상제도는 통상적으로 고용계약에 포함되며, 고용계약을 효율적으로 이행하기 위하여 유인수단이 필요하다.

일반적으로 기업의 최고경영자에 대한 보상은 ① 기본급, ② 단기 유인계약에 따른 보상, ③ 장기 유인계약에 따른 보상의 세 가지로 구성된다. 기본급은 업계 평균이나 최고경영자의 전문기술 등을 참고로 하여 결정되며, 그 금액은 기업의 업적과 무관하다. 단기 유인계약에 따른 보상은 상여계획(bonus plans)이라고 한다. 상여계획에 사용되는 재무수치는 자기자본이익률・1주당순이익・당기순이익・현금흐름・총자산이익률・경상이익 등으로, 많은 기업들이 상여계획에서 어떤 형태의 이익수치를 사용하고 있다.

장기 유인계약은 기업의 장기적인 성장과 발전에 대하여 최고경영자에게 보상을 주는 계약이며, 3년에서 7년까지의 기간을 대상으로 한다. 이 계약의 목적은 경영자와 주주간에 존재하는 대리문제의 하나인 경영자의 근시안적 의사결정문제(decision horizon problem)를 해결하는 데 있다. 이는 경영자가 기업의 장기이익을 희생하면서 단기이익만을 극대화하려는 투자의사결정을 수행함으로써 발생하는 대리문제이다. 이러한 문제는 경영자의 예상되는 재임기간이 기업의 최적 투자기간보다 짧은 경우에 발생할 수 있다. 장기 유인계약은 재무수치에 바탕을 둔 계약과 주가에 바탕을 둔 계약으로 구분된다. 장기 유인계약에서는 주가에 바탕을 둔 유인수단이 많은 기업에서 채용되고 있다.

재무수치에 바탕을 둔 장기 유인계약은 업적계획(performance plans)이라고 한다. 업적계획에 사용되는 재무수치는 자기자본이익률・1주당순이익・당기순이익・총자산이익률・경상이익 등으로, 대부분의 기업들이 업적계획에서도 어떤 형태의 이익수치를 사용하고 있다. 이와 같이 기업의 최고경영자에 대한 보상제도는 상여계획과 업적계획이 연계되어 있으며, 각각의 계획에 재무회계수치(회계이익 등)가 활용되고 있으며, 특히 이익연동형 보상제도를 채용하고 있는 대규모 제조기업들이 해마다 증가하고 있다. 이익연동형 보상제도가 주가연동형 보상제도보다 많이 채용하고 있는 이유는 주가보다도 이익이 보다 더 경영자의 노력과 상관관계가 있다고 보기 때문이다.

따라서 이익연동형 보상제도는 효율적인 유인수단으로서 기능을 수행하여 대리비용의 감소에 공헌을 하고 있으며 증권시장도 인정하고 있다. 또한 상여계획과 업적계획에 외부감사를 받은 재무제표의 이익수치가 주로 활용되고 있다는 점에서, 재무회계정보가 유인수단의 하나로 대리비용의 감소에 공헌하고 있다. 이는 재무회계정보가 보상계약기능을 수행하고 있는 것으로 볼 수 있다.

2] 채무계약

채권자와 주주간의 대리관계에서도 채권자의 이익을 희생하여 주주의 이익을 증가시키려는 경영자의 기회주의적 행위 때문에 부채의 대리문제(agency problem of debt)가 발생한다. 이러한 부채의 대리문제는 투자유인의 문제와 위험유인의 문제로 나눌 수 있다.

투자유인의 문제(investment incentive problem)란 기업에 부채가 없고 주주지분만이 있는 경우에 경영자는 순현재가치(net present value)가 '0'보다 큰 투자대상에 투자하는 것이 기업가치를 증가시키기 때문에 모든 투자안을 선택하지만, 기업에 부채가 있어 채권자가 존재하는 경우에는 순현재가치가 채권자에 대한 상환액을 초과하는 투자안만 선택함으로써 발생하는 문제이다. 이른바 채무불이행의 위험이 있는 투자안을 포기함으로써 기업이나 사회적으로 볼 때 적정수준이 아닌 과소투자(under investment) 문제가 발생한다. 즉 경영자는 투자의 순현재가치가 투자액보다는 크지만 투자액에서 부채를 합한 금액보다 적을 경우에는 투자를 하지 않고, 오히려 주주에 대한 현금배당을 증가시킴으로써 주주의 이익을 증가시키려고 할 것이다.

위험유인의 문제(risk incentive problem)란 주주만 존재하는 경우에 비하여 채권자가 존재하는 경우에는 경영자가 주주들의 유한책임을 전제로 하여 위험이 보다 큰(구체적으로는 투자수익률의 분산이 보다 큰) 투자안을 주저 없이 선택함으로써 채권자의 이익이 주주에게로 이전되는 문제이다. 즉 경영자가 새로이 부채로 자금을 조달함으로써 기업의 지급불능위험을 증가시켜 기존 채권자의 이익을 줄이려고 할 것이다.

그러나 자본시장이 효율적이고 합리적인 기대를 형성하고 있다면, 채권자들은 이러한 경영자의 기회주의적 행위를 사전에 예상하고 있다. 이에 따라 기업의 자금조달비용은 상승하게 되고, 그 비용은 경영자가 부담하지 않을 수 없게 된다. 이 비용을 부채의 대리비용이라고 한다. 이는 경영자와 채권자의 이해관계가 대립되고 두 당사자간에 정보의 비대칭이 존재하기 때문에 발생하는 기회비용이다. 따라서 채무계약에는 채권자의 이익을 침해할 수 있는 경영자의 사후적인 기회주의적 행위를 규제하기 위한 재무제한조항(debt covenants)에 다음과 같은 내용이 포함된다.

① 유보이익제한조항 : 일정 한도의 유보이익이 유지되지 않는 경우에 배당 또는 자기주식의 취득을 제한하는 조항

② 운전자본제한조항 : 일정 한도의 운전자본이 유지되지 않는 경우에 특정한 활동을 금지하는 조항. 금지의 대상이 되는 활동으로는 사채의 추가 발행이나 배당지급 및 기업인수·합병 등이 있다.

③ 순자산제한조항 : 일정 한도의 순자산이 유지되지 않는 경우에 특정한 활동을 금지하는 조항. 금지의 대상이 되는 활동으로는 투자활동이나 배당지급 등이 있다.

④ 부채지분비율제한조항 : 사채의 추가발행이 계획되어 있어도 이로 인하여 일정 한도의 부채지분비율을 초과하는 경우에 추가발행을 허용하지 않는 조항.

이러한 재무제한조항을 채무계약에 특약으로 많은 기업들이 설정하고 있으며, 특히 유보이익·운전자본·자산·부채 등의 재무회계수치들이 채무계약에 중요한 역할을 하고 있다. 이와 같이 재무제한조항이 채무계약에 효율적인 보증수단의 역할을 수행하고 있으며, 이를 증권시장도 인정하고 있다. 따라서 재무제한조항이 외부감사를 받은 재무제표의 수치에 바탕을 두고 있다는 사실에 비추어 보면, 재무회계정보가 채무계약기능을 수행하고 있는 것으로 볼 수 있다.

3] 정부계약

정부와 기업의 관계는 크게 세 가지로 나눌 수 있다. 첫째, 정부는 다양한 규제의 주체로서 기업의 경제활동에 커다란 영향을 미친다. 둘째, 정부는 공공적인 재화나 용역을 제공하고 기업으로부터 세금을 징수한다. 즉 정부는 공급업자와 세금징수자로서 지위를 갖는다. 셋째, 정부는 많은 재화나 용역을 기업으로부터 구입하기 때문에 고객으로서 지위를 갖는다. 그리고 재화나 용역의 구입계약은 물론 세금징수나 규제에 대해서도 정부와 기업간에는 일련의 계약이 체결된다.

이와 같은 규제주체·공급업자·세금징수자·고객으로서의 정부와 기업간에서 발생하는 대리문제를 해소하는 수단으로서 재무회계정보가 중요한 역할을 하고 있다. 정부는 일반기업에서 한 계약주체가 되며, 때로는 고객이나 공급업자로서, 그리고 세금징수자로서 계약에 참여한다. 정부는 수많은 납세의무자들을 동시에 다루어야 하기 때문에 세금징수의 경제성을 고려하여야 하고, 개별 납세의무자들의 납세액을 결정하기 위하여 상대적으로 객관적이고 비재량적인 회계방법을 요구한다. 고객으로서의 중앙정부와 무기체계의 공급업자로서의 방위산업체들간의 쌍방독점은 국방조달계약을 이행하기 위해서 고객위주로 설계된 회계시스템을 요구함으로써, 정부가 회계에 중요한 역할을 수행하고 있다.

이에 따라 여기서는 먼저 규제주체로서의 정부에 대하여 각종 규제에 대한 재무회계정보의 역할을 설명한다. 이어서 세금징수자로서의 정부와 기업의 관계에 재무회계정보의 의의를 설명하고, 마지막으로 정부가 재화나 용역을 구입할 때의 계약과정 및 그 계약과 재무회계정보의 관계를 설명한다. 이는 정부와 기업간의 대리관계에서 발생하는 대리문제와 재무회계정보가 어떤 관련이 있는지를 살펴보는 것이다.

[1] 정부규제와 재무회계정보

불완전경쟁과 정보의 비대칭으로 인한 시장실패에 대처하기 위하여 정부는 법적 권한을 갖고 경제주체의 행위를 규제하는 경우가 있으며, 이를 공적 규제라고 한다. 그리고 공적 규제는 직접적 규제와 간접적 규제로 나눌 수 있다. 직접적 규제란 경제주체가 어떤 종류의 의사결정을 하는 단계에서 정부가 경제주체에 대하여 인・허가제도를 이용하여 직접적으로 규제하는 것을 말한다. 간접적 규제란 정부가 경제주체의 행동에 대하여 규칙(rule)을 설정하고 그 규칙을 위반한 경우에 사후적으로 규제하는 것을 말한다.

직접적 규제, 특히 가격규제에 재무회계정보가 관련되는 대표적인 사례는 공공요금의 결정이다. 공익사업의 가격이나 요금은 회계에서 산출되는 원가를 이용한 공식을 기준으로 하여 결정되고, 다음과 같은 공식에 따라 기대수익(과 공공요금)이 설정된다.

$$\text{기대수익} = \text{영업비용} + \text{감가상각비} + \text{세금} + r_A \times \text{기준자산액}$$

이 공식에서 r_A는 규제기관으로부터 인가된 자본이익률이고, 기준자산액은 당해기업이 투자한 자본이 된다. r_A에 기준자산액을 곱한 금액이 정상이익이 되며, 이것에 영업비용・감가상각비・세금을 가산하여 기대수익을 산출하고 이 금액이 공익사업에서 요금설정의 기초가 된다. 그래서 영업비용・감가상각비・기준자산액의 산정에서도 재무회계수치가 많이 활용되고 있다.

기대수익의 계산에 재무회계수치가 사용되고 있다면, 일반적으로 공익사업의 경영자는 보다 높은 요금을 설정하여 회사의 이익과 자신의 이익을 증가시키려고 할 것이다. 그리고 이를 위하여 영업비용·감가상각비·기준자산액을 많이 계상하려는 동기를 갖게 된다. 즉 대리문제가 발생할 가능성이 있고, 규제기관과 기업간에 존재하는 정보의 비대칭이 대리문제의 발생확률을 높게 한다. 이러한 대리문제를 해소하기 위해서는 권위 있고 객관적인 기준에 따라 기대수익을 산정하여야 한다. 따라서 일반적으로 인정된 회계원칙(generally accepted accounting principles; GAAP)에 따라 재무회계수치가 산정되고, 또한 외부감사를 받은 재무회계수치가 필요한 것이다. 공익사업의 요금설정에 대리문제를 해소하기 위하여 재무회계정보가 활용되고 있다.

간접적 규제에 재무회계정보가 관련되는 대표적인 것은 독점규제 및 공정거래에 관한 법률(독점규제법)의 위반에 따른 조사이다. 독점규제법의 위반을 조사·심사하는 기관에 제소된 기업들은 일반적으로 시장점유율이 높고, 재무회계상의 이익이 현저하게 증가하고, 자본이익률도 상대적으로 높았다. 이는 독점규제법에 의거한 간접적 규제에서도 매출액이나 이익 등의 재무회계수치가 독점규제법의 위반에 대한 심사와 제소에 활용되고 있다고 볼 수 있다.

그리고 매출액이나 제조원가 등의 재무회계수치가 독점규제법의 위반에 대한 심사와 제소에 활용되고 있으며, 과징금은 매출액(영업수익)을 기초로 하여 결정되고 있다. 따라서 독점규제법에 의거한 간접적 규제에서도 위반행위라는 대리문제를 억제하기 위하여 재무회계정보가 활용되고 있다.

[2] 세금징수와 재무회계정보

기업이 영업활동에서 얻은 소득에 대하여 국가는 법률에 따라 과세소득을 계산하여 일정률의 세금을 부과한다. 우리나라의 법인세법은 결산서상의 당기순손익(손익계산서상의 법인세비용 차감 후의 당기순손익)에서 세무조정을 거쳐 과세소득을 계산하는 것을 인정하고 있다. 이러한 방식을 확정결산기준이라고 한다. 당기순손익을 기초로 하여 법인세법이 가산 또는 차감하도록 규정한 조정항목을 가감하여 과세소득을 계산한다. 즉 당기순손익에서 익금산입항목과 손금불산입항목을 가산하고, 손금산입항목과 익금불산입항목을 차감하는 세무조정을 하여 간접적으로 과세소득을 계산하는 것이다. 확정결산기준은 재무회계정보가 포함되는 조세징수제도이다. 이러한 제도의 의미를 대리이론의 관점에서 설명하면 다음과 같다.

첫째, 감시비용(monitoring cost)이 줄어든다는 의미가 있다. 과세기관이 주인이고 납세자가 대리인인 대리관계를 상정하면, 두 당사자간에 정보의 비대칭이 존재하여 대리문제가 발생할 가능성이 있다. 대리문제를 해소하기 위해서는 감시수단이 필요하다. 과세기관은 대리인의 장부기록과 과세소득계산의 적절성을 효율적으로 감시하여야 한다. 재무회계수치인 당기순손익은 일반적으로 인정된 회계원칙에 따라 산정된 수치이고, 규모가 큰 회사는 외부감사인의 회계감사도 받는다. 따라서 재무회계수치인 당기순손익을 기초로 하여 과세소득을 계산하는 방식은 과세기관에게 세무조사를 대폭적으로 줄여주는 감시수단인 것이다.

둘째, 경영자의 기회주의적 행위를 억제할 수 있다는 의미가 있다. 확정결산기준에서는 손금항목들이 재무회계의 손익계산서에 비용으로 계상되지 않으면 과세소득의 계산에서도 손금으로 인정되지 않는다. 즉 과세소득을 과소 계상하여 세금을 적게 납부하려면 재무회계수치인 당기이익도 줄어든다는 것이다. 줄어든 당기이익은 경영자에게 비세금비용(nontax cost)을 부담시킨다. 예를 들면, 경영자보상의 감소, 재무제한조항의 위반 그리고 증권가격의 하락에 따른 자금조달비용의 상승 등이 초래된다. 따라서 재무회계정보와 과세소득의 계산을 연계시킨 확정결산기준은 비세금비용 때문에 경영자의 절세 및 탈세행위를 억제시키는 효과가 있는 것이다.

[3] 정부조달과 재무회계정보

정부조달은 그 규모가 방대할 뿐만 아니라 많은 산업에 대하여 가격, 품질, 그리고 생산량의 결정에 심각한 영향을 미치는 매우 중요한 분야이다. 또한 정부조달은 대리문제를 수반하는 공공재에 대한 구매행위이다. 정부(계약담당공무원)는 예정가격을 결정하여 기업으로부터 많은 재화와 용역을 구입한다. 예정가격은 적정한 거래가 형성된 경우에는 그 거래실례가격을 기준으로 하여 결정되지만, 신규개발품이거나 특수규격품 등의 특수한 물품・공사・용역과 같이 계약의 특수성으로 인하여 적정한 거래실례가격이 없는 경우에는 원가계산에 의한 가격을 기준으로 하여 결정된다. 이 경우 원가계산에 의한 가격은 계약의 목적이 되는 물품・공사・용역 등을 구성하는 재료비・노무비・경비와 일반관리비 및 이윤으로 계산한다. 이러한 예정가격은 정부와 기업간에 원가정보에 대한 비대칭정보가 존재하는 상황에서 가장 효율적인 기업이 조달물품을 공급할 수 있도록 하기 위한 전략수단이라고 볼 수 있다. 즉 정부조달계약에 사용되는 예정가격은 비대칭정보와 대리문제를 완화하거나 해소하기 위한 감시정보(monitoring information)라고 할 수 있다.

거래실례가격으로 예정가격이 결정되어 구입하는 경우에는 정부조달계약과 관련하여 재무회계정보는 특별한 역할을 하지 않는다. 그러나 신규개발품이거나 특수규격품, 특히 무기·장비품 등과 같은 특수한 제품을 구입하는 경우에는 일반시장에 적정한 거래실례가격이 없기 때문에, 제조원가에 적정이익을 가산한 금액을 기준으로 하여 정부조달계약이 체결된다. 이러한 계약을 원가가산이익계약(cost-plus-profit contracts) 또는 원가보상계약(cost-plus contracts)이라고 한다. 원가보상계약에는 재무회계수치가 사용되고, 또 이 계약이 반대로 재무회계수치에 영향을 미친다.

여기서는 원가보상계약에서 정부가 주인이고 기업이 대리인이 되는 대리관계를 상정하여, 그에 따라 발생하는 대리문제와 재무회계정보의 관계를 설명한다. 특히 무기·장비품들은 정부가 유일한 또는 주요 구매자가 되는 쌍방독점이나 수요독점을 통하여 거래되기 때문에, 무기·장비품들에 대한 정부의 조달계약과 재무회계정보의 관계에 초점을 맞추어 설명한다.

정부와 기업이 원가보상계약을 체결할 때, 모든 기업들에게 공평하고 수미일관된 원가계산을 하기 위하여 일정한 기준이 필요하다. 미국에서는 정부기관으로 원가회계기준위원회(Cost Accounting Standards Board; CASB)를 설립하여, 이 위원회가 제정한 원가회계기준(Cost Accounting Standard; CAS)에 따라 원가보상계약이 체결된다. 무기·장비품의 여부를 불문하고 50만 달러를 초과하는 정부조달계약은 원가회계기준에 따라 원가를 계산하여야 한다. 이 원가회계기준은 원가의 추정·집계·보고의 일관성, 동일 목적을 위해 발생한 원가배부의 일관성, 본사비용의 부문별배분, 유형자산의 자본화, 원가회계기간, 유형자산의 감가상각, 재료취득원가에 관한 회계, 연금비용의 구성과 측정, 연금비용의 조정과 배분, 이연보상원가를 위한 회계, 직접비와 간접비의 배분, 독립적인 연구개발비와 입찰비용회계 등으로 구성되어 있다.

이러한 원가회계기준의 광범위하고 세부적인 규정은 계약을 체결하는 기업의 재무회계에 큰 영향을 미친다. 원가회계기준이 재무회계와의 관련을 중시하는 것은 원가보상계약에 재무회계수치를 활용함으로써, 대리비용이 줄어들기 때문이다. 즉 재무회계수치는 외부감사를 받기 때문에 정부의 감시비용을 감소시킨다. 또한 재무회계수치는 일반적으로 인정된 회계원칙에 따라 산출된 것이고, 보상계약이나 채무계약 등에도 활용되므로 신뢰성이 높다. 따라서 이 수치를 원가보상계약에 적용하면, 계약 이후에 경영자의 기회주의적 행위를 억제하여 대리비용을 줄임으로써 재무회계정보가 정부계약기능을 수행하고 있는 것으로 볼 수 있다.

4. 계약기능과 전통적인 수탁책임기능

재무회계정보의 계약기능은 전혀 새로운 기능이 아니고, 또 과거의 기능을 수정한 것도 아니다. 역사적으로 회계와 재무보고의 주된 역할은 수탁책임(stewardship)이었다. 즉 1960년대 중반까지 재무회계이론을 주도하였던 개념들 중에 하나는 경영자의 수탁책임기능이었다. 자금공급자들은 경영자를 자신들의 재무적 자원에 대한 통제를 맡은 수탁책임자로 보고 있었다. 이러한 견해에 따르면 재무제표의 목적은 경영자의 수탁책임을 평가할 수 있도록 자금의 공급자들에게 재무보고서를 제공하는 것이다. 따라서 재무회계정보의 주된 기능을 계약의 감시와 이행을 촉진시키고, 계약당사자들간의 이해관계에 따른 갈등을 감소시켜 대리비용을 감소하려는 데 있는 것으로 보는 견해에서는 회사재산의 위탁·수탁관계라는 전통적인 수탁책임기능은 계약기능과 결부된다고 볼 수 있다.

전통적인 수탁책임기능은 재산의 보전과 운용에 대하여 재산관리자에게 위임된 권한의 집행과 그에 수반하는 책임의 이행에 의하여 생기는 재산의 증감변화를 기록·계산하고, 그 결과를 실제의 재산과 대조시켜, 재산변동의 사실과 원인을 명확하게 하는 것이다. 재산의 운용 권한이 재산관리자에게 위임되고, 재산관리자는 위탁자를 대신하여 이익창출활동을 한다. 이것은 대리계약에 따른 대리인의 행동과 같다. 그리고 재산변동의 사실과 원인을 명확하게 한다는 것은 재산관리자, 즉 대리인의 행동을 감시하기 위해서이다. 이른바 대리계약에서 대리인의 행동을 감시하고, 계약의 이행상황을 확인하기 위하여 재무회계정보가 이용된다는 점에서 계약기능과 전통적인 수탁책임기능은 서로 공통되는 측면이 있다. 대리계약이 확립된 경우에는 전통적인 수탁책임기능이 이미 존재한다.

그러나, 전통적인 수탁책임기능은 회계를 권리·의무 관계에서 이루어지는 법률적인 개념으로 보고 있다. 즉 전통적인 수탁책임기능의 관점에서 보면 경영자란 선량한 관리자로서 투자자들의 이해관계에 따라 행동할 책임이 있으며, 이러한 책임에 대한 정보를 제공하기 위하여 경영자는 법적·윤리적 의무로 회계를 실시하여야 한다는 것이지만, 대리이론에서는 이기심에 따라 행동하는 경영자가 상정되고 대리관계를 효율적으로 유지하기 위한 각종 수단들이 연구대상이다. 따라서, 회계도 권리·의무 관계에서 이루어지는 것이 아니라 대리비용의 감소와 기업가치의 증가라는 경제적 합리성에 따라 실시된다는 것이다. 재무회계정보의 계약기능은 권리·의무

관계의 관점에서가 아니라 경제적 합리성의 관점에서 해명되어야 하고, 법률적 개념보다는 경제적 개념으로 보아야 한다.

계약기능의 관점에서 보면, 전통적인 수탁책임기능에서 설명이 불가능하였던 많은 회계현상들에 대한 설명이 비로소 가능하게 된다. 감시수단의 하나로서 회계정보가 공시된다는 것은 전통적인 수탁책임기능이나 계약기능에서 모두 설명이 가능하다. 그러나 유인수단과 보증수단에 회계가 이용된다는 것을 전통적인 수탁책임기능에서 설명하는 것은 불가능하다. 전통적인 수탁책임기능이 경영자는 투자자들의 이해관계에 따라 행동할 책임이 있다는 것을 전제로 하고 있는 한, 경영자의 이기적 행위를 방지하고 나아가 투자자들에게 바람직한 행위를 유발하려는 유인수단의 존재는 연구대상에 포함될 수 없고, 경영자가 의무로서가 아닌 스스로 자진해서 신뢰를 획득하려는 보증수단을 설정하는 것도 연구대상에 포함될 수 없기 때문이다.

또, 일반적으로 인정된 회계원칙 중에서 경영자가 어느 **회계정책(회계방법** 또는 **회계방침)**을 선택하여도 계속해서 적용하기만 하면, 전통적인 수탁책임기능은 수행된다. 그러나, 경영자는 실제로 여러 회계정책들 중에서 특정 회계정책을 선택한다. 일정한 회계정책을 선호하는 형태도 관찰되고 있다. 이러한 현상에 대하여 전통적인 수탁책임기능은 아무런 설명도 할 수 없다. 또한 현실로 관찰되는 회계정책의 변경이나 회계기준설정에 대한 경영자의 로비활동에 대해서도 전통적인 수탁책임기능은 설명력을 갖고 있지 않다. 그러나 정보의 비대칭과 경영자(대리인)의 이기적인 행위를 전제로 하여 회계와 대리비용 그리고 기업가치를 결부시킨 계약기능은 이러한 회계현상을 전체적으로 설명할 수 있게 된다.

회계정책

회계정책(accounting policy)은 두 가지 의미로 사용되고 있다. 하나는 경영자가 개별기업 수준에서 재무보고를 할 때 사용가능한 대체적인 회계기준들 중에서 특정 상황에 적합한 구체적인 보고 · 측정 · 공시방법 등을 독자적으로 선택하는 과정을 의미하고, 다른 하나는 우리나라의 금융위원회(Financial Services Commission; FSC)나 회계기준위원회(KASB), 미국의 증권거래위원회(Securities and Exchange Commission; SEC)나 재무회계기준위원회(FASB)와 같은 규제기관들이 공공 수준에서 회계 및 재무보고에 영향을 미치는 회계법규 · 회계제도 · 회계기준 등을 사회적으로 제정하는 과정을 의미한다. 전자의 의미로 사용하는 경우의 회계정책은 회계방법(accounting method), 회계방침(accounting procedure) 또는 회계처리방법이라는 용어를 쓰기도 한다. 후자의 의미로 사용하는 경우의 회계정책은 주로 기업에 대한 회계규제(accounting regulation)나 재무보고규제(financial reporting regulation)와 관련되어 쓰고 있다.

f i n a n c i a l   s t a t e m e n t s

재무회계정보는 투자자 · 채권자 · 정부기관 등과 같은 기업 외부의 의사결정자들을 위한 정보이다. 외부 의사결정자들에게 적합한 재무회계정보는 기업의 전반적인 사업결과를 총체적으로 표시해 주는 재무제표를 통해서 제공된다. 재무제표는 회계기준에서 규정한 양식에 따라 재무회계정보를 담아서 기업 외부의 의사결정자들에게 정기적으로 전달하는 그릇(容器)의 역할을 하며, 또한 재무제표(財務諸表)는 말 그대로 여러(諸) 가지 재무보고서(財務表)로 구성되어 있다는 의미이다.

2장 재무회계 정보와 재무제표

2 재무회계정보와 재무제표

제1절 • 회계정보 · 재무회계정보 · 재무제표

현대사회에 살고 있는 모든 사람들이 공통적으로 직면하고 있는 가장 두드러진 현상은 불확실성(uncertainty)이다. 역설적으로 말하면 모든 것이 불확실하다는 사실만큼 확실한 것도 없다. 그래서 현대는 불확실성의 시대로 규정되기도 한다. 모든 경제주체들은 다양한 형태를 띠고 주어지는 불확실한 요인들을 신중하게 고려하면서 끊임없이 의사결정을 내린다. 그 가운데 특히 경제적 의사결정과 관련된 불확실성 문제가 가장 뚜렷하게 부각되어 왔다. 물론 경제주체에 따라 불확실성을 인식하는 태도에는 차이가 있지만 일반적으로 불확실성은 경제주체들에게 불리하게 작용한다고 여겨 왔다.

따라서 경제주체들은 불확실성을 축소하거나 제거하기 위하여 노력을 하게 된다. 바로 이런 이유로 인하여 경제주체들은 정보, 특히 경제적으로 의미 있는 정보를 필요로 한다. 즉 경제주체들은 텔레비전, 라디오, 신문과 잡지를 비롯한 각종 매체를 통하여 그리고 전문가의 조언이나 컴퓨터시스템을 이용하여 경제적으로 의미 있는 정보를 획득하고 처리하여 자신의 의사결정에 반영함으로써 불확실성을 축소하거나 제거하여 보다 유리한 결과를 얻기 위해서 노력한다.

기업이라는 경제주체는 오늘날 자본주의경제체제의 주역이다. 다른 경제주체인 가계나 정부와는 달리 기업은 영리를 목적으로 한다. 기업은 외부에서 조달한 생산요소(factors of production)를 투입 · 결합하여 경제적 가치가 더 높은 생산물(재화나 용역)을 산출해서, 이러한 생산물(outputs of production)을 고객에게 제공하는 일련의 경제활동을 수행함으로써 이익을 창출한다. 이익은 고객에게 제공한 생산물의 경제적 가치(산출가치)와 외부에서 조달한 생산요소의 경제적 가치(투입가치)의 차이로서, 이익은 기업에게 구매력을 가지게 하며, 이것으로 필요한 경제적 자원(economic resources)을 획득하고 자금공급자들에게 배분한다. 이러한 일련의 경제활동을 효율적으로 수행하여 이익을 극대화하기 위해서 기업은 반드시 정확하고 의미 있는 정보, 특히 회계정보를 근거로 하여 의사결정을 하여야 한다.

1. 회계정보 또는 재무정보

일반적으로 회계정보(accounting information)는 회계시스템을 거친 경제적 정보이다. 회계시스템은 특정 경제주체에 대하여 조직적으로 설정되므로, 회계정보는 특정 경제주체의 경제활동과 경제현상(경제적 사건과 그 결과)에 직접적으로 관계된 경제적 정보에 한정된다. 예를 들면, 결산일의 환율(1$=₩950)은 회계정보는 아니지만, 결산일의 환율로 환산된 특정 기업의 화폐성 외화부채($100,000)에 대한 원화환산액(₩95,000,000)은 자산의 평가라는 회계시스템을 거친 정보이므로 회계정보이다.

회계시스템(accounting system)이란 특정 기업에 발생된 경제적 사건의 영향이 그 기업과 이해관계를 갖는 사람들에 의해 유용하다고 인정된다는 점을 전제로 하여, 기업에 발생하는 여러 가지 경제적 사건들 중에서 일정한 사건을 식별(identification)하고, 식별된 경제적 사건을 인식(recognition)함과 동시에 금액으로 측정(measurement)하여 회계정보를 작성하고, 또 회계정보를 이해관계자들의 이용에 편리한 형식으로 전달(communication)하는 체계적인 회계처리과정을 말한다. 따라서 회계정보의 성립 여부는 기업과 같은 경제주체의 이해관계자들이 유용하다고 인정하는 경제적 사건인지 아닌지, 금액(화폐단위, monetary unit)으로 측정이 가능한 경제적 사건인지 아닌지, 또 이용에 편리한 형식으로 표시할 수 있는 경제적 사건인지 아닌지에 따라 결정된다고 볼 수 있다.

그리고 회계정보는 화폐단위로 제공되기 때문에 화폐단위로 측정된 정보를 의미하는 재무정보와 동일한 의미로 사용된다. 재무정보(financial information)는 기업의 재무상태와 재무상태의 변동에 관한 정보이고, 비재무정보(nonfinancial information)

는 재무상태와 그 변동에 관한 정보 이외의 기업에 관련된 정보이다. 비재무정보의 예로는 임원진의 교체, 구조조정에 따른 기업조직의 변경, 기업의 사회·환경적 영향에 대한 설명 등을 들 수 있다.

2. 관리회계정보와 재무회계정보

회계정보는 그 정보를 이용하는 의사결정자의 유형에 따라 크게 두 가지로 분류된다. 관리회계정보는 기업 내부의 의사결정자인 경영자를 위한 정보이다. 재무회계정보는 투자자·채권자·정부기관 등과 같은 기업 외부의 의사결정자를 위한 정보이다. 재무회계정보는 경영자에 의해서도 이용된다.

기업 내부의 의사결정자, 즉 경영자·각 부서의 관리자들은 각자에게 부여된 직책을 효율적으로 수행하기 위한 유용한 관리·조정의 수단으로 관리회계정보가 필요하다. 관리회계정보는 그들에게 목표에 대한 현재의 상태를 알려 주고, 다른 상태와의 균형이나 자기 임무의 효율적인 방안을 고려하는 자료로 이용된다. 이는 마치 항해 중인 선박에서 나침반과 같은 역할을 한다. 선장(경영자)은 나침반이나 다른 계기(관리회계정보)를 이용하여 과거의 항로와 현재의 위치를 알고 현재의 위치에서 조류나 풍속 등의 환경상황을 파악하여, 더 효과적으로 목적지에 도달하는 항로를 계산해 낼 수 있다. 즉 내부이용자들은 자기가 해야 할 업무를 스스로 관리·조정할 수 있는 처지에 있으므로 관리회계정보는 그때그때 관리·조정의 도구로 이용된다.

이에 대해 기업 외부의 의사결정자, 즉 기업에 대한 투자자·채권자 등은 보통 사업의 수행도중에서 스스로 관리·조정의 처지에 있지 않다. 다만, 사업결과가 명확하게 되었을 때에, 그 결과를 회고적으로 평가한다. 다시 선박의 항로를 예로 들면, 선주(주주)가 항해일지(재무회계정보)를 읽고 항로의 경위를 아는 것과 같다. 즉 외부이용자들은 사업의 수행에는 직접 관여하지 않고 결과에만 관심에 있기 때문에 재무회계정보는 기업의 사업결과를 사후적·회고적으로 전달하기 위한 도구로 이용된다. 따라서 외부이용자들에게 적합한 재무회계정보는 기업의 전반적인 사업결과를 총체적으로 표시해 주는 재무제표를 통해서 제공된다. 재무제표는 일반적으로 인정된 회계원칙(generally accepted accounting principles; GAAP)에 따라 재무회계정보를 담아 외부이용자들에게 정기적으로 전달하는 그릇(容器)의 역할을 하며, 또한 재무제표(財務諸表)는 말 그대로 여러(諸) 가지 재무보고서(財務表)로 구성되어 있다는 의미이다.

3. 재무보고와 재무제표

1] 재무보고

재무보고(financial reporting)는 기업실체 외부의 다양한 이해관계자들의 경제적 의사결정을 위해 경영자가 기업실체의 경제적 자원과 의무, 경영성과, 현금흐름, 자본변동 등에 관한 재무정보를 제공하는 것을 말한다. 재무보고는 기업실체의 회계시스템을 근거로 한 재무제표에 의해 주로 이루어지나, 그 이외의 수단에 의해서도 재무정보가 제공될 수 있다. 이러한 정보 제공은 감독규정의 요구, 관습 또는 경영자의 자발적 판단 및 기타 이해관계자의 요구에 의해 이루어진다. 재무보고는 다음과 같은 방법을 통하여 기업실체 외부의 이해관계자에게 정보를 제공한다.

① 재무제표 : 가장 핵심적인 재무보고 수단으로서 기업실체의 경제적 자원과 의무, 그리고 자본과 이들의 변동에 관한 정보를 제공하며 주석을 포함한다. 중요한 회계정책이나 자원(자산) 및 의무(부채)에 대한 대체적 측정치에 대한 설명 등과 같은 주석은 재무제표가 제공하는 정보를 이해하는 데 필수적인 요소로서 회계기준에 따라 작성된 재무제표의 중요한 부분으로 인정된다.

② 재무보고의 기타 수단 : 경영자 분석 및 전망, 그리고 경영자의 주주에 대한 서한과 같이 위에 제시된 방법을 제외한 수단에 의해서도 재무정보가 제공될 수 있다. 재무보고의 기타 수단으로 제공되는 재무정보에는 재무제표에 보고되기에 적절하지는 않지만 재무정보이용자의 의사결정에 적합한 정보가 모두 포함된다. 사업보고서는 재무제표와 더불어 기업실체의 재무정보를 제공하는 재무보고 수단의 예이며 일반적으로 비재무정보를 포함한다. 또한, 주석 이외의 공시사항, 경영자 예측, 기업실체의 사회·환경적 영향에 대한 설명 등은 재무제표에서 제공되지 않는 재무정보 또는 비재무정보의 예이다.

2] 재무제표

재무제표(financial statements; F/S)는 기업실체가 외부의 정보이용자에게 재무정보를 전달하는 핵심적 수단으로서 일반적으로 네 가지 재무보고서인 대차대조표, 손익계산서, 자본변동표, 현금흐름표로 구성되며 주석을 포함한다. 주석(footnotes)에는 법률적 요구에 의해 작성하는 이익잉여금처분계산서 등이 포함될 수 있다. 재무제표는 주석 및 부속명세서 등의 기타 설명자료를 통하여 재무제표 본문에 표시된 정보를 이해하는 데 도움이 되는 추가적 정보 또는 재무제표 본문에 표시되지 않은 자원, 의무 등에 대한 정보를 함께 제공해야 한다. 예를 들면, 재무제표 작성에 적용된 중요한 회계정책과 회계변경의 효과에 대한 정보, 사업 부문별 정보, 기업실체에 영향을 미치는 불확실성이나 위험에 대한 정보 등이 제공되어야 한다.

지배・종속관계에 있는 회사들의 경우 그 전체를 하나의 기업실체(business entity)로 보아 작성하는 연결재무제표(consolidated financial statements)가 정보이용자들에게 유용할 수 있다. 또한 우리나라 기업실체의 특이한 지배구조(순환출자 구조)를 고려할 때 기업집단(그룹 또는 재벌)에 대한 결합재무제표(combined financial statements)도 정보이용자들에게 유용할 수 있다. 기업집단결합재무제표는 동일인이 사실상 사업내용을 지배하고 있는 회사의 집단에 대한 유용한 정보를 제공하기 위해서 작성된다. 따라서 기업집단결합재무제표는 재벌 총수가 지배하고 있는 국내외 모든 계열회사들의 재무제표를 결합하여 작성되기 때문에 연결재무제표에 포함되지 않는 계열회사의 재무제표들도 모두 포함된다.

재무제표의 명칭은 전달하고자 하는 정보의 성격을 충실히 나타내야 하며 관련 법규와의 상충이 없는 경우에는 재무상태보고서, 경영성과보고서, 자본변동보고서(또는 소유주지분변동보고서), 현금흐름보고서 등 대체적인 명칭을 사용할 수 있다. 전체 재무제표에는 아래의 모든 재무보고서가 포함되어야 하고, 각각의 재무보고서는 전체 재무제표에서 동등한 비중으로 표시되어야 한다.

① 대차대조표 : 일정 시점 현재 기업실체가 보유하고 있는 경제적 자원인 자산과 경제적 의무인 부채, 그리고 자본에 대한 정보를 제공하는 재무보고서

② 손익계산서 : 일정 기간 동안 기업실체의 경영성과에 대한 정보를 제공하는 재무보고서

③ 현금흐름표 : 일정 기간 동안 기업실체에 대한 현금유입과 현금유출에 대한 정보를 제공하는 재무보고서

④ 자본변동표 : 일정 기간 동안 기업실체에 대한 자본의 크기와 그 변동에 관한 정보를 제공하는 재무보고서

⑤ 주석 : 위에 제시된 네 가지 재무보고서(재무제표)의 작성에 적용된 중요한 회계정책의 요약. 재무제표(대차대조표, 손익계산서, 자본변동표 및 현금흐름표)의 본문에 표시된 정보에 추가하여 재무제표 전반을 이해하는 데 필요한 양적·질적 정보

기업실체의 경영자는 기업실체 외부의 이해관계자에게 재무제표를 작성하고 보고할 일차적인 책임을 진다. 경영자는 주인(principal)인 주주로부터 경제적 자원을 위탁받은 대리인(agent)이다. 따라서 주주로부터 위탁받은 경제적 자원을 효율적으로 활용하여 주주의 이해관계를 극대화할 뿐만 아니라 그 위탁받은 경제적 자원의 운용에 따른 결과(경영성과와 재무상태 등)를 위탁자인 주주에게 정기적으로 보고할 수탁책임인 회계책임을 진다. 이러한 의미에서 대리인으로서의 경영자는 주인에 대한 보고·의무수단으로 재무제표를 작성하여 보고할 책임을 지는 것이다.

경영자는 회계기준에 근거하여 진실되고 적정한 재무제표를 작성하여야 한다. 또한, 회계기준의 허용 범위 내에서 적정한 회계처리방법을 선택하여 이를 일관성 있게 적용하고, 합리적인 판단과 추정을 하여야 한다. 재무제표는 정보이용자에게 유용한 정보(의사결정에 도움이 되는 정보)를 제공하기 위하여 작성되는데 이러한 재무제표정보의 유용성(목적적합성과 신뢰성을 모두 갖춘 회계정보)은 경영자와 감사인의 역할에 달려 있으며 회계규제기관은 재무제표의 유용성을 확보하기 위한 포괄적인 책임을 진다.

제2절 • 대차대조표

1. 대차대조표의 의의

대차대조표(balance sheet; B/S)는 일정 시점 현재 기업실체가 보유하고 있는 경제적 자원인 자산과 경제적 의무인 부채, 그리고 자본에 대한 정보를 제공하는 재무보고서로서 재무상태표(statement of financial position)라고도 한다. 즉 대차대조표는 일

정 시점에서 기업의 재무상태에 관한 정보를 제공하는 정태보고서(static statement)로서, 일정 시점에서 찍은 기업의 스냅사진이라고 할 수 있다.

대차대조표에 나타난 자산과 부채의 금액만으로 기업실체의 가치를 직접 평가할 수 있는 것은 아니지만, 대차대조표는 다른 재무보고서들과 함께 기업가치를 평가하는 데 유용한 정보를 제공한다. 현재 및 잠재의 주식투자자는 기업가치를 평가하고 이 기업가치 중 주주가치에 해당하는 부분과 현재의 주식가격을 비교하여 주식의 매각 또는 매입 여부의 의사결정을 한다. 기업가치의 평가는 미래의 기대배당과 투자위험 등을 근거로 하며, 대차대조표는 이러한 평가에 유용한 정보를 제공한다. 현재 및 잠재의 채권투자자는 회사채의 가치를 평가하고 이를 현재의 회사채가격과 비교하여 회사채의 매각 또는 매입 여부를 결정한다. 회사채의 가치는 발행회사의 채무이행능력(이자지급 및 원금상환능력)에 의해 결정된다. 또한, 자금대여자·공급업자 등과 같은 채권자도 당해 기업실체의 채무이행능력 또는 신용위험을 평가하여 의사결정을 한다. 대차대조표는 기업실체의 채무이행능력 또는 신용위험 평가에 유용한 정보를 제공한다.

대차대조표는 정보이용자들이 기업실체의 유동성, 재무적 탄력성(financial flexibility), 수익성과 위험 등을 평가하는 데 유용한 정보를 제공한다. 기업실체의 자산, 부채 및 자본에 관한 재무상태 정보는 투자자와 채권자가 당해 기업실체의 유동성과 재무건전성을 평가하는 데 유용하다. 유동성(liquidity)은 단기적인 채무이행능력을 평가하는 요소이며, 재무건전성(financial strength)은 기업실체의 장기적인 채무이행능력을 평가하는 요소이다. 자산 항목의 일부와 대부분의 부채 항목은 기업실체에 대한 미래 현금유출입의 직접적 원천이다. 또한, 자산, 부채 및 자본에 대한 정보는 자본이익률을 측정하여 기업실체의 경영성과를 적절히 평가하는 데 필요한 근거를 제공한다. 예를 들면, 자산과 부채의 항목이 대차대조표에 그 유동성 정도에 따라 적절히 구분·표시(유동자산과 비유동자산, 유동부채와 비유동부채)되거나 영업활동(받을어음과 지급어음)과 재무활동(어음대여금과 어음차입금)의 구분을 고려하여 보고된다면 정보이용자의 의사결정에 보다 유용할 수 있다.

그러나 불확실성이나 비용 대 효익의 고려 등으로 인해 대차대조표는 모든 자산과 부채를 나타내지 않을 수 있다. 예를 들면, 무형자산의 성격과 유사한 인적 자원이나 지식자산 등은 측정의 불확실성으로 인해 대차대조표에 자산으로 보고되지 않는 것이 일반적이다. 또한 대차대조표에 포함된 일부 자산과 부채에는 가치변동과 같은 사건의 영향이 반영되어 있지 않다.

재무적 탄력성

기업의 위험은 크게 영업위험과 재무위험으로 나눌 수 있다. 영업위험(operating risk)은 재화나 용역의 판매부진·재고자산의 취득과 관련된 어려움이며, 이에 대한 대처능력을 영업탄력성(operating flexibility)이라 한다. 재무위험(financial risk)은 현금부족으로 인한 부채의 상환능력과 영업에 필요한 자금공급상의 어려움이며, 이에 대한 대처능력을 재무탄력성(financial flexibility)이라 한다. 즉 재무탄력성(또는 재무적 탄력성)은 자금수요에 대처할 수 있는 능력이라고 할 수 있으나, 보다 구체적으로 표현하면 "현금흐름의 금액과 시기를 효과적으로 조절할 수 있어서 갑작스런 자금수요 및 투자기회에 능동적으로 대처할 수 있는 능력"이라고 할 수 있다. 이러한 재무탄력성을 세분하면, 단기적 재무탄력성을 유동성이라 하고, 장기적 재무탄력성을 재무건전성 또는 지급능력이라고도 한다. 한편, 2007년 11월 23일 제정된 한국채택국제회계기준(K-IFRS)을 기초로 한 용어집에 따르면 유동성을 "가까운 미래기간의 금융약정을 고려한 후의 그 기간의 현금 가용성"이라 하고, 지급능력(solvency)을 "만기가 도래한 금융약정을 이행하기 위한 보다 장기적인 현금 가용성"이라고 한다.

2. 대차대조표의 기본요소

재무제표를 구성하는 기본요소를 구분하여 표시하는 것은 정보이용자의 경제적 의사결정에 더욱 유용한 정보를 제공하기 위한 것이다. 일정 시점 현재 기업실체의 재무상태에 대한 정보를 제공하는 대차대조표의 기본요소는 자산, 부채 및 자본이다.

1] 자 산

자산(assets; A)은 과거의 거래나 사건의 결과로서 현재 기업실체에 의해 지배되고 미래에 경제적 효익을 창출할 것으로 기대되는 자원이다. 자산에 내재된 미래의 경제적 효익(future economic benefits)이란 직접 또는 간접적으로 기업실체의 미래현금흐름 창출에 기여하는 잠재력을 말한다.

일반적으로 자산은 고객의 요구를 충족시킬 수 있는 재화 및 용역의 생산에 이용된다. 생산된 재화 및 용역에 대하여 고객은 그 대가를 지급할 것이며 이로부터 기업실체의 현금흐름이 창출된다. 또한 자산은 다른 자산과의 교환 또는 부채의 상환에 사용되거나 소유주에 대한 분배에 사용될 수 있다. 현금은 그 자체로서 다른 자산에 대한 구매력을 통하여 기업실체에 경제적 효익을 제공한다.

유형자산을 포함한 많은 자산이 물리적 형태를 가지고 있지만 물리적 형태가 자산의 본질적인 특성은 아니다. 예를 들면, 물리적 형태가 없는 자원(영업권 등)이라도 특정 실체에 의하여 지배되고 그 실체에게 미래의 경제적 효익을 창출할 것으로 기대되는 경우 당해 항목은 자산의 정의를 충족할 수 있다.

채권과 부동산을 포함한 많은 자산이 소유권과 같은 법적 권리와 결부되어 있다. 그러나 소유권 등의 법적 권리가 자산성 유무를 결정함에 있어 최종적 기준은 아니다. 경제적 효익에 대한 지배력은 법적 권리에 따라 발생하나, 경우에 따라서는 법적 권리가 없어도 자산의 정의를 충족시킬 수 있다. 예를 들면, 기업실체가 개발활동으로 획득한 신기술을 보유하면서 그 신기술로부터 예상되는 경제적 효익을 지배할 때에는 이러한 신기술 사업권은 자산의 정의에 부합될 수 있다.

기업실체의 자산은 과거의 거래나 사건(past transactions or events)으로부터 발생한다. 기업실체는 구매 또는 생산에 의하여 자산을 취득하는 것이 일반적이지만 주주나 정부의 증여 등 다른 방법에 의해서도 자산을 취득할 수 있다. 자산이 과거의 거래나 사건의 결과라 함은 구매나 생산활동 등 자산을 취득하는 거래나 사건이 이미 발생하였음을 의미하는 것이므로 미래에 발생할 것으로 예상되는 거래나 사건만으로는 자산이 취득되지 않는다.

일반적으로 현금유출과 자산의 취득은 밀접하게 관련되어 있으나 양자가 반드시 일치하는 것은 아니다. 예를 들면, 기업실체의 연구비 지출은 미래 경제적 효익을 추구했다는 증거는 될 수 있지만 자산의 정의를 충족시키는 자원을 취득했다는 확정적 증거는 될 수 없다. 반면에, 증여받은 재화는 이에 관해 지출이 발생하지 않았지만 자산의 정의를 충족시킬 수 있다.

2] 부 채

부채(liabilities; L)는 과거의 거래나 사건의 결과로 현재 기업실체가 부담하고 있고 미래에 자원의 유출 또는 사용이 예상되는 의무이다.

부채는 기업실체가 현재 시점에서 부담하는 경제적 의무(economic obligation)이다. 의무란 일정한 방법으로 실행하거나 수행할 책무 또는 책임을 말한다. 의무에는 계약이나 법령에 의해 법적 강제력이 있는 의무와 상관습이나 관행 또는 거래상대방과의 원활한 관계를 유지하기 위한 정책 등으로 인해 발생하는 의무가 있다. 전자의 예로는, 이미 제공받은 재화 및 용역에 대한 대가의 지급의무를 들 수 있다. 후자의 예로는, 제품보증기간 후에 발생하는 하자에 대해서도 보수해주기로 방침을 정한 경우 품질보증기간이 경과한 후에 지출될 것으로 예상되는 금액을 들 수 있다.

일반적으로 기업실체가 자산을 이미 인수하였거나 자산을 취득하겠다는 취소불능계약을 체결한 경우 현재의 의무가 발생한다. 그러나 미래의 일정 시점에서 자산을 취득한다는 결정이나 단순한 약정은 현재의 의무가 아니다. 취소불능계약이라 함은 의무불이행의 경우 상당한 위약금을 지급해야 하는 등 자원의 유출을 피할 수 없는 계약을 말한다.

기업실체가 현재의 의무를 이행하기 위해서는 일반적으로 미래에 경제적 효익의 희생(future sacrifice of economic benefits)이 수반된다. 현재의 의무는 주로 현금 또는 기타 자산의 이전, 용역의 제공, 다른 의무로의 대체 또는 자본으로의 전환 등의 방법으로 이행된다. 또한, 기업실체의 의무는 채권자의 권리 포기 또는 상실 등에 의해 소멸되기도 한다.

부채는 과거의 거래나 사건으로부터 발생한다. 신용으로 재화를 구입하였거나 용역을 제공받은 경우 매입채무가 발생하며 은행대출을 받은 경우에는 상환의무가 발생한다. 그러나 미래에 발생이 예상되는 대규모 수선비의 경우와 같이 미래에 자원의 유출 또는 사용이 기대된다 하더라도 과거의 거래나 사건으로부터 기인하지 않은 의무는 부채의 정의를 충족하지 못한다.

부채의 정의를 충족하기 위해서는 금액이 반드시 확정되어야 하는 것은 아니다. 일반적으로 부채의 액면금액은 확정되어 있지만 제품보증을 위한 충당부채와 같이 그 측정에 추정을 요하는 경우도 있다.

앞에서 설명한 바와 같이 자산은 과거의 거래나 사건의 결과로서 현재 기업실체에 의해 지배되고 미래에 경제적 효익을 창출할 것으로 기대되는 자원으로, 부채는 과거의 거래나 사건의 결과로 현재 기업실체가 부담하고 있고 미래에 자원의 유출 또는 사용이 예상되는 의무로 정의하였다. 그러나 이러한 정의는 자산과 부채의 본질적 특성을 나타내는 것으로서, 이러한 정의가 특정 항목이 재무제표에 자산・부채로 인식되기 위한 충분조건은 아니다. 자산과 부채의 정의를 충족하지만 인식기준(recognition criteria)을 충족하지 못하는 경우에는 재무제표에 표시되지 않는다. 즉 특정 항목을 재무제표에 표시하기 위해서는 다음의 인식기준들이 모두 충족되어야 한다.

① 당해 항목이 재무제표 기본요소의 정의를 충족시켜야 하며,
② 당해 항목과 관련된 미래 경제적 효익이 기업실체에 유입되거나 또는 유출될 가능성이 매우 높고,
③ 당해 항목에 대한 측정속성이 있으며, 이 측정속성이 신뢰성 있게 측정될 수 있어야 한다.

3] 자 본

자본(equity)은 기업실체의 자산 총액에서 부채 총액을 차감한 잔여액 또는 순자산(net assets)으로서 기업실체의 자산에 대한 소유주의 잔여청구권(owners' residual claims)이다. 주식회사의 경우 소유주는 주주이므로, 주주지분(stockholders' equity; SE)은 자본과 동의어로 사용된다. 부채와 자본은 청구권(지분, 몫)이라는 공통적인 용어를 사용하여 부채는 채권자청구권(지분, 몫)으로, 자본은 소유주청구권(지분, 몫)으로 표현하기도 한다. 또한, 자본이라는 용어는 타인자본, 즉 부채를 포함하는 개념으로 쓰이기도 하나, 여기에서는 소유주지분(owners' equity)인 자기자본을 의미한다. 대차대조표의 의의와 기본요소를 살펴보면 [그림 2-1]과 같다.

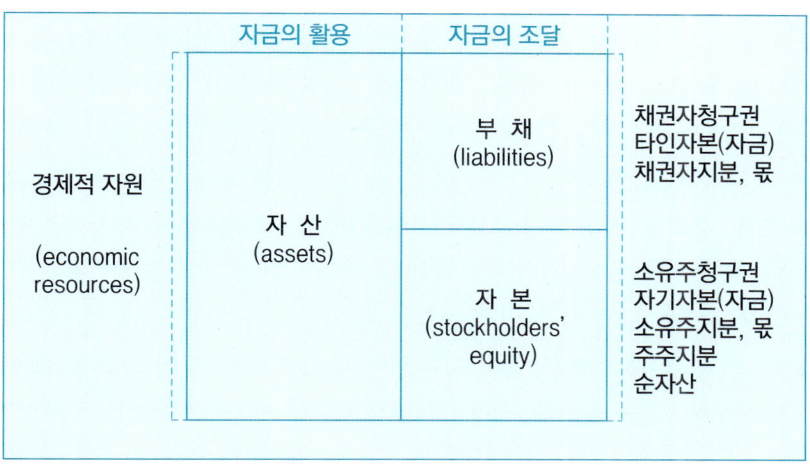

[그림 2-1] 대차대조표의 의의와 기본요소

자본을 분배 또는 사용에 대한 법적 제한이나 기타 사용목적에 따라 구분·표시함으로써 재무제표이용자에게 유용한 정보가 제공될 수 있다. 또한 배당금 수령이나 청산시에 주주간의 권리가 상이한 경우 그에 관한 정보를 제공하기 위해 주주지분을 구분·표시(보통주자본금, 우선주자본금)할 수 있다.

대차대조표에 표시되는 자본 총액은 회계기준에 의해 자산 및 부채를 인식·측정함에 따라 결정된다. 따라서 대차대조표상의 자본 총액은 주식의 시가총액과는 일치하지 않는 것이 일반적이다.

제3절 • 손익계산서

1. 손익계산서의 의의

손익계산서(income statement; I/S)는 일정 기간 동안 기업실체의 경영성과에 대한 정보를 제공하는 재무보고서로서 경영성과표(statement of financial performance)라고도 한다. 즉 손익계산서는 일정 기간 동안 기업의 경제활동에 관한 정보를 제공하는 동태보고서(dynamic statement)로서, 일정 기간 동안 찍은 기업의 비디오 테이프라고 할 수 있다.

포괄주의(all-inclusive concept) 관점에서 작성한 손익계산서는 일정 기간 동안 소유주와의 자본거래를 제외한 모든 원천에서 순자산이 증가하거나 감소한 정도와 그 내역에 대한 정보를 제공한다. 즉, 일정 기간의 포괄이익과 그 구성요소인 수익과 비용 등에 대한 정보를 제공하여야 하며, 이러한 정보를 통해 투자자 및 채권자 등의 정보이용자는 일정 기간 동안의 기업실체의 경영성과를 파악할 수 있다. 그러나 손익계산서에 표시되는 경영성과의 측정치는 측정방법을 달리 정함에 따라 포괄이익과 달라질 수 있다. 실무적으로 널리 사용되어 온 당기순이익이 그러한 예이다.

제공되는 정보의 유용성을 높이기 위해 포괄주의 손익계산서(이하 "손익계산서"라 한다)에 제시되는 포괄이익의 구성요소는 그 성격에 따라 적절히 구분·표시되어야 한다. 즉, 수익성의 정도 및 그 변동요인이 적절히 파악될 수 있도록 영업활동 대 재무활동의 항목이 구분 · 표시되어야 한다. 또한 항목간의 미래 지속성을 상대적으로 고려하여, 지속성 정도에 큰 차이가 있는 항목은 구분 · 표시되어야 한다. 여기서 지속성(persistence)이란 특정 항목의 금액이 미래에 유사한 크기로 다시 발생하는 정도를 의미한다. 항목들의 지속성 차이에 따른 구분 · 표시는 정보이용자가 기업실체의 미래이익을 예측하는 데 매우 유용하다.

2. 손익계산서의 기본요소

기업실체의 경영성과에 대한 재무정보를 제공하는 손익계산서의 기본요소는 포괄이익, 수익 및 비용이다.

1] 포괄이익

포괄이익(comprehensive income)은 기업실체가 일정 기간 동안 소유주와의 자본거래를 제외한 모든 거래나 사건에서 인식한 자본(순자산)의 변동을 말한다. 즉, 포괄이익에는 소유주의 투자 및 소유주에 대한 분배 등 자본거래(capital transactions)를 제외한 모든 원천에서 인식된 자본의 변동이 포함된다.

포괄이익은 다음의 2]와 3]에서 정의되는 수익의 합계에서 비용의 합계를 차감하여 측정한다. 포괄이익을 이와 같이 측정하는 것은 거래접근법(transaction approach)에 의한 것이다. 그러나 적용되는 회계기준에 따라 포괄이익의 정의를 충족하는 특정 항목이 손익계산서상 당기순이익의 계산에 반영되지 않을 경우 회계기준에 의한 당기순이익과 포괄이익은 동일하지 않을 수 있다. 예를 들면, 매도가능증권평가손익, 해외사업환산손익 등이 당기순이익에 반영되지 않고 기타포괄손익누계액의 항목으로 자본에 표시되는 경우 포괄이익과 당기순이익은 일치하지 않는다.

포괄이익은 화폐자본유지(maintenance of financial capital)를 근거로 한 투자이익의 개념이다. 기업실체가 일정 기간 동안 자원을 투자해서 획득하게 되는 투자이익(return on investment)은 유지해야 할 자본을 화폐자본으로 측정하는지 또는 실물자본을 측정하는지에 따라 달라진다. 화폐자본유지개념에서는 소유주와의 자본거래를 제외하고 회계기간 말의 순자산 화폐액이 회계기간 초의 순자산 화폐액을 초과할 때 그 초과액을 투자이익으로 측정한다. 이에 비해, 실물자본유지개념에서는 소유주와의 자본거래를 제외하고 회계기간 말의 실물생산능력이 회계기간 초의 실물생산능력을 초과할 때 그 초과액을 투자이익으로 측정한다. 화폐자본과 실물자본은 측정단위의 관점에서 명목화폐단위 또는 불변화폐단위로 측정될 수 있다.

화폐자본 대 실물자본의 개념은 보유하고 있는 자산 및 부채에 대한 가격변동의 효과를 처리하는 데 있어 차이가 있다. 화폐자본개념에서는 자산 및 부채에 대해 인식한 가격변동 효과를 보유손익으로 보아 투자이익에 포함시키게 된다. 반면, 실물자본개념에서는 이러한 가격변동효과를 유지해야 할 자본의 일부로 간주하여 자본의 조정항목으로 처리한다.

명목화폐자본유지개념은 회계실무에서 오랫동안 사용되고 있는 자본유지개념으로 현행의 회계기준도 이를 근거로 하고 있으며, 재무제표와 포괄이익에 관련된 측정은 모두 명목화폐자본유지개념을 근거로 한 것이다. 이러한 명목화폐자본유지개념은 자본시장에서 투자자와 채권자가 투자이익률을 산출하는 방식과도 관련이 있다. 따라서 포괄이익은 소유주와의 자본거래를 제외하고 회계기간 말의 명목화폐자본이 회계기간 초의 명목화폐자본을 초과하는 금액으로 측정된다. 다만, 향후에 물가상승의 정도가 매우 커지는 경우 불변화폐단위를 사용한 측정이 고려될 수도 있다.

2] 수 익

수익(revenues; R)이란 기업실체의 경영활동과 관련된 재화의 판매 또는 용역의 제공 등에 대한 대가로 발생하는 자산의 유입 또는 부채의 감소이다. 예를 들면, 재화 및 용역을 공급한 대가로서 현금이나 매출채권이 증가하게 된다. 또한 기업실체는 차입금을 상환하기 위하여 재화 및 용역을 채권자에게 공급할 수 있으며 그 결과로 부채가 감소된다.

수익은 기업실체의 경영활동의 결과로서 발생하였거나 발생할 현금유입액을 나타내며, 경영활동의 종류와 당해 수익이 인식되는 방법에 따라 매출액, 이자수익, 배당금수익 및 임대수익 등과 같이 다양하게 구분될 수 있다.

손익계산서의 정보유용성을 높이기 위해 포괄이익을 증가시키는 요소인 수익 중에서 차익을 분리하여 표시할 수도 있다. 여기서 차익('이익' 또는 '이득'이라는 용어가 동일한 의미로 사용되어 왔음)이란 기업실체의 주요 경영활동을 제외한 부수적인 거래나 사건으로서 소유주의 투자가 아닌 거래나 사건의 결과로 발생하는 순자산의 증가로 정의된다.

3] 비 용

비용(expenses; E)이란 기업실체의 경영활동과 관련된 재화의 판매 또는 용역의 제공 등에 따라 발생하는 자산의 유출이나 사용 또는 부채의 증가이다. 예를 들면, 재화의 생산 및 판매 과정에서의 비용 발생은 재고자산의 유출, 유형자산의 사용 또는 미지급비용과 같은 부채의 증가로 나타난다.

비용은 기업실체의 경영활동의 결과로서 발생하였거나 발생할 현금유출액을 나타내며, 경영활동의 종류와 당해 비용이 인식되는 방법에 따라 매출원가, 급여, 감가상각비, 이자비용, 임차비용 등과 같이 다양하게 구분될 수 있다.

손익계산서의 정보유용성을 높이기 위해 포괄이익을 감소시키는 요소인 비용 중에서 차손을 분리하여 표시할 수도 있다. 여기서 차손('손실'이라는 용어가 동일한 의미로 사용되어 왔음)이란 기업실체의 주요 경영활동을 제외한 부수적인 거래나 사건으로서 소유주에 대한 분배가 아닌 거래나 사건의 결과로 발생하는 순자산의 감소로 정의된다.

4] 차익과 차손의 구분 표시

차익(gains)과 차손(losses)을 수익과 비용으로부터 분리하는가의 여부는 기업실체의 순자산에 아무런 영향을 주지 않지만, 차익과 차손을 구분하여 표시하게 되면 이익의 발생 원천에 대해 보다 유용한 정보를 제공할 수 있다는 판단에 따라 현재까지 회계실무에서는 차익과 차손을 손익계산서에서 구분·표시하고 있다. 일반적으로 차익과 차손은 그 발생한 금액이 미래에 유사한 크기로 다시 발생할 가능성, 즉 손익효과의 미래 지속성이 낮다. 따라서 차익과 차손을 수익과 비용으로부터 구분·표시하면 손익계산서는 정보이용자들이 당해 기업실체의 미래이익 또는 미래현금흐름을 예측하는 데 더 유용한 정보를 제공할 수 있다고 간주되어 왔다.

차익과 차손은 일반적으로 그 발생원천에 따라 몇 가지 유형으로 구분된다. 차익과 차손의 일부 항목들은 그 거래에서의 유입액과 희생액을 비교한 **순액**으로 측정된다. 예를 들면, 유가증권처분차손익, 유형자산처분차손익 등이 그러한 유형에 속한다. 사채상환차손익과 같이 부채의 상환에서도 차익 또는 차손이 발생할 수 있다. 다른 유형의 차익과 차손으로는 보유 자산 및 부채에 대한 가격변동으로 발생하는 재고자산평가차손, 유가증권평가차손익, 외환차손익, 외화환산차손익 등이 있다. 또한 일부 차익과 차손 항목들은 당해 기업실체와 다른 실체간의 일방적 거래에서 발생하기도 하며, 예를 들면 자산수증이익, 채무면제이익, 기부금 등이 그러한 항목에 속한다. 또한, 재해손실과 같이 환경적 요인에 의해 차손이 발생할 수도 있다. 이와 같이 일방적 거래 또는 환경적 요인에 의해 발생하는 항목들은 그 명칭에 차익 또는 차손이 포함되어 있지 않으나, 기업실체의 순자산에 영향을 미친다는 점에서 다른 항목들과 비교하여 본질적으로 차이가 없다.

차익과 차손을 수익과 비용으로부터 구분하는 경우 그 구분은 기업실체의 성격에 따라 달라질 수 있다. 즉, 어떤 기업실체에서는 차익 또는 차손으로 분류되지 않는 항목이 다른 기업실체에서는 차익이나 차손으로 분류될 수 있다. 예를 들면, 자동차 제조회사의 경우 차량판매는 주요 경영활동으로 수익(매출)과 비용(매출원가)으로 기록되지만, 다른 제조회사의 경우에는 보유차량의 매각은 부수적인 활동에 속하므로 차익 또는 차손을 발생시키는 거래이다.

개념적으로나 실무적으로 차익과 차손을 수익과 비용으로부터 구분하는 것은 명확하지 않은 문제이다. 이러한 이유 때문에 차익과 차손을 반드시 수익과 비용으로부터 구분하여야 하는가에 대한 논란이 있으며 국제적으로 이러한 구분을 폐지하려는 움직임이 있다.

제4절 • 현금흐름표

1. 현금흐름표의 의의

현금흐름표(statement of cash flows; SCF)는 일정 기간 동안 기업실체의 현금유입과 현금유출에 대한 정보를 제공하는 재무보고서이다. 현금흐름표는 영업활동을 통한 현금창출에 관한 정보, 투자활동에 관한 정보 및 자금조달을 위한 재무활동에 대한 정보를 제공한다. 이러한 현금흐름에 대한 정보는 기업실체의 현금지급능력, 재무탄력성, 수익성 및 위험 등을 평가하는 데 유용하며, 여러 기업실체의 미래현금흐름의 현재가치를 비교하고 기업가치를 평가하는 데 필요한 기초자료를 제공한다.

발생기준에 따라 산출된 회계이익은 영업활동 순현금흐름과 일치하지 않으므로 현금흐름표는 회계이익과 현금흐름간의 차이 및 그 원인에 대한 정보를 제공한다.

2. 현금흐름표의 기본요소

기업실체의 현금흐름에 대한 정보를 제공하는 현금흐름표의 기본요소는 영업활동 현금흐름, 투자활동 현금흐름 및 재무활동 현금흐름이다.

1] 영업활동 현금흐름

영업활동 현금흐름(cash flows from operating activities)은 사업활동의 지속, 차입금 상환, 배당금지급 및 신규투자 등에 필요한 현금을 외부로부터 조달하지 않고 제품의 생산과 판매활동, 상품과 용역의 구매와 판매활동 및 관리활동 등 자체적인 영업활동으로부터 얼마나 창출하였는지에 대한 정보를 제공한다.

2] 투자활동 현금흐름

투자활동 현금흐름(cash flows from investing activities)은 미래 영업현금흐름을 창출할 자원의 확보와 처분에 관련된 현금흐름에 대한 정보를 제공한다. 투자활동은 투자부동산, 비유동자산에 속하는 지분증권, 유형자산 및 무형자산의 취득과 처분활동 등을 포함한다.

3] 재무활동 현금흐름

재무활동 현금흐름(cash flows from financing activities)은 주주, 채권자 등이 미래현금흐름에 대한 청구권을 예측하는 데 유용한 정보를 제공하며, 영업활동 및 투자활동의 결과로 창출된 잉여현금흐름이 어떻게 배분되었는지를 나타내어 준다. 즉 잉여현금흐름(free cash flows)은 영업활동 현금흐름에서 투자활동 현금흐름을 차감한 순현금흐름으로, 일정 기간 동안 기업이 최종적으로 창출한 현금흐름이다. 기업은 창출한 잉여현금흐름을 자금공급자인 주주, 채권자들에게 배당금 및 이자의 지급, 원금의 상환 등의 형태로 배분한다.

재무활동은 현금의 차입과 상환 및 금융비용의 지급, 신주발행과 배당금의 지급, 재무자산(financial assets)의 취득과 처분, 재무자산의 보유수익에 따른 현금유입 등을 포함한다. 금융비용의 지급은 일상적인 영업활동에 수반되어 빈번히 발생하는 경우도 있으므로 영업활동으로 분류하기도 하나, 자금의 차입 등 기업의 재무활동과 더 직접적인 관련이 있다고 볼 수 있다.

기업은 창출된 잉여현금흐름(순현금흐름)과 새로이 조달한 현금을 사용하는 과정에서 현금이 남아 있으면, 이를 금융상품(정기예금 등)이나 채무증권(국채·회사채 등)과 같은 재무자산(금융자산)에 예치·취득하게 된다. 즉 기업은 영업활동에 사용되지 않는 여유현금(excess cash)으로 재무자산을 취득하여 보유수익(이자 등)을 얻으려고 한다. 재무자산은 영업용 자산이 아니므로, 재무자산의 예치·취득은 영업에 대한 투자가 아니다. 기업은 미래에 현금이 필요할 때 재무자산을 인출·처분하여 필요한 지출에 사용한다. 만일 재무자산의 인출·처분으로도 충분하지 않으면 새로이 자금을 차입하거나 유상증자를 통하여 부족한 현금을 조달하게 된다. 이와 같이 재무자산의 취득 및 처분은 기업이 자금을 운용하는 과정에서 발생하므로 재무자산의 취득 및 처분은 투자활동으로 분류하는 것보다 재무활동으로 분류하는 것이 더 타당할 것이다.

제5절 • 자본변동표와 이익잉여금처분계산서

1. 자본변동표의 의의

자본변동표(statement of changes in equity; SCE)는 일정 기간 동안 기업실체에 대한 자본의 크기와 그 변동에 관한 정보를 제공하는 재무보고서이다. 자본변동표에는 소유주의 투자와 소유주에 대한 분배, 그리고 포괄이익(소유주와의 자본거래를 제외한 모든 원천에서 인식된 자본의 변동)에 대한 정보가 포함된다.

소유주의 투자는 현금, 재화 및 용역의 유입, 또는 부채의 전환에 의해 이루어지며, 그에 따라 기업실체의 자본이 증가하게 된다. 소유주에 대한 분배는 현금배당 또는 자기주식 취득의 방법으로 이루어질 수 있으며, 그에 따라 기업실체의 자본이 감소하게 된다. 이러한 거래들에 대한 정보는 다른 재무제표정보와 더불어 당해 기업실체의 재무탄력성, 수익성 및 위험 등을 평가하는 데 유용하다.

2. 자본변동표의 기본요소

자본변동표는 일정 기간 동안 발생한 자본의 변동에 대한 정보를 제공하며, 그러한 변동의 원천에는 소유주의 투자와 소유주에 대한 분배, 그리고 포괄이익이 포함된다. 포괄이익은 손익계산서의 기본요소에서 설명하였으므로, 여기에서는 소유주의 투자와 소유주에 대한 분배에 대해서만 설명한다.

1] 소유주의 투자

소유주의 투자(investments by owners)는 기업실체에 대한 소유주로서의 권리를 취득 또는 증가시키기 위해 기업실체에 경제적 가치가 있는 유・무형의 자원을 이전하는 것을 의미하며, 이에 따라 자본이 증가하게 된다. 소유주의 투자는 일반적으로 기업실체에 자산을 납입함으로써 이행되나 용역의 제공 또는 부채의 전환(출자전환)과 같은 형태로도 이루어질 수 있다. 기업실체는 소유주의 투자를 통해 영업활동에 필요한 자원을 제공받고, 동시에 소유주는 기업실체의 자산에 대한 청구권을 취득하게 된다. 따라서 기업실체의 순자산 증가를 가져오지 않는 소유주 상호간의 지분거래는 소유주의 투자에 포함되지 않는다.

2] 소유주에 대한 분배

소유주에 대한 분배(distributions to owners)는 기업실체가 소유주에게 자산을 이전하거나 용역을 제공하거나 또는 부채를 부담하는 형태로 이루어지며, 현금배당, 자기주식의 취득, 감자 등이 이에 속한다. 소유주에 대한 분배가 있게 되면 기업실체의 순자산은 감소한다.

3. 이익잉여금처분계산서(결손금처리계산서)

이익잉여금처분계산서(statement of retained earnings; SRE)는 일정 기간 동안 기업실체의 처분가능한 이익잉여금의 크기와 그 변동(처분)에 관한 정보를 제공하는 재무보고서이다. 이익잉여금처분계산서에는 미처분이익잉여금, 임의적립금 등의 이입액, 이익잉여금처분액 그리고 차기이월미처분이익잉여금에 대한 정보가 포함된다.

주식투자자(주주)들의 주된 관심은 배당수익과 주식의 가격상승에서 오는 자본이득인데 배당은 이익잉여금에서 지급되는 것이므로, 특히 주주들에게 이익잉여금의 변동 및 처분에 관한 정보는 매우 중요해서 우리나라 회계기준에서는 이익잉여금처분계산서(또는 결손금처리계산서)를 기본 재무제표의 하나로 작성·보고하도록 규정하고 있다.

그러나 자본변동표가 작성·공시되면 이익잉여금처분계산서(또는 결손금처리계산서)에서 제공되는 정보 중에 일부는 자본변동표에서 제공할 수 있으므로, 그 만큼 이익잉여금처분계산서의 유용성은 감소된다. 상법 규정과 회계기준에 따라 이익잉여금처분계산서(또는 결손금처리계산서)를 필수적으로 작성해야 하지만, 이익잉여금처분계산서는 외부의 정보이용자에게 기업실체의 재무정보를 전달하는 핵심수단(기본 재무제표)이라고 볼 수 없다. 국제회계기준에서는 이익잉여금처분계산서를 기본 재무제표로 보지 않고 있다. 따라서 국제회계기준이 전면적으로 도입되면 이익잉여금처분계산서(또는 결손금처리계산서)를 작성·보고하되 기본 재무제표에서는 제외시켜 자본변동표의 주석으로 공시하는 것이 바람직하다.

제6절 • 재무제표의 상호관련성

각각의 재무보고서가 기업실체의 동일한 거래나 사건에 대하여 다른 재무정보를 제공하고 있지만, 이들이 제공하고자 하는 재무정보는 서로 연계되어 있으며 상호보완적 관계에 있다. 각 재무보고서상의 계정이나 금액들은 상호 밀접한 관계를 갖고 있는 경우가 많으며, 또한 복식부기의 기본원리에 따라 각 재무보고서가 독자적으로 작성되기 보다는 서로 연계되어 일정한 관계를 유지하고 있는 데, 이를 재무제표의 상호관련성(articulation, 연계성)이라고 한다.

대차대조표는 일정 시점 현재 기업실체가 보유하고 있는 자산·부채·자본을 표시하여 재무상태를 평가하는 데 유용한 정보를 제공한다. 일정 시점 현재 저량(stock)에 대한 정보는 대차대조표와 같은 정태보고서가 담당하고, 일정 기간 동안 저량(재무상태)의 변동을 나타내는 흐름(flow)에 대한 정보는 손익계산서·현금흐름표·자본변동표와 같은 동태보고서가 담당한다. 즉 동태보고서는 대차대조표의 특정 항목이 일정기간 동안 어떻게 변동되었는지를 보여주는 재무보고서이다. 따라서 일정 기간 동안 변동에 대한 정보를 담당하는 손익계산서·현금흐름표·자본변동표가 부분적으로 또는 총체적으로 결합하여 재무상태의 변동을 설명한다. 그리고 대차대조표·손익계산서·자본변동표는 발생주의회계에 따라 작성되고, 발생주의회계를 보완하기 위하여 현금흐름표는 현금주의회계에 따라 작성된다.

각각의 재무보고서가 서로 다른 재무정보를 제공한다 할지라도, 어느 한 재무보고서가 특정 의사결정에 충분한 재무정보를 제공하지 않을 수 있으며 또한 모든 재무제표정보를 대신할 수 있는 것도 아니다. 재무제표는 상호 보완적 관계에 있으며, 이러한 관계를 구체적인 예로 들면 다음과 같다.

(1) 대차대조표는 기업실체의 유동성과 재무탄력성을 평가하는 데 유용한 정보를 제공한다. 대차대조표 정보가 현금흐름표 정보와 함께 이용된다면 유동성 또는 재무탄력성을 평가하는 데 더 유용할 수 있다.

(2) 손익계산서는 기업실체의 수익성을 평가하는 데 유용한 정보를 제공한다. 그러나 손익계산서 정보는 대차대조표 정보와 함께 사용될 때 더욱 의미 있는 해석이 가능하게 된다. 예를 들면, 자기자본이익률은 수익성의 기간별 비교 또는 기업실체간 비교의 목적으로 유용한 정보를 제공할 수 있다.

(3) 현금흐름표는 일정 기간 동안의 현금유입과 현금유출에 대해 많은 정보를 제공한다. 그러나 동일한 회계기간 내에서 수익과 비용이 대응되는 것과 달리 현금유입과 현금유출은 서로 대응되어 표시되지 않으므로 현금흐름표는 기업실체의 미래현금흐름을 전망하는 데 충분한 정보를 제공하지 못한다. 예를 들면, 영업활동에서의 현금유입은 많은 부분이 과거의 영업활동에 의해 나타나게 되고, 또한 현재의 현금지출은 미래의 현금유입을 위해 이루어진다. 그러므로 미래의 현금흐름을 예측하기 위하여 현금흐름표의 정보는 손익계산서와 대차대조표의 정보가 함께 사용될 필요가 있다.

(4) 자본변동표는 자산, 부채, 자본 변동의 주요 원천에 대한 정보를 제공한다. 그러나 이러한 정보는 다른 재무제표정보와 함께 사용되어야 그 유용성이 증대된다. 예를 들면, 주주에 대한 배당은 손익계산서상의 이익과 비교될 필요가 있으며, 유상증자 및 자기주식 취득과 배당은 신규 차입 및 기존 채무의 상환 등과 비교될 때 그 정보유용성이 증대될 수 있다.

소유주의 투자와 소유주에 대한 분배를 제외한다면, 회계기간 말 현재의 자본은 회계기간 초와 비교할 때 회계기간 중 인식된 포괄이익만큼 증가하게 되며, 자본변동의 모든 원천은 포괄이익에 의해 최종적으로 측정된다. 이러한 관점에서 대차대조표와 손익계산서는 상호 연계되는 관계에 있다. 또한 손익계산서는 대차대조표를 통해 현금흐름표와도 연계되는 관계에 있다. 예를 들면, 손익계산서의 세후순영업이익은 영업에 필요한 투하자본의 증가액을 보충하는 원천이 되며, 나머지는 잉여현금흐름(free cash flows)을 구성하게 된다.

제7절 • 재무제표정보의 특성과 한계

재무제표를 통해 제공되는 정보는 다음과 같은 특성과 한계를 갖고 있다.

(1) 재무제표는 화폐단위로 측정된 정보를 주로 제공한다. 재무제표 본문에 나타난 수치는 물리적 단위가 아니라 화폐단위로 측정된 경제적 가치를 표시한다. 따

라서 최고경영자의 경영능력과 숙련된 노동력과 같은 양질의 인적 자원은 기업실체에 상당한 가치가 있는 경제적 자원이지만 이를 객관성 있게 화폐단위로 측정하기 어렵기 때문에 대차대조표에 자산으로 보고되지 못한다.

(2) 재무제표는 대부분 과거에 발생한 거래나 사건에 대한 정보를 나타낸다. 재무제표정보는 회계정보의 질적 특성인 신뢰성(reliability)을 충족시켜야 하기 때문에 원칙적으로 역사적 원가(취득원가)로 측정된 것을 반영한다. 따라서 재무제표정보만으로는 의사결정에 목적적합성(relevance, 관련성)이 높은 정보인 당해 회계연도 말 현재의 가치나 미래의 가치를 직접 파악하기 어렵다는 한계가 있다. 물론 예외적인 사례로 유가증권(단기매매증권이나 매도가능증권)은 공정가치로, 수취채권은 대손충당금을 차감한 순실현가능가치로, 재고자산은 저가로 평가하고 있다.

(3) 재무제표는 추정(estimation)과 주관적 판단(subjective judgement)에 의한 측정치를 포함하고 있다. 예를 들면, 수취채권의 대손율에 따라 재무제표에 보고되는 수취채권의 장부금액과 대손상각비, 유형자산의 내용연수와 잔존가치에 따라 재무제표에 보고되는 유형자산의 금액과 감가상각비 등은 모두 추정이나 주관적 판단에 의한 측정치이다.

(4) 재무제표는 특정 기업실체에 관한 정보를 제공하며, 산업 또는 경제 전반에 관한 정보를 제공하지는 않는다. 개별 기업의 성과는 당해 기업이 소속되어 있는 산업의 성과와 밀접하게 관련되어 있으며, 또한 경제 전반에 영향을 미치는 물가・금리・환율・유가와 같은 요인들에 의해서도 관련되어 있다. 따라서 특정 기업실체의 투자가치를 판단하려면 기업 자체에 대한 평가 못지않게 기업환경의 분석인 산업분석과 경제분석도 필수적이다.

f i n a n c i a l s t a t e m e n t s

재무제표는 기업실체에 발생되는 여러 가지 경제적 사건들 중에서 무엇을, 언제, 얼마로 하는 세 가지 과정을 거쳐야만 작성된다. 식별 → 인식 → 측정은 What → When → How much에 대응되는 회계작업이라고 할 수 있다. 따라서 식별은 기업실체에 발생되는 여러 가지 경제적 사건들을 회계장부에 기록할 것인지 여부를 결정하는 과정이고, 인식은 회계장부에 언제 기록할 것인지를 결정하는 과정이며, 측정은 경제적 영향을 얼마의 금액으로 회계장부에 기록할 것인지를 결정하는 과정이다.

3 장 재무제표 작성과정

3 재무제표 작성과정

제1절 • 회계시스템

회계시스템은 회계정보를 대상으로 하는 시스템으로 기업뿐만 아니라 정부, 개인이나 단체 등 경제활동을 하는 모든 주체들이 갖추어야 할 시스템이다. 회계시스템은 조직의 규모와 성격, 의사결정자들에 대한 정보제공의 종류와 범위 등을 고려해서 구축하고 운용하여야 한다.

기업실체의 회계시스템은 당해 기업에 발생하는 여러 가지 경제적 사건들 중에서 일정한 사건을 식별하고, 식별된 경제적 사건을 인식함과 동시에 금액으로 측정하여 회계정보를 작성하고, 이러한 회계정보를 기업실체의 내・외부 의사결정자(이해관계자)들에게 이용하기에 편리한 형식으로 전달하는 전반적인 체계를 말한다.

여기서 식별(identification)이란 기업에 발생하는 여러 가지 경제적 사건들 중에서 회계처리의 대상이 되는 사건을 선별하는 과정을 의미한다. 회계처리의 대상이 되는 경제적 사건은 재무제표의 기본 요소인 자산・부채・자본・수익・비용 등에 영향을 미치는 사건으로, 이를 회계적 사건(accounting events)이라고 한다. 즉 회계장부에 기록되는 대상은 회계적 사건에 한정된다. 인식(recognition)이란 회계적 사건을 어느 시점에서 회계장부에 기록할 것인지를 결정하는 과정을 의미한다. 즉 인식에서는 회계적 사건을 언제 장부에 기록할 것인지의 기간귀속이 매우 중요하다.

측정(measurement)이란 회계적 사건에 금액을 매기는 작업을 의미한다. 측정은 인식에 관한 결정이 이루어지면 그 회계적 사건의 경제적 영향을 판단하여 장부에 기록할 금액을 결정하는 과정으로, 때에 따라 평가(valuation)라고도 한다. 전달(communication)이란 식별 · 인식 · 측정 과정을 거쳐 작성된 회계정보를 재무제표라는 형식으로 기업실체의 내 · 외부 의사결정자들에게 제공하는 것을 의미한다. 한편 공시(disclosure)란 외부 의사결정자들에게 기업실체에 관한 정보를 자본시장 등에 널리 알린다는 의미이다.

재무제표는 기업실체에 발생되는 여러 가지 경제적 사건들 중에서 무엇을(what), 언제(when), 얼마로(how much) 하는 세 가지 과정을 거쳐야만 작성된다. 식별 → 인식 → 측정은 What → When → How much에 대응되는 회계작업이라고 할 수 있다. 따라서 식별은 기업실체에 발생되는 여러 가지 경제적 사건들을 회계장부에 기록할 것인지 여부(whether to record)를 결정하는 과정이고, 인식은 회계장부에 언제 기록할 것인지(when to record)를 결정하는 과정이며, 측정은 경제적 영향을 얼마의 금액으로 회계장부에 기록할 것인지(in what amount)를 결정하는 과정이다.

제2절 • 회계적 사건

회계적 사건(accounting events)은 기업실체의 재무상태나 경영성과에 영향을 미치고, 그 영향의 크기를 화폐단위로 측정할 수 있는 경제적 사건이다. 즉 회계적 사건은 기업실체의 재무상태나 경영성과에 변동을 일으키는 원천 또는 원인이 된다. 국내의 많은 책들은 회계적 사건을 회계거래(accounting transactions) 또는 회계상의 거래로 부르고 있다.

회계적 사건은 먼저 내부 사건과 외부사건으로 구분된다. 내부 사건(internal events)은 건물, 기계설비, 비품 등을 영업활동을 위해서 사용하거나 제조과정에서 원재료를 사용하는 것과 같이 경제주체의 내부에서 발생하는 사건이다. 외부사건(external events)은 다른 경제주체와의 교환 및 경제주체와 그 경제주체를 둘러싼 외부환경과의 상호작용에서 발생하는 사건이다. 외부 사건은 거래와 상황(거래외 사건)으로 다시 구분된다.

거래(transactions)란 경제주체들 사이에 이루어지는 가치물(재화나 용역)의 이전을 의미한다. 거래에는 다시 경제주체들 간에 서로 대가를 받고 가치물의 이전이 이루어지는 교환(또는 상호이전)과 한 경제주체에서 다른 경제주체로 대가 없이 일방적으로 가치물의 이전이 이루어지는 일방이전이 있다.

교환(exchanges) 또는 상호이전(reciprocal transfers)의 예로는 재화나 용역의 구매 및 판매, 소유주가 하는 기업에 대한 투자, 소유주에게 기업이 지급하는 배당 등이 있고, 일방이전(nonreciprocal transfers)의 예로는 소유주가 기업에 하는 증여, 기업이 자산단체에 하는 기부, 기업이 납부하는 세금 및 분실, 도난 등이 있다.

상황(circumstances)은 경제주체와 그 경제주체를 둘러싼 외부환경과의 상호작용에서 발생하는 사건으로, 거래외 사건이라고도 한다. 상황은 어떤 사건의 결과로 발생하여 그 사건이 어떻게 진전될지 모르기 때문에 맞이하게 될 불확실하거나 예측이 불가능한 상태라고 할 수 있다. 상황의 예로는 이자율의 변동, 물가변동, 채무자의 부도, 재해(홍수, 화재, 지진)의 발생 등이 있다.

일부 회계적 사건은 외부 사건과 내부 사건의 성격을 같이 구비한 경우가 있다. 예를 들면 기계설비를 구입하여(외부 사건) 이를 생산활동에 사용하는(내부 사건) 경우나 종업원을 고용하여(외부 사건) 생산활동에 투입하는(내부 사건)하는 경우가 그러하다. 또한 어떤 회계적 사건은 재화나 용역의 구매 및 판매, 기계설비의 사용과 같이 기업실체의 주도에서 발생하고, 어떤 회계적 사건은 이자율의 변동, 환율의 변동, 재해의 발생과 같이 기업실체가 통제할 수 없는 상황에서 발생한다.

제3절 • 재무제표 작성과정

회계시스템의 구체적인 절차는 회계기간 중에 회계적 사건이 발생하면 이를 회계장부에 기록·분류·요약하여 정기적으로 회계시스템의 최종 산출물(output)인 재무제표를 작성해서 보고·전달하고 회계장부를 마감하는 것으로 종료된다. 이러한 회계시스템의 구체적인 절차를 재무제표 작성과정이라고 하며, 매 회계기간마다 반복해서 이루어지기 때문에 이를 회계순환과정(accounting cycle)이라고도 한다.

회계순환과정은 회계적 사건이 발생하면 이를 기록(분개) → 분류(전기) → 요약(시산표) → 보고·전달(재무제표)라는 4단계로 크게 구분된다.

- 제1단계(회계적 사건의 기록: 분개장과 분개) : 회계적 사건을 복식부기의 기본원리에 따라 날짜별로 분개장에 기록(분개)하는 단계

- 제2단계(회계적 사건의 분류: 총계정원장과 전기) : 분개장에 기록된 회계적 사건을 일정 기간마다 총계정원장의 자산·부채·자본·수익·비용 계정 등에 분류(전기)하는 단계
- 제3단계(회계적 사건의 요약: 시산표) : 기말시점의 모든 계정과 그 금액을 한 곳에 집계·요약하여 시산표를 작성하는 단계
- 제4단계(보고·전달: 재무제표) : 시산표를 바탕으로 하여 회계기준 등에서 규정하고 있는 표준양식에 따라 재무제표(대차대조표·손익계산서·현금흐름표·자본변동표 등)를 작성하여 의사결정자들에게 보고·전달하는 단계

또한 회계순환과정을 보다 세부적으로 구분하면 ① 분개, ② 전기, ③ 수정전 잔액시산표의 작성, ④ 기말 수정분개 및 전기, ⑤ 수정후 잔액시산표의 작성, ⑥ 재무제표의 작성, ⑦ 장부의 마감분개 및 전기, ⑧ 마감후(이월) 잔액시산표의 작성, ⑨ 역분개 및 전기와 같이 9단계로 구성된다. 이러한 9단계 중에서 ① 분개, ② 전기, ④ 기말 수정분개 및 전기, ⑥ 재무제표의 작성, ⑦ 장부의 마감분개 및 전기와 같은 5단계는 생략할 수 없는 필수적 절차이고, 나머지 ③ 수정전 잔액시산표의 작성, ⑤ 수정후 잔액시산표의 작성, ⑧ 마감후(이월) 잔액시산표의 작성, ⑨ 역분개 및 전기와 같은 4단계는 기업의 재량에 맡겨진 선택적 절차이다. 회계순환과정의 9단계를 구체적으로 설명하면 다음과 같다.

1. 분 개

계정(accounts; a/c)은 회계적 사건이 자산·부채·자본·수익·비용 등에 미치는 영향을 체계적으로 분류하고 집합시키기 위해 쓰이는 도구이다. 회계적 사건은 복식부기의 기본원리에 따라 계정을 이용하여 회계장부에 기록한다. 그러나 회계적 사건이 발생하면 이를 바로 계정에 기입하기 이전에 회계적 사건이 발생한 순서대로 각 사건에 대해 어느 계정의 어느 편(차변 또는 대변)에 기록할 것인지를 먼저 판단하고 기록하게 되는데 이러한 기록을 분개(journal entry)라고 한다. 즉 분개는 회계적 사건이 발생한 경우에 해당되는 각 계정에 기록하라는 최초 명령이라고 할 수 있다. 분개

는 일반적으로 회계장부인 분개장(journal)에 기록하지만 전표에 기록할 수도 있다.

2. 전 기

회계적 사건이 발생하면 1단계로서 분개를 하고 2단계는 분개한 회계적 사건의 내용대로 해당되는 각각의 계정에 옮겨 적는 작업을 하여야 하는데, 이러한 작업을 전기라고 한다. 즉 전기(posting)란 회계적 사건을 총계정원장의 해당되는 개별 계정에 분류하는 것을 말한다. 총계정원장(general ledger)은 개별 계정을 모두 모아놓은 회계장부이다.

이와 같이 모든 회계적 사건은 총계정원장의 해당되는 개별 계정에 분류・기록됨으로써 각각의 계정을 통해서 증가와 감소가 기록되며, 자산・부채・자본・수익・비용 등의 변동이 어떻게 일어났고 그 잔액이 얼마인지를 알 수 있는 것이다. 따라서 회계적 사건을 총계정원장의 각 계정에 분류・기록하는 것이 회계기록의 중심이 된다.

3. 수정전 잔액시산표의 작성

모든 회계적 사건이 총계정원장의 해당되는 계정에 전기되면 각 계정의 금액(balance)을 계산한 후에 이를 바탕으로 하여 곧바로 재무제표를 작성할 수 있다. 그러나 일반적으로는 재무제표를 작성하기 전에 총계정원장에 있는 모든 계정과 그 금액을 한 곳에 모아 요약한 표를 작성한 후에 이를 바탕으로 하여 재무제표를 작성한다. 이렇게 총계정원장에 있는 모든 계정과 그 금액을 집계・요약한 표를 시산표(trial balance; T/B)라고 한다.

시산표는 자산과 비용에 속하는 계정 금액을 차변에, 그리고 부채, 자본, 수익에 속하는 계정 금액을 대변에 나열한 계정집계표이다. 시산표란 말은 차변 합계액과 대변 합계액이 과연 균형(balance)이 되는지를 시험적(trial)으로 확인하기 위하여 작성되는 표라는 뜻에서 붙여진 명칭이다. 시산표를 재무제표보다 먼저 작성하는 주된 이유는 다음과 같다.

(1) 시산표상의 차변 합계액과 대변 합계액이 일치하는지를 확인한다. 모든 회계적 사건은 차변과 대변에 같은 금액이 기록되므로 각 계정을 모두 모은 합계도 차변과 대변이 일치하여야 하는 것이다.
(2) 수정전 잔액시산표는 수정분개를 하는 데 필요한 기초자료를 제공하고, 수정후 잔액시산표는 재무제표의 작성을 쉽게 한다. 시산표에는 모든 계정의 금액이 한 곳에 집합되므로 재무제표를 총계정원장의 계정에서 바로 작성하는 데 비해서 오류를 줄일 수 있다.

시산표는 필요에 따라 필수적 절차의 중간 중간에 작성할 수 있는 선택적 절차로서 작성시기에 따라 수정분개 바로 전에 작성하는 수정전시산표, 수정분개 바로 후에 작성하는 수정후시산표, 그리고 장부마감 후에 작성하는 마감후(이월)시산표가 있다. 시산표는 작성하는 양식에 따라 각 계정의 차변합계액과 대변합계액을 보여주는 합계시산표, 각 계정의 차변잔액과 대변잔액만을 보여주는 잔액시산표, 그리고 이 두 가지를 함께 보여주는 합계잔액시산표 등이 있다. 보통 시산표라고 하면 잔액시산표를 의미한다. 이 단계에서는 수정분개를 위한 기초자료를 제공하기 위하여 일반적으로 수정분개 바로 전에 총계정원장에 있는 모든 계정의 차변잔액과 대변잔액만을 보여주는 수정전 잔액시산표(unadjusted trial balance)가 작성된다.

4. 기말 수정분개 및 전기

총계정원장에 있는 일부 계정의 잔액은 기업실체의 기말 재무상태를 제대로 반영하지 못하는 경우가 있다. 예를 들면, 건물·기계설비 등과 같은 유형자산은 시간이 경과하면 감가상각으로 인하여 그 장부금액이 감소되어야 하지만, 회계처리의 편의상 회계기간 중에는 이를 회계장부에 기록하지 않는다. 즉 기말 시점에서도 유형자산계정은 기초금액을 그대로 가지고 있어, 유형자산의 기말 재무상태를 제대로 반영해 주지 못한다. 따라서 기말 시점(회계연도 말)에서 유형자산의 장부금액을 수정·감액하고 동시에 감가상각비라는 비용을 회계장부에 기록할 필요가 있다.

이와 같이 기말 시점에서 총계정원장에 있는 일부 계정의 금액을 수정해 주기 위한 분개를 수정분개(adjusting entries)라고 한다. 수정분개가 필요한 근본적인 이유는 재무제표가 현금주의회계에 따라 작성되지 않고 발생주의회계에 따라 작성되기 때문이다. 즉 수정분개는 현금주의회계에서는 불필요한 절차이지만 발생주의회계에서는 반드시 필요한 절차이다.

현금주의회계(cash basis accounting)는 영업활동과 관련하여 현금을 수취하였을 때 수익(매출)을 인식하고, 현금을 지급하였을 때 비용을 인식하는 회계처리제도이다. 따라서 현금주의회계에서는 영업활동과 관련된 현금수입액과 현금지출액을 비교해서 당기순손익을 계산하는 방법으로서, 수익과 비용을 적절하게 대응시키지 못한다는 중대한 문제점을 갖고 있다. 이러한 현금주의회계의 문제점 때문에 현행 회계제도는 발생주의회계를 채택하고 있다.

발생주의회계(accrual basis accounting)는 재무회계의 기본적 특징으로서 재무제표의 기본요소의 정의 및 인식, 측정과 관련이 있다. 다만, 현금흐름표는 발생기준에 따라 작성되지 않는다. 발생주의회계의 기본적인 논리는 발생기준에 따라 수익과 비용을 회계장부에 기록하는 것이다. 발생기준(accrual basis)은 기업실체의 회계적 사건에 대해 관련된 수익과 비용을 그 현금 유입과 유출이 있는 기간이 아니라 당해 사건이 발생한 기간에 기록하는 것을 말한다. 발생주의회계는 현금거래뿐만 아니라, 신용거래, 재화나 용역의 교환 또는 무상이전, 자산 및 부채의 가격변동 등과 같이 현금의 유출입을 동시에 수반하지 않는 회계적 사건을 기록함으로써 기업실체의 자산과 부채, 그리고 이들의 변동에 관한 정보를 제공하게 된다. 발생주의회계는 발생과 이연의 개념을 포함한다. 즉 발생과 이연을 반영하기 위하여 회계연도 말에 수정분개가 필요한 것이다. 수정분개는 먼저 분개장에 기록한 후에 이를 총계정원장의 해당 계정에 전기한다. 회계연도 말에 필요한 수정분개는 자산・부채・자본 계정에 관한 다음의 두 가지 질문을 통하여 파악할 수 있다.

① 발생항목(accrued items) : 회계기간 중에 기록하지 않은 자산・부채・자본 계정으로서, 기말 시점 현재의 재무상태를 제대로 나타내기 위하여 회계연도 말에 기록해야 할 항목은 어떤 것이 있는가?

② 이연항목(deferred items) : 회계기간 중에 이미 기록한 자산・부채・자본 계정으로서, 기말 시점 현재의 재무상태를 제대로 반영하지 못한 항목은 회계연도 말에 어떤 것이 있는가?

첫 번째 질문에 해당하는 발생항목에 대한 수정분개는 발생주의회계의 발생을 기록하는 것이다. 발생(accrual)이란 미수수익과 같이 미래에 수취할 금액에 대한 자산을 관련된 수익과 함께 인식하거나, 또는 미지급비용과 같이 미래에 지급할 금액에 대한 부채를 관련된 비용과 함께 인식하는 회계과정을 의미한다. 발생주의회계에 따르면, 재화 및 용역을 신용으로 판매(구매)할 때 자산과 수익(자산과 부채)을 인식하게 되고, 현금이 지급되지 않은 이자 또는 급여 등에 대해 부채와 비용을 인식하게 된다. 발생항목은 기말 시점 현재 수익(비용)과 자산(부채)가 발생하였으나 이를 아직 회계장부에 기록하지 않은 항목이므로, 발생항목에 대한 수정분개는 미기록된 항목의 조정(aligning unrecorded items)이라고 한다.

두 번째 질문에 해당하는 이연항목에 대한 수정분개는 발생주의회계의 이연을 기록하는 것이다. 이연(deferral)이란 선수수익과 같이 미래에 수익을 기록하기 위해 현재의 현금유입액을 부채로 기록하거나, 선급비용과 같이 미래에 비용을 기록하기 위해 현재의 현금유출액을 자산으로 기록하는 회계과정을 의미한다. 전자의 경우 수익의 기록은 관련 부채에 내재된 의무의 일부 또는 전부가 이행될 때까지 연기된다. 또한 후자의 경우 비용의 기록은 관련 자산에 내재된 미래 경제적 효익의 일부 또는 전부가 사용될 때까지 연기된다. 이연항목은 현금을 미리 받은 수익이거나 현금을 미리 지급한 비용으로서 현금을 받았거나 지급하였을 때 이미 기록한 항목이므로, 이연항목에 대한 수정분개는 기록된 항목의 조정(aligning recorded items)이라고 한다.

또한 이연에는 수익과 비용의 기간별 배분이 수반된다. 기간별 배분은 상각이라고도 하며, 이는 매 기간에 일정한 방식에 따라 금액을 감소시켜가는 회계과정을 말한다. 상각의 전형적인 예로는 감가상각 또는 감모상각에 의한 비용을 기록하는 것과 선수수익을 수익으로 기록하는 것을 들 수 있다.

발생주의회계에서는 현금의 유출입이 수반되지 않는 자산과 부채항목이 인식될 수 있다. 그러므로 발생주의회계와 현금주의회계의 주된 차이는 수익과 비용을 기록하는 시점(인식 시점)이 다르다는 데 있다. 기업실체가 재화나 용역을 생산하기 위해 설비 등에 투자하는 기간과 생산된 재화나 용역을 판매하여 수익으로 회수하는 기간은 일반적으로 일치하지 않는 경우가 많다. 설비투자에 현금이 지출되는 시점에서부터 판매된 제품의 대가가 현금으로 회수될 때까지는 상당한 기간이 소요될 수 있다. 그러므로 일년 정도의 짧은 기간에 대해 현금유입과 현금유출만을 단순 대비하는 것은 기업실체의 재무적 성과를 적절히 나타내지 못할 수 있다. 그러나 발생주의회계에서는 회계기간별로 기업실체의 경영성과를 적절히 측정하기 위하여 발생과 이연의 절차를 통해 수익과 비용을 기간별로 관련시키고 동시에 자산과 부채의 증감도 함께 기록하게 된다.

5. 수정후 잔액시산표의 작성

수정분개 및 전기를 마친 후에는 수정후 잔액시산표를 작성한다. 수정후 잔액시산표(adjusted trial balance)에는 회계연도 말에 수정된 계정을 포함한 총계정원장에 있는 모든 계정의 잔액이 표시된다. 수정후 잔액시산표를 작성하는 이유는 모든 수정사항이 끝난 후 총계정원장의 차변잔액 합계와 대변잔액 합계가 일치하는지를 확인하기 위한 것이다. 수정후 잔액시산표에는 회계기간 중에 발생한 회계적 사건과 회계연도 말의 회계적 사건(기말수정사항)의 모든 결과가 집계·요약되어 있기 때문에, 재무제표(특히 손익계산서와 대차대조표) 작성의 기초자료로 사용된다.

6. 재무제표의 작성

회계기간 중에 발생한 회계적 사건과 회계연도 말의 회계적 사건(기말수정사항)을 분개와 전기를 하여 각 계정의 잔액을 계산하고 나면 재무제표를 작성할 수 있다. 일반적으로 재무제표는 대차대조표, 손익계산서, 이익잉여금처분계산서(또는 결손금처리계산서), 자본변동표, 현금흐름표 순으로 작성·공시된다. 한편, 재무제표간에는 상호관련성(articulation)이 있으므로 한 재무보고서의 결과수치는 다른 재무보고서의 항목과 연계된다. 예를 들면, 손익계산서의 최종 결과수치인 당기순손익은 이익잉여금처분계산서(안)의 미처분이익잉여금에 반영되고, 이 미처분이익잉여금은 대차대조표의 자본항목인 이익잉여금에 반영된다. 이러한 재무제표간의 상호관련성에 따라 **계산의 연계성**을 부각시키기 위해서 먼저 손익계산서와 이익잉여금처분계산서

(안)를 작성하고, 이어서 대차대조표, 자본변동표와 현금흐름표를 작성한다.

먼저 수정후 잔액시산표로부터 수익과 비용 계정의 잔액을 모아 손익계산서에서 당기순손익(=수익+차익-비용-차손)을 계산하고, 당기순손익 등을 이용하여 이익잉여금처분계산서(안)에서 미처분이익잉여금(=전기이월미처분이익잉여금±회계정책변경누적효과±전기오류수정손익-중간배당액±당기순손익)과 차기이월미처분이익잉여금(=미처분이익잉여금+임의적립금 등의 이입액-이익잉여금처분액)을 계산한다. 그 다음에 수정후 잔액시산표로부터 자산, 부채 및 자본 계정의 잔액과 이익잉여금처분계산서(안)에서 계산된 미처분이익잉여금 등을 이용하여 대차대조표(이익잉여금란에 표시)를 작성한다. 마지막으로 이들 재무보고서(특히 비교대차대조표 및 손익계산서)와 추가자료 등을 이용하여 자본변동표와 현금흐름표를 작성한다.

7. 장부의 마감분개 및 전기

수정후 잔액시산표 등을 근거로 하여 재무제표를 작성한 후에는 다음 단계로 회계장부를 마감하여야 한다. 장부의 마감(closing the books)이란 회계연도 말에 수익계정과 비용계정의 잔액을 집합손익계정을 매개수단으로 하여 미처분이익잉여금계정으로 대체함으로써 수익계정과 비용계정의 잔액을 '0'으로 만들어 폐쇄시키는 것이다. 이렇게 함으로써 자산계정, 부채계정 및 자본계정만 총계정원장에 열려있게 된다. 회계장부는 분개장과 총계정원장으로 구분되며, 분개장은 기중에 발생한 회계적 사건이 끝난 일자에서 일단 마감을 하고, 그리고 기말에 수정사항에 대한 분개와 손익계산서계정에 대한 마감분개를 한 다음에 최종적으로 마감된다.

마감대상이 되는 주된 장부는 총계정원장이다. 총계정원장은 대차대조표계정과 손익계산서계정으로 구성되어 있으므로 회계장부의 마감을 계정의 마감이라고도 한다. 이러한 계정들은 먼저 손익계산서계정을 마감하고 이어서 대차대조표계정을 마감한다.

1] 손익계산서계정의 마감

손익계산서계정의 마감 과정은 마감분개 및 전기라는 수단을 통하여 이루어진다. 마감분개(closing entries)는 회계기간 중에 실제 발생한 회계적 사건을 기록하기 위한 것이 아니고 회계연도 말의 결산시에 계정간 대체를 기록하기 위하여 사용되는 절차이다. 그러나 생략할 수 없는 필수적인 단계로서 실제 발생한 회계적 사건과 마찬가지로 분개장에 기록하고 총계정원장의 해당 계정에 전기하는 절차를 거치게 된다.

명목계정 또는 임시계정이라 불리는 손익계산서계정(수익・비용계정)은 특정 회계연도에만 존재하는 계정으로, 결산기말에 마감되어 다음 회계연도(차기)로 이월되지 않고 당해 회계연도(당기)에만 일시적으로 존재하는 계정이다. 이러한 손익계산서계정은 일정기간마다 그 기간에 발생한 수익과 비용을 집계해서 당해 기간에 귀속시킴으로써 경영성과를 평가할 수 있도록 하기 위하여 마감이 필요한 것이다. 따라서 총계정원장에 추가로 집합손익계정을 설정하여, 모든 수익계정의 잔액을 집합손익계정의 대변에 대체시키고, 모든 비용계정의 잔액을 집합손익계정의 차변에 대체시키는 마감분개 및 전기를 한다. 그리고 집합손익계정의 잔액(대변에 잔액이 발생하면 당기순이익, 차변에 잔액이 발생하면 당기순손실)을 자본계정인 미처분이익잉여금계정으로 대체시키는 마감분개 및 전기를 한다.

2] 대차대조표계정의 마감

실질계정 또는 영구계정으로 불리는 대차대조표계정(자산・부채・자본계정)은 당해 회계연도(당기)뿐만 아니라 다음 회계연도(차기)에도 관련되어 실제로 존재하는 계정으로, 매 결산기말에 잔액이 남아 있으면 다음 회계연도로 계속 이월되어 영구히 존재하게 되는 계정이다. 따라서 대차대조표계정의 마감은 일반적으로 이월기입의 형태로 이루어진다. 이월기입이란 자산・부채・자본계정의 잔액을 다음 회계연도로 이월시키는 기입이다. 이들 계정은 당해 회계연도에 유효한 계정일 뿐만 아니라 다음 회계연도에도 유효한 계정이므로, 이들 계정의 잔액을 다음 회계연도의 영업개시일에 기초가 되는 잔액으로 이월시킨다.

자산계정은 차변에 잔액이 남게 되므로, 이 잔액을 자산계정의 대변에 차기이월(次期移越)로 기록하여 차변합계금액과 대변합계금액을 일치시킨다. 반면 자산에 대한 차감계정(예를 들면, 감가상각누계액계정)은 대변에 잔액이 남게 되므로, 이 잔액을 자산에 대한 차감계정의 차변에 차기이월로 기록하여 차변합계금액과 대변합계금액을 일치시킨다. 또한 부채계정과 자본계정은 대변에 잔액이 남게 되므로, 이 잔액을 부채계정과 자본계정의 차변에 차기이월로 기록하여 차변합계금액과 대변합계금액을 일치시킨다. 반면 부채에 대한 차감계정(예를 들면, 사채할인발행차금계정)과 자본에 대한 차감계정(예를 들면, 자기주식계정)은 차변에 잔액이 남게 되므로, 이 잔액을 부채에 대한 차감계정과 자본에 대한 차감계정의 대변에 차기이월로 기록하여 차변합계금액과 대변합계금액을 일치시킨다. 마지막으로 다음 회계연도의 영업개시일에는 차기이월이 기록된 반대편에 이월된 잔액을 전기이월(前期移越)로 기록한다.

8. 마감후(이월) 잔액시산표의 작성

마감후 잔액시산표는 장부를 마감한 이후에 작성되는 시산표이다. 마감후 잔액시산표는 회계순환과정에서 작성되는 시산표 중에 마지막으로 작성되는 것이다. 그리고 마감후 잔액시산표에는 실질계정인 자산 · 부채 · 자본계정만이 기재되고 명목계정인 수익 · 비용계정은 제외된다. 왜냐 하면, 모든 수익 · 비용계정은 이미 집합손익계정으로 대체되었고, 수익 · 비용의 차이인 당기순손익은 자본계정인 미처분이익잉여금계정으로 대체되어 대차대조표계정이 되었기 때문이다. 따라서 마감후 잔액시산표는 대차대조표와 동일한 것이라고 할 수 있으므로 작성되지 않는 경우가 많다. 즉 마감후 잔액시산표의 작성은 선택적이다. 마감후 잔액시산표는 손익계산서계정이 적절하게 집합손익계정에 대체되었는지, 즉 마감분개가 적절히 이루어졌는지를 검토하기 위해서 작성되는 것이다. 당기순손익이 미처분이익잉여금계정에 대체되어 마감후 잔액시산표를 작성한다면 복식부기의 원리(대차평형의 원리)에 따라 대차(貸借)가 당연히 일치되어야 할 것이다.

이러한 마감후 잔액시산표는 총계정원장에서 이월기입이 끝난 이후에 작성되는 것이 원칙이지만, 총계정원장을 마감하기 이전에 작성하여 대차가 평형이 이루었는지를 먼저 확인한 이후에 총계정원장을 마감하기도 한다. 이는 오류를 줄이고 수정절차를 쉽게 하기 위한 편법이라고 할 수 있다. 한편, 마감후 잔액시산표가 다음 회계연도의 영업개시일을 시점으로 하여 작성하게 되면 이른바 **이월 잔액시산표**가 되는 것이다.

9. 역분개

역분개(reversing entry)는 선택적 절차로서 회계연도 말에 실시한 발생항목에 대한 수정분개를 차기 회계연도 초에 정확하게 역으로 뒤집는 분개를 말한다. 역분개의 대상이 되는 수정분개는 이연항목에 대한 수정분개는 그 대상이 아니며, 발생항목에 대한 수정분개만이 그 대상이 된다. 역분개를 하는 이유는 차기 회계연도의 회계처리를 단순화하고 회계오류의 가능성을 줄이기 위해서이다.

회계연도 초에 역분개를 하면, 당기에 최초로 회계적 사건(거래)이 발생한 날에는 지금까지 반복적으로 해 오던 회계처리(분개)를 일상적으로 할 수 있게 되어 회계처리가 단순해지고 회계오류의 가능성이 줄어들게 된다. 만약 회계연도 초에 역분개를 하지 않으면, 발생주의회계에 따라 당기의 거래금액을 전기와 당기에 배분하여야 하고, 당기에 최초로 회계적 사건이 발생한 날에는 동일·반복적인 회계처리를 할 수 없게 된다. 즉 일상적으로 하던 회계처리가 방해를 받게 되어 회계오류의 가능성이 높아지게 된다.

회계기준은 기업의 회계와 감사인의 감사에 통일성과 객관성을 부여하기 위하여 회계처리 및 보고에 관한 사항을 구체화시킨 기준이다. 기업은 회계기준에 따라 재무제표를 작성 · 보고하여야 하며, 그 결과 기간별 또는 기업간 재무정보의 비교 가능성을 증진시킨다. 그리고 감사인(공인회계사)은 기업의 재무제표가 회계기준에 따라 공정하게 작성 · 보고되었는지를 확인하여야 하고, 그 결과를 감사기준에 따라 감사의견을 표명함으로써 재무정보의 신뢰성을 증진시킨다.

4 장

우리나라 회계기준

4 우리나라 회계기준

제1절 • 회계기준의 필요성과 의의

현금흐름표를 제외한 재무제표는 발생주의회계에 따라 작성된다. 발생주의회계의 필수적인 절차인 발생과 이연에는 경영자(또는 회계담당자)의 주관적인 판단이나 추정이 개입될 소지가 많다. 즉 발생과 이연을 기록하는 데는 현금흐름처럼 일정한 조건만 충족되면 기계적으로 이루어지는 것이 아니라 필연적으로 경영자의 자의적인 판단이나 추정이 요구된다.

발생주의회계에서는 당기의 수익창출에 기여한 또는 관련된 비용이지만 정확한 금액을 측정할 수가 없어서 경영자의 판단이나 추정에 따라 비용을 기록하는 추정항목(estimated items) 특히 추정비용(estimated expenses)이 발생하게 된다. 추정비용은 일반적으로 미래의 불확실한 사건이나 상황의 전개에 따라 영향을 받기 때문에 당기에 비용으로 기록되는 금액은 주관적인 추정치 또는 일반적 관행을 근거로 하여 정해지게 된다. 이와 같은 성격을 갖는 추정비용으로는 대손상각비 · 감가상각비 · 제품보증비 등을 들 수 있다. 따라서 발생주의회계는 일정기간의 경영성과를 합리적으로 측정할 수 있는 장점은 있지만, 경영자가 회계수치(특히 회계이익)를 조정 또는 조작할 가능성이 있는 단점도 있기 때문에 이를 제한하고 최소화할 필요가 있다.

기업을 둘러싸고 있는 많은 이해관계자들은 다양한 집단으로 구성되어 있으므로, 이들이 필요해서 요구하는 재무정보는 다양하면서도 서로 상충되는 측면까지 있다. 그러나 현실적으로 다양하고 상충되는 이해관계자들의 정보요구(information needs)를 모두 충족시킬 수 없기 때문에 일반적으로 많이 요구된다고 판단되는 재무정보들을 제공하여야 한다고 보는 것이 재무회계의 입장이다. 이에 따라 다양한 이해관계자들의 공통된 정보요구를 충족시키기 위한 재무보고의 핵심적인 수단으로서 일반목적 재무제표(general purpose financial statements) 즉 재무제표를 작성할 필요가 있다.

이러한 필요에 따라 일반적으로 보편타당하고 합리적이라고 인정되는 재무제표의 작성과 표시를 위한 기본적 지침으로서 일반적으로 인정된 회계원칙(generally accepted accounting principles; GAAP)을 제정하게 되었다. 일반적으로 인정된 회계원칙은 그 시대의 경제적·정치적 환경의 소산물로서 불변의 진리가 아니고 환경의 변화에 따라 얼마든지 바뀔 수 있으므로, 회계원칙이라 하지 않고 회계기준이라는 용어를 많이 사용한다.

회계기준(accounting standards)은 기업의 회계와 감사인의 감사에 통일성과 객관성을 부여하기 위하여 회계처리 및 보고에 관한 사항을 구체화시킨 기준이다. 기업은 회계기준에 따라 재무제표를 작성·보고하여야 하며, 그 결과 기간별 또는 기업간 재무정보의 비교가능성(comparability)을 증진시킨다. 그리고 감사인(공인회계사)은 기업의 재무제표가 회계기준에 따라 공정하게 작성·보고되었는지를 확인하여야 하고, 그 결과를 감사기준에 따라 감사의견을 표명함으로써 재무정보의 신뢰성(reliability)을 증진시킨다.

제2절 • 회계기준의 체계

1. 외환위기 이전의 체계

우리나라의 최초 기업회계기준은 1958년에 제정된 「기업회계원칙」과 「재무제표규칙」이다. 그 후 경제발전과 1970년대 초반의 기업공개촉진정책에 따라 상장법인의 수가 크게 늘면서 이들을 규제할 수 있는 회계기준의 필요성이 제기되어 1974년과 1975년에 「상장법인 등의 회계처리에 관한 규정」과 「상장법인 등의 재무제표에 관한 규칙」이 제정되었다. 이에 따라 한 동안은 「기업회계원칙」, 「재무제표규칙」, 「상장법인 등의 회계처리에 관한 규정」 및 「상장법인 등의 재무제표에 관한 규칙」이라는 네 가지 회계기준이 공존하였다. 회계기준의 이원화로 인한 불편을 해소하기 위하여 1981년 12월에 이들을 통합하여 「기업회계기준」을 제정함으로써, 우리나라는 회계기준을 체계적으로 정비할 수 있는 기틀이 마련되었다.

1980년대 경제성장과 자본시장의 발달 및 개방으로 회계기준을 더욱 정비하여야 할 필요성이 꾸준히 증대되어 「기업회계기준」은 최초 제정 이후 1997년까지 몇 차례에 걸쳐 부분적으로 개정・보완되었다. 그러나 1997년 12월에 시작된 외환위기 이후 회계기준을 국제회계기준에 합치시키라는 국제통화기금(International Monetary Fund; IMF)과 세계은행(International Bank for Reconstruction and Development; IBRD)의 요구를 반영하여 1998년 4월에 「기업회계기준」을 다시 제정하였으며, 이 기준은 오늘날도 우리나라의 회계기준의 하나로 사용되고 있다. 그리고 「기업회계기준」의 하위 회계기준으로 「연결재무제표준칙」, 「기업집단결합재무제표준칙」, 금융권역별 회계처리준칙인 「은행업회계처리준칙」, 「증권업회계처리준칙」, 「보험업회계처리준칙」 등의 준칙과 '재무제표 공시상의 금액 처리(해석 1-8)', '상품권에 대한 회계처리(해석 35-37)' 등의 「기업회계기준 등에 관한 해석」도 제정하였으며, 이러한 준칙과 해석은 대부분 오늘날도 우리나라의 회계기준의 하나로 사용되고 있다. 따라서 외환위기 이전의 우리나라 회계기준의 체계는 기업회계기준 → 준칙 → 해석의 순서로 구성되어 있었다.

2. 회계기준 제정기구

외환위기 이전과 직후에 우리나라 회계기준의 제정과 개정 권한은 정부기구(재무부・재정경제부 또는 그 산하기관인 증권관리위원회・금융감독위원회・금융위원회 등)에 있었다. 회계기준의 제정권한이 정부기구에 있기 때문에 전문성과 효율성이 결여되었고, 정부의 정책 목적에 영향을 받아 일관성이나 국제적 정합성이 다소 미흡하다는 평가를 받아왔다.

외환위기 와중인 1998년에 우리나라 정부와 세계은행은 회계정보의 신뢰성과 기업경영의 투명성을 높이기 위하여 독립된 민간 회계기준 제정기구를 설립하기로 합의함에 따라 1999년 9월에 민간기구인 한국회계기준원(Korea Accounting Institute;

KAI)을 개원하였으며, 그 안에 한국회계기준위원회(Korea Accounting Standards Board; KASB)를 설치하였다. KASB는 금융위원회(Financial Services Commission; FSC, 구 금융감독위원회)로부터 회계기준의 제정과 개정 권한을 위탁받아 회계기준을 제정·개정하도록 되어 있다. 한편, 금융위원회는 KASB의 회계기준 제정·개정 결과를 보고받으며, 이러한 회계기준이 이해관계자의 이익을 크게 해치거나 국제회계기준과의 정합성에 문제가 있는 경우에는 금융위원회의 산하 기관인 증권선물위원회의 심의를 거쳐 수정을 요구할 수 있다. 그리고 KASB는 정당한 사유가 없는 한 이에 응해야 한다. 이에 따라 금융위원회는 회계기준의 제정과 개정에 대한 전반적인 감독권만 행사한다.

3. 외환위기 이후의 체계

KASB는 기존의 「기업회계기준」 등을 그대로 둔 채 새로운 회계기준을 제정·개정하고 있다. 따라서 현재 우리나라 회계기준의 체계는 외환위기 이전에 제정한 「기업회계기준」과 그 하위 회계기준인 「준칙」 및 「해석」 그리고 외환위기 이후에 KASB가 제정한 「기업회계기준서」와 그 하위 회계기준인 「기업회계기준해석서」 및 「회계기준적용의견서」 등이 공존하고 있는 상태이다.

「기업회계기준」은 실무 적용에 많은 혼란이 있는 법조문 형식으로 되어 있지만, 「기업회계기준서」는 실무 적용의 혼란을 줄이고 국제회계기준과의 정합성을 높이기 위하여 문단식(paragraph)식 구조로 되어 있다. 그리고 자본시장의 국제화에 따른 자본자유화와 많은 국가들이 국제회계기준을 전면적으로 도입하는 추세에 따라 KASB도 국제회계기준을 우리나라의 회계기준으로 채택하였다. 이에 따라 KASB는 2007년 11월에 국제회계기준을 채택한 「한국채택국제회계기준(Korea-International Financial Reporting Standards; K-IFRS)」을 제정하였으며, 한국채택국제회계기준을 국제회계기준의 내용과 일치시키는 것을 원칙으로 하였다. 모든 상장기업은 2011년부터 「한국채택국제회계기준」을 의무적으로 적용하여야 하고, 상장기업을 포함하여 비상장기업도 희망하는 경우에는 2009년부터 자발적으로 적용할 수 있도록 하였다.

우리나라의 기업이 한국채택국제회계기준을 적용하게 되면, 전 세계적인 회계처리기준 단일화 추세에 적극 동참하게 되고 우리나라 기업의 재무제표와 외국기업의 재무제표간의 비교가능성이 제고되며 국제사회에서 우리나라 회계투명성에 대한 신뢰도가 향상될 것이다. 이로써, 국제자본시장에서 자본흐름의 장벽을 제거하고 국제자본시장 참여자의 기업에 대한 투자 및 신용에 대한 의사결정에 도움이 되는 양질의 정보를 제공할 수 있게 된다. 또한 우리나라 기업의 해외소재 사업장과 우리나라에서 영업하는 외국기업의 사업장에 대한 재무보고 비용도 감소시키게 될 것이다.

우리나라 회계기준은 한국채택국제회계기준을 도입하기 이전에는 '현행의 기업회계기준'으로 구성되고, 한국채택국제회계기준을 도입한 이후부터는 '한국채택국제회계기준', '비상장기업회계기준', '특수분야회계기준' 등으로 구성된다. 현행의 기업회계기준은 「기업회계기준서」, 「기업회계기준해석서」, 「기업회계기준」. 「업종별 회계처리 준칙 등」 및 「기업회계기준 등에 관한 해석」 등으로 구성된다. 한국채택국제회계기준, 비상장기업회계기준, 특수분야회계기준 등은 각각 「기업회계기준서」와 「기업회계기준해석서」로 구성되며, 기준의 본문은 아니지만 실무적용의 편의를 위하여 관련 실무지침 등을 제공한다. 한국채택국제회계기준, 비상장기업회계기준, 특수분야회계기준 등은 앞으로 우리나라 회계기준의 근간을 이루게 되며 현행의 기업회계기준을 대체하게 된다.

1] 현행의 기업회계기준

[1] 기업회계기준서

현행의 기업회계기준을 구성하는 「기업회계기준서」는 관련 회계 주제의 회계처리 방법, 표시 및 공시에 대한 원칙을 제공한다. 동시에 기업회계기준서의 각 문단은 회계규범적인 성격을 갖고 있으므로 회계이론에 바탕을 두고 논리 정연하게 서술하고 있다. 기업회계기준서는 국제회계기준과의 정합성을 높이고 실무 적용상의 편의를 제공하기 위하여 문단식의 구조를 채택하고 있다.

현행의 기업회계기준을 구성하는 기업회계기준서는 목차, 요약, 목적, 적용범위, 회계처리방법, 주석공시, 시행일, 경과조치 및 부록으로 구성되어 있으며 부록은 용어정의, 적용보충기준, 타 기준서의 개정, 회계기준위원회의 의결로 구성되어 있다. 별첨자료인 결론도출근거, 실무지침, 신구기준대비표 등은 기준서의 일부를 구성하지 않으며 기준서를 적용하는 데 편의를 제공하기 위하여 제시되고 있다.

현행의 기업회계기준을 구성하는 기업회계기준서는 공표 순서대로 일련번호를 부여한다. 2008년 11월 현재까지 25개(제1호 '회계변경과 오류수정'~제25호 '연결재무제표')의 기업회계기준서를 제정・공포하였다.

[2] 기업회계기준해석서

현행의 기업회계기준을 구성하는 「기업회계기준해석서」는 기업회계기준서에서 다루지 못한 세부 실행지침을 기술하고 기술적인 문제 등을 사례를 중심으로 해설하거나 기업회계기준서의 적용에 필요한 지침을 제공한다. 기업회계기준해석서는 기업회계기준서의 내용 중 일반적인 표현에 대한 분명한 해석이 필요하거나 사후적으로 기업회계기준서의 내용과 관련된 추가적인 회계문제가 인식되는 등 기업회계기준서의 내용을 개정할 필요는 없으나 보완이 필요한 경우에 제정한다.

[3] 회계기준적용의견서

현행의 「회계기준적용의견서」는 기업회계기준을 실무에 적용하는 과정에서 제기되는 다양한 질의에 대한 회신 중 일반적인 적용이 필요한 내용으로 구성되어 있다. 회계기준적용의견서는 회계기준위원회의 의결을 거치는 것은 아니며 한국회계기준원의 내부 전문가, 회계기준자문위원회 및 필요한 경우 질의회신위원회와 회계기준위원회 등의 의견을 반영하여 한국회계기준원 원장의 명의로 발표한다. 회계기준적용의견서는 한국회계기준원의 질의회신에 준하는 효력을 가지며, 과거의 질의회신 내용과 상충되는 경우에는 회계기준적용의견서가 우선한다. 따라서 외환위기 이후부터 한국채택국제회계기준의 제정 이전까지 우리나라 회계기준의 체계는 기업회계기준서 → 기업회계기준해석서 → 회계기준적용의견서의 순서로 구성되어 있다.

2] 한국채택국제회계기준

[1] 기업회계기준서

한국채택국제회계기준은 회계기준위원회가 국제회계기준을 근거로 제정한 회계기준이다. 한국채택국제회계기준을 구성하는 「기업회계기준서」는 원칙적으로 목적, 적용범위, 회계처리방법, 공시, 부록 등으로 구성된다. 부록은 용어의 정의, 적용보충기준 등으로 구성된다. 그리고 그 밖의 서문, 결론도출근거, 적용사례, 실무적용지침이 제공되는데 이는 기준서의 일부를 구성하지 않으며 기준서를 적용함에 있어서 편의를 제공하기 위해 실무지침으로 제시된다. 기준서의 각 문단은 해당 기준서의 목적과 결론도출근거, 본 전문과 「재무제표의 작성과 표시를 위한 개념체계」 등을 바탕으로 이해하여야 한다.

한국채택국제회계기준을 구성하는 기업회계기준서의 일련번호는 국제회계기준(International Accounting Standard; IAS) 및 국제재무보고기준(International Financial Reporting Standard; IFRS)의 일련번호와 일관되게 부여한다. 국제회계기준(IAS)에 대응하는 기업회계기준서의 일련번호는 1001호부터 1099호까지를 사용하고, 국제재무보고기준(IFRS)에 대응하는 기업회계기준서의 일련번호는 1101호부터 1999호까지 사용한다.

[2] 기업회계기준해석서

한국채택국제회계기준을 구성하는 「기업회계기준해석서」는 기업회계기준서에서 명시적으로 언급되지 않은, 새롭게 인식된 재무보고문제에 대하여 지침을 제공한다. 또한 구체적인 지침이 없다면 잘못 적용될 수 있는 내용에 대한 권위 있는 지침을 제공한다.

한국채택국제회계기준을 구성하는 기업회계기준해석서는 참조, 배경, 적용범위, 회계논제, 결론, 시행일, 경과규정 등으로 구성된다. 그리고 그 밖에 서문, 결론도출근거, 적용사례, 실무적용지침이 제공되는데 이는 해석서의 일부를 구성하지 않으며 해석서를 적용하는 데 편의를 제공하기 위해 실무지침으로 제시된다. 각 기업회계기준해석서는 해당 해석서의 적용범위에 대한 제한규정을 두고 있다.

한국채택국제회계기준을 구성하는 기업회계기준해석서의 일련번호는 국제회계기준해석(Standing Interpretations Committee Interpretation; SIC Interpretation) 및 국제재무보고기준해석(International Financial Reporting Interpretations Committee Interpretation; IFRIC Interpretation)의 일련번호와 일관되게 부여한다. 국제회계기준해석(SIC Interpretation)에 대응하는 기업회계기준해석서의 일련번호는 2001호부터 2099호까지를 사용하고, 국제재무보고기준해석(IFRIC Interpretation)에 대응하는 기업회계기준해석서의 일련번호는 2101호부터 2999호까지 사용한다.

회계기준의 실무적용을 위해서는 적절한 해석이 필요하므로 한국회계기준원은 국제회계기준위원회(International Accounting Standards Board; IASB)가 발표한 기준서의 결론도출근거, 적용사례, 실무적용지침 등을 근거로 한 실무지침과 국제재무보고기준해석위원회(International Financial Reporting Interpretations Committee; IFRIC)가 발표한 해석서의 부록을 근거로 한 실무지침을 발표하고, 필요하다면 한국의 실정을 반영하기 위한 실무지침을 추가적으로 발표할 수 있다.

국제회계기준에는 없는 문단으로서 한국채택국제회계기준에 추가된 문단은 해당 문단번호에 '한'이라는 접두어를 붙여 구분 · 표시하며, 국제회계기준의 문단을 회계기준위원회가 삭제한 경우에는 관련된 문단번호 옆에 '한국회계기준원 회계기준위원회가 삭제함'이라고 표시한다. 한국채택국제회계기준에서는 대응되는 국제회계기준을 언급하고, 특별한 예외의 언급이 없는 경우에는 한국채택국제회계기준을 준수하면 국제회계기준을 준수하는 것임을 명시한다.

[3] 비상장기업회계기준

비상장기업회계기준은 「주식회사의 외부감사에 관한 법률」의 적용대상기업 중 「한국채택국제회계기준」에 따라 회계처리하지 아니하는 기업이 적용해야 하는 회계처리기준으로서 기준서와 해석서로 구성된다. 비상장기업회계기준을 구성하는 기준서의 일련번호는 3001호부터 3999호까지를 사용하며, 해석서의 일련번호는 4001호부터 4999호까지를 사용한다.

[4] 특수분야회계기준

특수분야회계기준은 관계 법령 등의 요구사항이나 우리나라에 고유한 거래나 기업환경 등의 차이를 반영하기 위하여 회계기준위원회가 제정하는 회계기준으로서 기준서와 해석서로 구성된다. 특수분야회계기준을 구성하는 기준서의 일련번호는 5001호부터 5999호까지를 사용하며, 해석서의 일련번호는 6001호부터 6999호까지를 사용한다.

따라서 한국채택국제회계기준의 제정 이후부터 우리나라 회계기준의 체계는 한국채택국제회계기준, 비상장기업회계기준, 특수분야회계기준 등으로 구성되며, 각각 기업회계기준서 ⇒ 기업회계기준해석서로 구성된다. [표 4-1]은 한국채택국제회계기준이 도입 · 제정된 이후의 우리나라 회계기준의 구성과 번호 체계를 보여주고 있다.

[표 4-1] K-IFRS 도입 이후 회계기준의 구성과 번호 체계

구 분	기업회계기준서		기업회계기준해석서	
국제회계기준	IAS	IFRS	SIC Interpretation	IFRIC Interpretation
한국채택국제회계기준	1001∼1099	1101∼1999	2001∼2099	2101∼2999
비상장기업회계기준	3001∼3999		4001∼4999	
특수분야회계기준	5001∼5999		6001∼6999	

3] 기업회계기준의 적용범위와 효력

현행의 기업회계기준은 「주식회사의 외부감사에 관한 법률」 등의 적용을 받는 기업이 외부의 정보이용자를 위하여 재무제표를 작성할 때 적용한다. 한국채택국제회계기준이 도입된 이후에 한국채택국제회계기준은 「주식회사의 외부감사에 관한 법률」의 적용대상기업 중 「자본시장과 금융투자업에 관한 법률」에 따른 주권상장법인의 회계처리에 적용한다. 또한 한국채택국제회계기준은 재무제표의 작성과 표시를 위해 한국채택국제회계기준의 적용을 선택한 기업(한국채택국제회계기준 적용선택기업)의 회계처리에도 적용한다. 한국채택국제회계기준을 적용하지 않는 비상장기업은 비상장기업회계기준을 적용한다. 특수분야회계기준의 적용범위는 해당 기준서 또는 해석서에서 별도로 정한다.

4] 현행의 기업회계기준과 한국채택국제회계기준의 비교

현행의 기업회계기준과 한국채택국제회계기준을 비교하면 주로 공시체계, 자산과 부채의 평가방법 및 법률 또는 정책적 목적 등의 반영여부 등에서 차이가 있다. 공시체계에 따른 차이로는 현행의 기업회계기준에서는 개별재무제표(individual financial statements)를 중심으로 공시하고 연결재무제표는 부수적으로 기말보고서에만 차후에 공시하나, 한국채택국제회계기준에서는 모든 공시가 연결재무제표(consolidated financial statements)를 기준으로 이루어진다. 자산과 부채의 평가방법에 따른 차이로는 현행의 기업회계기준에서는 정보의 신뢰성을 중시하여 객관적인 평가가 어려운 항목에 대하여는 역사적 원가로 평가하나, 한국채택국제회계기준에서는 정보이용자들에게 시의적절한 정보를 제공하기 위해서 정보의 목적적합성을 중시하여 원칙적으로 자산과 부채를 공정가치로 평가한다. 법률 및 정책적 목적에 따른 차이로는 현행의 기업

회계기준에서는 법률 및 정책적 목적에 따라 현실을 고려하여 일부 항목에 대해 특정한 회계처리를 규제하거나 허용하고 있으나, 한국채택국제회계기준에서는 거래의 실질에 맞는 회계처리를 규정하고 있다.

또한 현행의 기업회계기준은 미국 재무회계기준(Statement of Financial Accounting Standards; SFAS)의 제정방법인 규칙중심(rule-based)을 뼈대로 삼고 있으나, 한국채택국제회계기준은 원칙중심(principle-based)을 뼈대로 삼고 있다. 규칙중심에서는 상대적으로 회계처리에 대한 구체적인 실무적용지침과 계량적인 지침을 제공하거나 산업별 회계처리기준을 제정하고 많은 해석서를 발표한다. 그러나 원칙중심에서는 재무회계개념체계를 근거로 한 일반원칙을 강조하고, 회계처리에 대한 구체적인 실무적용지침과 계량적인 지침을 제공하기 보다는 전문가의 판단을 중시하기 때문에 가급적 산업별 회계처리기준을 제정하지 않고 해석서도 가능한 한 발표하지 않는다. 항목별로 주된 차이가 나는 내용을 요약하면 다음과 같다.

- 현행의 기업회계기준은 개별재무제표가 중심이 되는 재무제표이지만, 한국채택국제회계기준은 연결재무제표가 중심이 되는 재무제표이다.
- 현행의 기업회계기준은 외부감사대상기업에 한하여 연결범위에 포함되나, 한국채택국제회계기준은 외부감사대상기업이 아닌 소규모기업도 연결범위에 포함된다.
- 현행의 기업회계기준은 투자부동산을 취득원가로 평가하나, 한국채택국제회계기준은 공정가치 평가를 허용한다.
- 현행의 기업회계기준은 금융부채를 상각후원가법으로 평가하나, 한국채택국제회계기준은 상각후원가법을 원칙으로 하되 특정한 경우에는 공정가치법을 허용한다.
- 현행의 기업회계기준은 퇴직급여충당부채를 종업원의 일시퇴직을 가정한 부채로 측정하나, 한국채택국제회계기준은 종업원의 미래퇴직 추정에 의한 부채로 측정한다.
- 현행의 기업회계기준은 영업권과 부의 영업권을 일정기간에 걸쳐 상각 및 환입하나, 한국채택국제회계기준은 영업권은 상각 없이 매기 손상검사를 실시하며 부의 영업권은 일시에 환입한다.
- 현행의 기업회계기준은 상환우선주를 자본으로 인식하나, 한국채택국제회계기

준은 일정요건의 충족 여부에 따라 부채 또는 자본으로 인식한다.

제3절 • 재무제표의 작성과 표시에 관한 회계기준

재무제표(financial statements; F/S)는 기업실체가 외부의 정보이용자들에게 재무정보를 전달하는 핵심적 수단이다. 우리나라 기업들이 작성·공시해야 하는 기본 재무제표로는 대차대조표, 손익계산서, 이익잉여금처분계산서(또는 결손금처리계산서), 현금흐름표, 자본변동표의 다섯 가지 재무보고서가 있으며, 또한 각 재무보고서의 본문 내용을 보충적으로 설명하는 주석이 포함되어야 한다.

대부분의 우리나라 기업들은 「주식회사의 외부감사에 관한 법률」에 따라 재무제표를 작성·공시해야 할 의무가 있다. 공시되는 재무제표가 기업회계기준에 따라 공정(fair)하게 작성되었는지에 관해 외부감사인의 감사의견을 첨부함으로써 재무제표의 신뢰성이 증진되도록 하고 있다. 기업은 1년에 한 번 작성·공시하는 연간재무제표(annual F/S) 이외에도 정보이용자들에게 적시성 있는 재무정보를 제공하여 정보의 유용성을 높이기 위해서 분기재무제표·반기재무제표와 같은 중간재무제표(interim F/S)도 작성·공시한다. 중간재무제표는 연간재무제표와는 다르게 이익잉여금처분계산서(또는 결손금처리계산서)를 제외한 대차대조표, 손익계산서, 현금흐름표, 자본변동표의 네 가지 재무보고서와 주석으로 구성된다.

앞에서 설명한 바와 같이 회계순환과정은 회계기간 중에 회계적 사건이 발생하면 이를 분개장의 분개(회계적 사건의 최초 기록)와 총계정원장으로의 전기(해당 계정에 분류)를 통하여 확정된 계정잔액을 일정한 양식에 따라 재무제표로 표현하여 정보이용자들에게 보고·전달하는 과정이다. 따라서 이러한 과정에서 회계적 사건의 기록과 재무제표의 작성·표시에 관한 회계기준이 필요하다. 즉 회계기준은 크게 회계적 사건에 관한 회계기준과 재무제표의 작성·표시에 관한 회계기준으로 구성된다.

재무제표의 작성과 표시에 관한 우리나라의 현행 회계기준은 한국회계기준원(KAI) 회계기준위원회(KASB)가 2006년 2월에 제정한 「기업회계기준서 제21호」 '재무제표의 작성과 표시 I'과 1998년 4월에 제정(최종 개정; 2006년 2월)한 「기업회계기준(제6장 현금흐름표)」이 있다. 또한 한국회계기준원(KAI) 회계기준위원회(KASB)가 2003년 7월에 발표한 「기업회계기준서 공개초안 제03-16.2호」 '재무제표의 작성과 표시Ⅱ(현금흐름표)'가 있다.

다음의 제5장에서는 현금흐름표를 제외한 나머지 기본 재무제표(대차대조표, 손익계산서, 이익잉여금처분계산서 또는 결손금처리계산서, 자본변동표)의 작성과 표시의 일반원칙 · 목적 · 기본구조 · 표시방법 등에 관하여 「기업회계기준서 제21호」 '재무제표의 작성과 표시Ⅰ'을 중심으로 설명하고, 제6장에서는 현금흐름표의 목적 · 기본구조 · 표시방법 등에 관하여 「기업회계기준서 공개초안 제03-16.2호」 '재무제표의 작성과 표시Ⅱ(현금흐름표)'와 「기업회계기준(제6장 현금흐름표)」을 중심으로 설명한다.

재무제표의 작성과 표시에 대한 책임은 경영자에게 있다. 재무제표는 대차대조표, 손익계산서, 이익잉여금처분계산서(또는 결손금처리계산서), 현금흐름표, 자본변동표로 구성되며, 주석을 포함한다. 그리고 재무제표는 경제적 사실과 거래의 실질을 반영하여 기업의 재무상태, 경영성과, 이익잉여금처분(또는 결손금처리), 현금흐름 및 자본변동을 공정하게 표시하여야 하며, 회계기준에 따라 적정하게 작성된 재무제표는 공정하게 표시된 재무제표로 본다.

5장

재무제표의 작성과 표시에 관한 회계기준

5 재무제표의 작성과 표시에 관한 회계기준

이 장에서는 현금흐름표를 제외한 나머지 기본 재무제표(대차대조표, 손익계산서, 이익잉여금처분계산서 또는 결손금처리계산서, 자본변동표)의 작성과 표시의 일반원칙·목적·기본구조·표시방법 등에 관하여 「기업회계기준서 제21호」 '재무제표의 작성과 표시 I '을 중심으로 설명한다.

제1절 • 요 약

이 기준서의 목적은 재무제표의 작성과 표시에 관한 기준을 정하는 데 있다. 이 기준서는 중간기간을 포함한 모든 회계기간에 대하여 작성하는 재무제표, 연결재무제표 및 기업집단결합재무제표의 작성에 적용한다. 다만, 중간재무제표, 연결재무제표, 기업집단결합재무제표의 작성과 표시에 관하여 특별한 사항은 이 기준서 외의 다른 기업회계기준에서 정할 수 있다.

재무제표는 대차대조표, 손익계산서, 이익잉여금처분계산서(또는 결손금처리계산서), 현금흐름표, 자본변동표로 구성되며, 주석을 포함한다.

● 재무제표 작성과 표시의 일반원칙

경영자는 재무제표를 작성할 때 기업의 존속가능성을 평가하여야 하며, 기업이 경영활동을 청산 또는 중단할 의도가 있거나, 경영활동을 계속할 수 없는 상황에 놓인 경우를 제외하고는 계속기업(going corcern)을 전제로 재무제표를 작성한다.

재무제표의 작성과 표시에 대한 책임은 경영자에게 있다. 재무제표는 경제적 사실과 거래의 실질을 반영하여 기업의 재무상태, 경영성과, 이익잉여금처분(또는 결손금처리), 현금흐름 및 자본변동을 공정하게 표시하여야 하며, 기업회계기준에 따라 적정하게 작성된 재무제표는 공정하게 표시된 재무제표로 본다.

기업은 기업회계기준이 허용하는 범위 내에서 회계정책을 선택할 수 있다. 회계정책(accounting policy)은 기업이 재무보고의 목적으로 선택한 기업회계기준과 그 적용방법을 말한다. 재무제표의 기간별 비교가능성을 제고하기 위하여 전기 재무제표의 모든 계량정보를 당기와 비교하는 형식으로 표시한다. 전기 재무제표의 비계량정보가 당기 재무제표를 이해하는 데 필요한 경우에는 이를 당기의 정보와 비교하여 주석에 기재한다. 또한 재무제표의 기간별 비교가능성을 제고하기 위하여 재무제표 항목의 표시와 분류는 매기 동일하게 적용하는 것을 원칙으로 한다.

● 대차대조표

대차대조표는 일정 시점 현재 기업이 보유하고 있는 경제적 자원인 자산과 경제적 의무인 부채, 그리고 자본에 대한 정보를 제공하는 재무보고서로서, 정보이용자들이 기업의 유동성, 재무적 탄력성, 수익성과 위험 등을 평가하는 데 유용한 정보를 제공한다.

대차대조표의 구성요소인 자산, 부채, 자본은 각각 다음과 같이 구분한다.

① 자산은 유동자산과 비유동자산으로 구분한다. 유동자산은 당좌자산과 재고자산으로 구분하고, 비유동자산은 투자자산, 유형자산, 무형자산, 기타비유동자산으로 구분한다.

② 부채는 유동부채와 비유동부채로 구분한다.

③ 자본은 자본금, 자본잉여금, 자본조정, 기타포괄손익누계액 및 이익잉여금(또는 결손금)으로 구분한다.

다음과 같은 자산은 유동자산으로 분류한다.

① 사용의 제한이 없는 현금및현금성자산
② 기업의 정상적인 영업주기 내에 실현될 것으로 예상되거나 판매목적 또는 소비목적으로 보유하고 있는 자산
③ 단기매매 목적으로 보유하는 자산
④ ① 내지 ③ 외에 대차대조표일로부터 1년 이내에 현금화 또는 실현될 것으로 예상되는 자산

다음과 같은 부채는 유동부채로 분류한다.

① 기업의 정상적인 영업주기 내에 상환 등을 통하여 소멸할 것이 예상되는 매입채무와 미지급비용 등의 부채
② 대차대조표일로부터 1년 이내에 상환되어야 하는 단기차입금 등의 부채

● 손익계산서

손익계산서는 일정 기간 동안 기업의 경영성과에 대한 정보를 제공하는 재무보고서이다. 손익계산서는 당해 회계기간의 경영성과를 나타낼 뿐만 아니라 기업의 미래현금흐름과 수익창출능력 등의 예측에 유용한 정보를 제공한다.

손익계산서는 다음과 같이 구분하여 표시한다. 다만, 제조업, 판매업 및 건설업 외의 업종에 속하는 기업은 매출총손익의 구분표시를 생략할 수 있다.

① 매출액
② 매출원가
③ 매출총손익
④ 판매비와관리비
⑤ 영업손익
⑥ 영업외수익
⑦ 영업외비용
⑧ 법인세비용차감전계속사업손익
⑨ 계속사업손익법인세비용

⑩ 계속사업손익
⑪ 중단사업손익(법인세효과 차감후)
⑫ 당기순손익
⑬ 주당손익

수익과 비용은 각각 총액으로 보고하는 것을 원칙으로 한다. 다만, 이 기준서 외의 다른 기업회계기준에서 요구하거나 허용하는 경우에는 수익과 비용을 상계하여 표시할 수 있다.

● 이익잉여금처분계산서

이익잉여금처분계산서(또는 결손금처리계산서)는 이익잉여금의 처분사항(또는 결손금의 처리사항)을 명확히 보고하기 위한 재무보고서이다.

● 현금흐름표

현금흐름표의 작성과 표시에 대하여는 현금흐름표에 관한 기업회계기준에서 규정한다.

● 자본변동표

자본변동표는 자본의 크기와 그 변동에 관한 정보를 제공하는 재무보고서로서, 자본을 구성하고 있는 자본금, 자본잉여금, 자본조정, 기타포괄손익누계액, 이익잉여금(또는 결손금)의 변동에 대한 포괄적인 정보를 제공한다.

자본변동표에서 전기에 이미 보고된 이익잉여금(또는 결손금)의 금액이 당기에 발생한 회계정책의 변경이나 중대한 전기오류수정으로 인하여 변동된 경우에는 전기에 이미 보고된 금액을 별도로 표시하고 회계정책의 변경이나 오류수정이 매 회계연도에 미치는 영향을 가감한 수정후 기초 이익잉여금을 표시한다.

● 주 석

주석은 다음의 사항을 포함한다.

① 재무제표 작성기준 및 중요한 거래와 회계사건의 회계처리에 적용한 회계정책
② 기업회계기준에서 주석공시를 요구하는 사항
③ 대차대조표, 손익계산서, 이익잉여금처분계산서(또는 결손금처리계산서), 현금흐름표 및 자본변동표의 본문에 표시되지 않는 사항으로서 재무제표를 이해하는 데 필요한 추가 정보

주석은 체계적인 방법으로 표시한다. 대차대조표, 손익계산서, 이익잉여금처분계산서(또는 결손금처리계산서), 현금흐름표 및 자본변동표의 본문에 표시된 개별항목에는 관련된 주석내용과 상호 연결하는 기호 등을 표시한다.

주석은 일반적으로 재무제표 이용자가 재무제표를 이해하고 다른 기업의 재무제표와 비교하는 데 도움이 될 수 있도록 다음의 순서로 작성한다.

① 기업회계기준에 준거하여 재무제표를 작성하였다는 사실의 명기
② 재무제표 작성에 적용된 중요한 회계정책의 요약
③ 재무제표 본문에 표시된 항목에 대한 보충정보(재무제표의 배열 및 각 재무제표 본문에 표시된 순서에 따라 공시한다)
④ 기타 우발상황, 약정사항 등의 계량정보와 비계량정보

● 시행일

이 기준서는 시행일인 2006년 12월 31일 이후 최초로 개시하는 회계연도부터 적용한다. 자본변동표의 경우 이 기준서를 처음으로 적용하는 회계연도에는 당해 회계연도분만 작성할 수 있다.

제2절 • 기준서 목차

부록1의 【결론도출근거】는 이 기준서를 적용함에 있어서 규정의 의미를 보다 분명히 함으로써 이용자들의 이해를 돕기 위하여 제시하였으나 이 기준서의 일부를 구성하는 것은 아니다. 부록2의 【실무지침】도 이 기준서를 적용함에 있어서 규정의 의미를 보다 분명히 함으로써 이용자들의 이해를 돕기 위하여 제시하였으나 이 기준서의 일부를 구성하는 것은 아니다.

부록3의 【재무제표 양식】은 이 기준서의 내용에 따라 작성된 재무제표 및 주석으로 기재하는 포괄손익계산서 양식의 예시이다. 부록5의 【핵심규정】은 이 기준서의 내용 중 회계처리와 공시에 관한 핵심규정만을 발췌 요약함으로써 이용자들이 이 기준서를 적용하는 데 편의를 제공하기 위하여 제시하였으나 이 기준서의 일부를 구성하는 것은 아니다. 따라서 이 핵심규정을 올바르게 이해하기 위해서는 기준서의 본문 내용을 모두 살펴보아야 한다.

제3절 • 기준서의 본문 내용 및 설명

1. 목 적

1. 이 기준서의 목적은 재무제표의 작성과 표시에 관한 기준을 정하는 데 있다.

【결론도출근거】

A8. 이 기준서를 제정할 때 회계기준위원회는 우리나라 회계환경의 특수성을 반영하면서도 국제회계기준의 중요한 규정을 반영한 재무제표구조를 정하는 데 중점을 두었다. 따라서 이 기준서는 국제회계기준 제1호 '재무제표의 표시(Presentation of Financial Statements)'의 상당부분이 반영되었다.

2. 적용범위

2. 이 기준서는 주식회사의 외부감사에 관한 법률(이하 "외감법"이라 한다)의 적용대상 기업의 재무제표 작성과 표시에 적용하며, 이 경우 "재무제표"는 다양한 정보이용자의 공통된 정보요구를 충족시키기 위해 작성된 일반목적의 재무제표를 말한다. 다만, 중요하지 않은 항목에 대하여는 이 기준서를 적용하지 아니할 수 있다. 이 기준서는 외감법의 적용대상이 아닌 기업의 재무제표 작성과 표시에 준용할 수 있다.

【결론도출근거】

A1. 이 기준서의 목적은 다양한 외부정보이용자의 공통된 정보요구를 충족시키기 위한 일반목적 재무제표의 작성과 표시에 관한 일관된 지침을 제공하는 데 있다. 따라서, 이 기준서에 따라 작성된 재무제표는 감독기구, 특수관계자 등의 정보요구를 충족시키기 위해 작성된 특별목적 재무제표와 다를 수 있다. 이 때 '다양한 외부정보이용자'는 특정 정보에 대한 요구를 충족시키는 특별목적의 재무제표를 작성하도록 기업에게 요구할 수 없는 외부의 다양한 정보이용자를 말한다.

A9. 기업회계기준은 외감법 제13조제4항과 동법시행령 제7조의2제1항의 규정에 따라 금융감독위원회(현 금융위원회)의 위탁을 받은 한국회계기준원이 동조 제2항의 규정에 의하여 설치한 회계기준위원회의 심의와 의결을 거쳐 제정(또는 개정)된다. 따라서 이 기준서의 적용범위는 영리기업으로 한정하였다. 그러나 현재 우리나라는 민간부문 비영리조직에 관한 회계처리기준이 없으므로, 민간부문 비영리조직이 재무제표를 작성할 때 이 기준서를 참고할 수 있을 것이다. (문단2 내지 4)

3. 이 기준서는 중간기간을 포함한 모든 회계기간에 대하여 작성하는 재무제표, 연결재무제표 및 기업집단결합재무제표의 작성에 적용한다. 다만, 중간재무제표, 연결재무제표, 기업집단결합재무제표의 작성과 표시에 관하여 특별한 사항은 이 기준서 외의 다른 기업회계기준에서 정할 수 있다.

【결론도출근거】

A35. 이 기준서는 연차손익계산서의 작성 및 표시방법을 제시하고 있다. 중간재무제표(손익계산서) 또는 연결손익계산서 및 기업집단결합손익계산서는 이 기준서에 따라 작성된 연차손익계산서와 일관성을 유지해야 하며, 이들 손익계산서와 연차손익계산서 사이에 차이가 나는 부분은 별도의 기준서에서 다루도록 하였다. (문단3)

4. 이 기준서는 모든 업종의 기업에 적용한다. 다만, 은행업, 보험업 등과 같은 특수한 업종을

영위하는 기업의 재무제표 작성과 표시에 관하여 특별한 사항은 이 기준서 외의 다른 기업회계기준에서 정할 수 있다.

3. 용어의 정의

5. 이 기준서에서 사용하는 용어의 정의는 다음과 같다.
   ① "기업회계기준"은 외감법 제13조제1항의 규정에 의한 회계처리기준을 말하며, 기업회계기준서와 기업회계기준해석서 및 이에 의해 대체되지 않은 '기업회계기준', 연결재무제표준칙, 기업집단결합재무제표준칙, 업종별회계처리준칙, 기업회계기준등에관한해석이 포함된다.
   ② "측정속성"은 자산, 부채 등 재무제표의 기본요소에 대한 화폐금액을 결정하기 위한 측정의 대상이 되는 일정한 속성을 말한다.
   ③ "재무제표가 사실상 확정된 날"은 정기주주총회 제출용 재무지표가 이사회에서 최종 승인된 날을 말한다. 다만, 주주총회에 제출된 재무제표가 주주총회에서 수정되어 승인된 경우에는 주주총회일을 말한다.
   ④ "포괄손익"은 일정 기간 동안 주주와의 자본거래를 제외한 모든 거래나 사건에서 인식한 자본의 변동을 말한다. 포괄손익에는 주주의 투자 및 주주에 대한 분배 등 자본거래를 제외한 모든 원천에서 인식된 자본의 변동이 포함된다.

4. 재무보고의 목적과 재무제표

6. 재무보고는 현재 및 잠재 투자자와 채권자가 합리적인 의사결정을 하는 데 유용한 정보를 제공하는 것을 목적으로 하며, 재무제표는 재무보고의 핵심적인 수단이다. 투자자와 채권자의 의사결정에 유용한 정보란 기업의 미래현금흐름의 크기, 시기 및 불확실성을 예측하는 데 도움을 주는 정보를 말하며, 더 구체적으로는 기업의 재무상태, 경영성과, 이익잉여금처분(또는 결손금처리), 현금흐름 및 자본변동에 관한 정보를 말한다.

7. 재무제표는 투자자와 채권자가 기업의 가치나 채무이행능력을 평가할 수 있도록 자산, 부채, 자본, 수익, 비용 및 현금흐름에 관한 정보를 제공한다. 또 재무제표는 주주가 경영자의

수탁책임을 평가하는 데 도움을 준다.

8. 재무제표는 대차대조표, 손익계산서, 이익잉여금처분계산서(또는 결손금처리계산서), 현금흐름표, 자본변동표로 구성되며, 주석을 포함한다. (A10, A64)

【결론도출근거】

A10. 이 기준서는 자본변동표를 기본 재무제표로 새로이 채택하였으며, 외감법 시행령에 따라 이익잉여금처분계산서(또는 결손금처리계산서)도 기본 재무제표로 계속 유지하였다. 자본변동표는 미국의 재무회계기준 및 국제회계기준에서도 기본 재무제표로 채택하고 있으며, 이익잉여금을 포함한 자본의 모든 구성요소의 변동을 보다 포괄적이고 체계적으로 표시할 수 있어, 회계기준의 국제적 정합성과 재무제표의 유용성을 한층 제고시킬 것으로 기대된다. (문단8)

A64. 주석은 재무제표 본문의 정보에 추가하여 재무제표의 전반적인 이해를 위하여 필요한 양적 정보뿐만 아니라 질적 정보를 제공한다. 이와 같이 주석정보는 재무제표의 전반적인 이해를 증진시키며 기업의 재무상태, 경영성과, 이익잉여금처분(또는 결손금처리), 현금흐름 및 자본변동에 관한 필수적인 정보를 전달하므로, 주석이 제외된 재무제표는 완전한 재무제표라고 할 수 없다. (문단8, 96)

9. 이 기준서는 재무제표의 명칭으로 대차대조표, 손익계산서, 이익잉여금처분계산서(또는 결손금처리계산서), 현금흐름표, 자본변동표를 대표적으로 사용하고 있으나, 전달하고자 하는 정보의 성격을 충실히 나타내는 범위 내에서 재무상태보고서, 경영성과보고서, 이익잉여금처분보고서(또는 결손금처리보고서), 현금흐름보고서, 자본변동보고서 등의 재무제표의 명칭을 보충적으로 사용할 수 있다. (A11)

【결론도출근거】

A11. 한국회계기준원 조사연구실은 재무제표의 명칭으로 통용되어온 대차대조표, 손익계산서, 현금흐름표의 명칭이 제공하는 정보의 성격을 적절히 표시하고 있는지에 관한 설문조사를 실시하였다. 조사 결과는 각 재무제표의 명칭을 재무상태보고서, 경영성과보고서, 현금흐름보고서로 변경하여 재무보고서로 통칭하는 것이 적절하다는 응답이 가장 높게 나타났다. 그러나, 재무제표의 명칭을 변경할 경우 다수의 법령이 개정되어야 하며 기존의 명칭이 오랫동안 일반화되어 사용되어 온 점을 감안하여, 재무제표의 명칭을 변경하지 않았다. 다만, 재무제표가 전달하고자 하는 정보의 성격을 충실히 나타낼 수 있는 경우에는 이 기준서에서 대표적으로 사용하고 있는 재무제표의 명칭이 아닌 다른 명칭을 보충적으로 사용할 수 있도록 하였다. (문단9)

10. 재무제표에는 재무제표 이용자의 의사결정에 유용할 것으로 판단되는 여러 가지 명세서와 경영자의 분석보고서나 검토보고서 등과 같은 설명자료를 첨부할 수 있다. 다만, 이러한 첨부자료는 재무제표의 범위에 포함되지 아니한다.

5. 재무제표 작성과 표시의 일반원칙

1] 계속기업

11. 경영자는 재무제표를 작성할 때 기업의 존속가능성을 평가하여야 하며, 기업이 경영활동을 청산 또는 중단할 의도가 있거나, 경영활동을 계속할 수 없는 상황에 놓인 경우를 제외하고는 계속기업을 전제로 재무제표를 작성한다. (A12)

【결론도출근거】

A12. 우리나라는 1997년의 외환위기와 관련하여 많은 기업이 도산하는 경제적 난관을 겪었다. 이러한 기업 중 일부는 기업의 존속가능성에 대한 중요한 의문이 제기됨에도 불구하고 계속기업의 전제하에서 재무제표를 작성하였고 적절한 공시를 하지 않아, 재무제표를 신뢰한 정보이용자들에게 큰 피해를 입힌 사례가 있다. 이와 같은 피해를 방지하기 위해 이 기준서는 경영자가 계속기업의 전제를 판단할 수 있는 기준을 제시하고 기업의 존속가능성에 대한 중요한 의심을 가지게 된 경우 그 내용을 주석으로 공시하도록 명시하였다. (문단11 내지 13)

12. 경영자는 계속기업의 전제가 타당한 지 판단하기 위하여 수익성, 부채상환계획, 대체적 재무자원의 조달계획 등 대차대조표일로부터 최소한 1년간의 예상 가능한 모든 정보를 고려하여야 한다. 다만, 기업이 상당기간 동안 계속사업이익을 보고하였고, 대차대조표일 현재 경영에 필요한 재무자원을 확보하고 있는 경우에는 경영활동이 청산되거나 중단되지 않을 것으로 보아 계속기업의 전제를 적용할 수 있다. (A12)

13. 경영자가 계속기업의 전제에 대한 중요한 의문을 가지게 된 경우에는 그 내용을 주석으로 기재한다. (A12)

2] 재무제표의 작성책임과 공정한 표시

14. 재무제표의 작성과 표시에 대한 책임은 경영자에게 있다.

15. 재무제표는 경제적 사실과 거래의 실질을 반영하여 기업의 재무상태, 경영성과, 이익잉여금처분(또는 결손금처리), 현금흐름 및 자본변동을 공정하게 표시하여야 하며, 기업회계기준에 따라 적정하게 작성된 재무제표는 공정하게 표시된 재무제표로 본다.

16. 재무제표가 기업회계기준에 따라 작성된 경우에는 그러한 사실을 주석으로 기재하여야 한다. 그러나 재무제표가 기업회계기준에서 요구하는 사항을 모두 충족하지 않은 경우에는 기업회계기준에 따라 작성되었다고 기재하여서는 아니 된다.

3] 회계정책의 결정

17. 기업은 기업회계기준이 허용하는 범위 내에서 회계정책을 선택할 수 있다. 회계정책은 기업이 재무보고의 목적으로 선택한 기업회계기준과 그 적용방법을 말한다. 기업회계기준에서 선택적인 회계처리방법을 제시한 경우와 구체적인 회계처리방법을 제시하지 않은 경우에는 다음의 질적 특성을 갖춘 정보를 제공할 수 있도록 회계정책을 결정한다. (A13, A14)
   ① 회계정보는 목적적합하여야 한다. 목적적합성은 의사결정에 유용한 예측가치나 피드백가치를 가진 정보가 적시에 제공될 때 효과적으로 달성될 수 있다.
   ② 회계정보는 신뢰할 수 있어야 한다. 신뢰성은 그 정보가 나타내고자 하는 바를 충실히 표현하고, 객관적으로 검증가능하며, 중립적일 때 효과적으로 달성될 수 있다.

【결론도출근거】

A13. 문단17에서 '목적적합성'은 회계정보가 정보이용자의 의사결정에 유용하기 위해서는 그 정보가 의사결정목적과 관련되어야 한다는 의미이다. (문단17)

A14. 기업의 경제활동은 매우 다양하고 빠르게 변화하는 반면 회계기준의 제정에는 상당한 시간과 비용이 수반되므로, 기업회계기준이 새로운 거래 또는 예외적인 사항에 대하여 구체적인 기준을 제시하지 못하는 경우가 있다. 이 경우 기업은 유사한 거래 및 회계사건에 관한 기업회계기준과 재무회계개념체계의 재무제표 구성요소의 정의를 참고하여 목적적합하고 신뢰할 수 있는 정보를 제공하는 회계처리방법을 선택하여야 한다. 또한, 실무상 통용되는 회계처리방법 및 회계관습이 우리나라의 기업회계기준 및 재무회계개념체계와 일관성이 있는 경우에는 이를 고려하여 회계처리방법을 선택할 수 있다. (문단17, 18)

18. 기업회계기준에서 회계처리방법을 구체적으로 정하지 않은 거래나 회계사건에 대한 회계정책은 경영자가 다음 사항을 고려하여 결정한다. (A14)
   ① 유사 또는 관련 거래나 회계사건에 대한 기업회계기준

② 재무회계개념체계

③ ① 및 ②와 일관성이 있는 회계관습 및 회계실무

19. 새로 제정되는 기업회계기준의 적용시기에 관한 규정에 따라 의무 적용일보다 앞선 조기 적용이 허용되어 특정 기업회계기준을 조기에 적용하는 경우에는 그 사실을 주석으로 기재한다.

4] 재무제표 항목의 구분과 통합표시

20. 중요한 항목은 재무제표의 본문이나 주석에 그 내용을 가장 잘 나타낼 수 있도록 구분하여 표시하며, 중요하지 않은 항목은 성격이나 기능이 유사한 항목과 통합하여 표시할 수 있다.

21. 재무제표의 표시와 관련하여 재무제표 본문과 주석에 적용하는 중요성에 대한 판단기준은 서로 다를 수 있다. 예를 들어, 재무제표 본문에는 통합하여 표시한 항목이라 할지라도 주석에는 이를 구분하여 표시할 만큼 중요한 항목이 될 수 있다. 이러한 경우에는 재무제표 본문에 통합하여 표시한 항목의 세부 내용을 주석으로 기재한다.

22. 기업회계기준에서 재무제표의 본문이나 주석에 구분 표시하도록 정한 항목이라 할지라도 그 성격이나 금액이 중요하지 아니한 것은 유사한 항목으로 통합하여 표시할 수 있다.

5] 비교재무제표의 작성

23. 재무제표의 기간별 비교가능성을 제고하기 위하여 전기 재무제표의 모든 계량정보를 당기와 비교하는 형식으로 표시한다. 또, 전기 재무제표의 비계량정보가 당기 재무제표를 이해하는 데 필요한 경우에는 이를 당기의 정보와 비교하여 주석에 기재한다. 예를 들어, 전기 대차대조표일 현재 미해결 상태인 소송사건이 당기 재무제표가 사실상 확정된 날까지 해결되지 않은 경우에는 전기 대차대조표일에 불확실성이 존재하였다는 사실과 내용, 당기에 취해진 조치 및 결과 등에 대한 정보를 주석으로 기재한다.

6] 재무제표 항목의 표시와 분류의 계속성

24. 재무제표의 기간별 비교가능성을 제고하기 위하여 재무제표 항목의 표시와 분류는 다음의 경우를 제외하고는 매기 동일하여야 한다.

① 기업회계기준에 의하여 재무제표 항목의 표시와 분류의 변경이 요구되는 경우

② 사업결합 또는 사업중단 등에 의해 영업의 내용이 중요하게 변경된 경우
③ 재무제표 항목의 표시와 분류를 변경함으로써 기업의 재무정보를 더욱 적절하게 전달할 수 있는 경우

25. 재무제표 항목의 표시나 분류방법이 변경되는 경우에는 당기와 비교하기 위하여 전기의 항목을 재분류하고, 재분류 항목의 내용, 금액 및 재분류가 필요한 이유를 주석으로 기재한다. 다만, 재분류가 실무적으로 불가능한 경우에는 그 이유와 재분류되어야 할 항목의 내용을 주석으로 기재한다.

7] 재무제표의 보고양식

26. 재무제표는 이해하기 쉽도록 간단하고 명료하게 표시하여야 하며, 이 기준서의 부록3에 예시된 재무제표의 양식을 참조하여 작성한다. 예시된 명칭보다 내용을 잘 나타내는 계정과목명이 있을 때는 그 계정과목명을 사용할 수 있다. (A49)

【결론도출근거】

A49. 회계기준위원회는 재무회계개념체계에서 사용된 '유형자산처분차손익', '사채상환차손익' 등과 같은 계정과목명을 반영할 것을 고려하였다. 그러나, '자산수증이익', '채무면제이익' 등 '차익'에 해당하는 손익항목에 '차익'이라는 용어를 포함시킬 수 없는 경우가 있으며, 특정 기업에서는 '차익'에 해당하는 손익항목이 다른 기업에서는 '수익'에 해당할 수 있다. 또한, 재무회계개념체계에서 개념적으로나 실무적으로 차익과 차손을 수익과 비용으로부터 구분하는 것은 명확하지 않은 문제로 국제적으로도 이러한 구분을 폐지하려는 움직임이 있음을 언급하고 있다. 따라서, 종전 '기업회계기준'의 계정과목명을 그대로 사용하기로 하였다. (문단26, 71, 72, 79)

27. 재무제표는 대차대조표, 손익계산서, 이익잉여금처분계산서(또는 결손금처리계산서), 현금흐름표, 자본변동표 및 주석으로 구분하여 작성하며, 다음의 사항을 각 재무제표의 명칭과 함께 기재한다.
① 회사명
② 대차대조표일 또는 회계기간
③ 보고통화 및 금액단위

28. 재무제표 이용자에게 오해를 줄 염려가 없는 경우에는 금액을 천원이나 백만원 단위 등으로 표시할 수 있다.

29. 문단10에서 설명한 명세서 등을 재무제표에 첨부하는 경우에는 재무제표와 명확히 구별되

도록 하여야 한다.

30. 이 기준서에서 '공시'는 주석으로 기재하는 것뿐만 아니라 재무제표 본문에 표시하는 것을 포함한다. 이 기준서 외의 다른 기업회계기준에서 '공시'의 의미를 달리 정하고 있지 않는 한 이 기준서 외의 다른 기업회계기준에서의 '공시'도 주석으로 기재하는 것뿐만 아니라 재무제표 본문에 표시하는 것을 포함한다.

6. 대차대조표

1] 대차대조표의 목적

31. 대차대조표는 일정 시점 현재 기업이 보유하고 있는 경제적 자원인 자산과 경제적 의무인 부채, 그리고 자본에 대한 정보를 제공하는 재무보고서로서, 정보이용자들이 기업의 유동성, 재무적 탄력성, 수익성과 위험 등을 평가하는 데 유용한 정보를 제공한다.

2] 대차대조표의 기본구조

32. 대차대조표의 구성요소인 자산, 부채, 자본은 각각 다음과 같이 구분한다. (A15 내지 A19, A27)

① 자산은 유동자산과 비유동자산으로 구분한다. 유동자산은 당좌자산과 재고자산으로 구분하고, 비유동자산은 투자자산, 유형자산, 무형자산, 기타비유동자산으로 구분한다.

② 부채는 유동부채와 비유동부채로 구분한다.

③ 자본은 자본금, 자본잉여금, 자본조정, 기타포괄손익누계액 및 이익잉여금(또는 결손금)으로 구분한다.

【결론도출근거】

A15. 대차대조표는 기업의 자산을 성격과 기능 및 유동성에 따라 구분하고, 부채를 성격 및 유동성에 따라 구분하며, 자본을 그 원천별로 구분하는 것이 매우 중요하다. 왜냐하면 각각의 성격과 기능에 따라 기업의 안전성, 활동성, 미래수익창출 잠재력, 채무변제능력, 배당지급능력 등에 미치는 영향이 다르기 때문이다. 이 기준서에서 제시한 대차대조표의 기본구조는 이와 같은 취지에 부합하기 위한

것이다. (문단32)

A16. 자산과 부채를 유동/비유동으로 구분하는 것은 운전자본으로 사용되는 자산 및 부채와 장기적인 경영활동에 사용되는 자산 및 부채를 구분하여 표시할 수 있고, 기업의 유동성과 지급능력을 평가하는 데에 유용한 정보를 제공해 주기 때문에 바람직하다. 종전 '기업회계기준'에서는 고정자산과 고정부채라는 용어를 사용하고 있는데, 이는 전달하려는 내용을 제대로 표현하는 데 부적합하다고 판단되어 이 기준서에서는 내용을 보다 잘 표현하는 비유동자산과 비유동부채라는 용어를 사용한다. (문단32, 37, 39)

A17. 투자자산은 기업이 장기적인 투자수익이나 다른 기업 지배목적 등의 부수적인 기업활동의 결과로 보유하는 자산이다. 기업이 장기여유자금운용이나 다른 기업 지배목적 등의 부수적인 활동의 결과로 보유하게 되는 자산은 기업 본연의 영업활동을 위해 장기간 사용되는 자산인 유형자산, 무형자산과 성격상 다르기 때문에 구분하여 표시하는 것이 바람직하다. 따라서 이 기준서는 이들 자산을 투자자산으로 별도 분류하였다. (문단32)

A18. 기업 본연의 영업활동을 수행하기 위해 장기간 활용하는 영업자산은 물리적 형태의 유무에 따라 유형자산, 무형자산으로 구분할 수 있다. 기업이 제품생산활동을 수행하기 위하여 투자한 설비의 규모와 무형의 지적자산에 대한 투자규모는 기업의 성장잠재력을 판단하는 중요한 정보이다. 따라서 기업이 영업활동을 위해 보유한 장기성 자산을 유형자산과 무형자산으로 구분하여 보고하도록 하였다. (문단32)

A19. 종전 '기업회계기준'은 이연법인세자산이나 임차보증금 같이 성격이 모호하여 다른 자산으로 분류하기가 어려운 자산들을 투자자산에 포함시키고 있다. 이러한 분류는 투자수익을 목적으로 보유하는 것으로 볼 수 없는 자산들을 투자자산에 포함함으로써 재무정보이용자를 오도할 수 있다는 문제가 제기되었다. 이러한 문제를 해소하기 위하여 이 기준서에서는 기타비유동자산을 신설하고 비유동자산 중 투자자산, 유형자산, 무형자산으로 분류할 수 없는 항목들을 포함하도록 하였다. 기타비유동자산에 포함되는 이연법인세자산은 법인세회계에 관한 기업회계기준에 따라 유동자산으로 분류되는 이연법인세자산을 제외한 부분이다. (문단32)

A27. 자본은 변동원천과 법률적 요구를 기준으로 분류하였다. 이러한 기준에 의해 자본은 자본금, 자본잉여금, 자본조정, 기타포괄손익누계액 및 이익잉여금으로 분류한다. 자본금은 주주들이 납입한 법정자본금으로 한다. 우리나라는 법률적으로 액면금액제도를 따르고 있다. 따라서 법적 요구사항을 충족하고 있는 지를 파악할 수 있도록 조달된 자본금을 액면총액인 액면자본금과 액면을 초과(액면

에 미달)하여 납입한 금액인 액면초과(또는 미달)자본금으로 구분하는 것이 바람직하다. (문단32, 45)

33. 자산과 부채는 유동성이 큰 항목부터 배열하는 것을 원칙으로 한다.

34. 대차대조표의 표시와 분류방법은 기업의 재무상태를 쉽게 이해할 수 있도록 결정되어야 한다. 따라서 문단32와 문단33의 규정에 불구하고 업종의 특수성 때문에 필요하거나 이 기준서 외의 다른 기업회계기준에서 달리 정하고 있는 경우에는 표시항목의 명칭과 배열순서를 다르게 할 수 있다. (A20)

【결론도출근거】

A20. 업종의 특수성으로 인하여 필요하거나 별도의 기준서에서 달리 정하고 있는 경우에는 이 기준서가 제시하는 체계에서 벗어나 대차대조표 본문에 개별 항목을 설정하거나 또는 적정공시를 위해 항목 중 일부를 생략할 수 있도록 하였다. 이 기준서는 이렇게 하여 산업별 특수성이 재무제표에 반영될 수 있도록 하였다. 예를 들어, 금융업의 경우에 대출자산이나 고객예금채무를 별도의 항목으로 표시하는 등 자산과 부채의 분류체계를 달리 할 수 있다. (문단34)

3] 자산과 부채의 유동성과 비유동성 구분

35. 다음과 같은 자산은 유동자산으로 분류한다. (A21)

① 사용의 제한이 없는 현금및현금성자산

② 기업의 정상적인 영업주기 내에 실현될 것으로 예상되거나 판매목적 또는 소비목적으로 보유하고 있는 자산

③ 단기매매 목적으로 보유하는 자산

④ ① 내지 ③ 외에 대차대조표일로부터 1년 이내에 현금화 또는 실현될 것으로 예상되는 자산

【결론도출근거】

A21. 기업의 정상적인 영업주기가 1년을 초과할 경우에 영업주기 내에 사용되거나 현금으로 전환되는 자산이 비유동자산으로 분류되면 유동자산금액이 기업의 정상적인 영업과정에서의 운영자금을 표시하지 못하는 문제점이 있다. 따라서 유동자산을 구분하는 데 1년 기준에 영업주기기준을 추가하여 유동자산의 분류요건을 구체적으로 명시하였다. 다만, 유동자산으로 분류한 금액 중 1년 이내에 실현되지 않을 금액을 주석으로 기재하도록 하였다. 유동자산으로 분류한 금액 중 1

년 이내에 실현되지 않을 금액이 명확하게 산출되지 않는 경우에는 합리적으로 추정하여 결정한다. (문단35 내지 39)

36. 영업주기는 제조업의 경우에 제조과정에 투입될 재화와 용역을 취득한 시점부터 제품의 판매로 인한 현금의 회수완료시점까지 소요되는 기간을 나타낸다. 숙성과정이 필요한 업종이나 자본집약적인 업종의 경우에는 영업주기가 1년을 초과할 수도 있다. 반면에 대부분의 업종의 경우에는 영업주기가 1년 이내인 경우가 보통이다. 정상적인 영업주기가 명확하게 확인되지 않는 경우에는 1년으로 추정한다. (A21)

37. 자산은 1년을 기준으로 유동자산과 비유동자산으로 분류한다. 다만, 정상적인 영업주기 내에 판매되거나 사용되는 재고자산과 회수되는 매출채권 등은 대차대조표일로부터 1년 이내에 실현되지 않더라도 유동자산으로 분류한다. 이 경우 유동자산으로 분류한 금액 중 1년 이내에 실현되지 않을 금액은 주석으로 기재한다. 또, 장기미수금이나 투자자산에 속하는 매도가능증권 또는 만기보유증권 등의 비유동자산 중 1년 이내에 실현되는 부분은 유동자산으로 분류한다. (A16, A21)

38. 다음과 같은 부채는 유동부채로 분류한다. (A21, A22)
① 기업의 정상적인 영업주기 내에 상환 등을 통하여 소멸할 것이 예상되는 매입채무와 미지급비용 등의 부채
② 대차대조표일로부터 1년 이내에 상환되어야 하는 단기차입금 등의 부채

【결론도출근거】

A22. 종전 '기업회계기준'에서는 단순히 1년 이내에 상환될 것으로 기대되는 부채를 유동부채로 구분하고 있다. 유동부채를 구분하는 이유 중의 하나는 기업의 정상적인 영업주기에서 사용되는 순운전자금의 규모를 파악하는 것이다. 따라서 영업주기가 1년을 초과할 경우에는 단순히 1년을 기준으로 유동부채를 구분하는 것은 적절하지 않다. 따라서 유동부채의 분류에도 유동자산과 같이 영업주기기준을 추가하고 유동부채의 분류요건을 구체적으로 정하였다. 다만, 영업활동과 관계 없이 발생한 부채는 영업주기와 관계가 없기 때문에 이들 부채 중 1년 이내에 상환되어야 하는 것은 영업주기에 관계 없이 유동부채로 분류하도록 하였다. (문단38)

39. 부채는 1년을 기준으로 유동부채와 비유동부채로 분류한다. 다만, 정상적인 영업주기 내에 소멸할 것으로 예상되는 매입채무와 미지급비용 등은 대차대조표일로부터 1년 이내에 결제되지 않더라도 유동부채로 분류한다. 이 경우 유동부채로 분류한 금액 중 1년 이내에

결제되지 않을 금액은 주석으로 기재한다. 당좌차월, 단기차입금 및 유동성장기차입금 등은 대차대조표일로부터 1년 이내에 결제되어야 하므로 영업주기와 관계 없이 유동부채로 분류한다. 또, 비유동부채 중 대차대조표일로부터 1년 이내에 자원의 유출이 예상되는 부분은 유동부채로 분류한다. (A16, A21)

40. 대차대조표일로부터 1년 이내에 상환되어야 하는 채무는, 대차대조표일과 재무제표가 사실상 확정된 날 사이에 대차대조표일로부터 1년을 초과하여 상환하기로 합의하더라도 유동부채로 분류한다. (A23)

【결론도출근거】

A23. 유동부채는 기업의 정상적인 영업주기 내에 상환 등을 통하여 소멸할 것이 예상되는 매입채무와 미지급비용 등의 부채와 대차대조표일로부터 1년 이내에 상환되어야 하는 단기차입금 등의 부채를 의미한다. 비록 장기차입금이라 할지라도 채무약정을 위배하여 언제든지 채권자가 상환을 요구할 수 있다면 장기차입금이라 할 수 없다. 그러나 종전 '기업회계기준'에서는 1년 이내에 상환될 채무는 유동부채로 1년 이후에 상환될 채무는 고정부채로 구분한다는 규정 이외에 장기채무의 재분류에 대해 달리 정함이 없다. 따라서 이 기준서는 장기채무의 재분류에 대하여 국제회계기준이 제시한 분류기준과 일치하는 별도의 기준을 세부적으로 제시하였다. (문단40 내지 43)

41. 대차대조표일로부터 1년 이내에 상환기일이 도래하더라도, 기존의 차입약정에 따라 대차대조표일로부터 1년을 초과하여 상환할 수 있고 기업이 그러한 의도가 있는 경우에는 비유동부채로 분류한다. (A23, A24)

【결론도출근거】

A24. 대차대조표일로부터 1년 이내에 상환기일이 도래하는 채무는 원칙적으로 유동부채로 분류한다. 그러나, 기존의 차입약정에 따라 대차대조표일로부터 1년을 초과하여 상환할 수 있고 기업이 그러한 의도가 있는 경우에는 경제적 실질을 반영하여 비유동부채로 분류하는 것이 타당하다. (문단 41)

42. 장기차입약정을 위반하여 채권자가 즉시 상환을 요구할 수 있는 채무는, 대차대조표일과 재무제표가 사실상 확정된 날 사이에 상환을 요구하지 않기로 합의하더라도 유동부채로 분류한다. (A23, A25)

【결론도출근거】

A25. 차입약정을 위반하여 채권자가 즉시 상환을 요구할 수 있는 채무는 원칙적으로 유동부채로 분류한다. 그러나, 기업이 대차대조표일 이전에 차입약정의 위반을

해소할 수 있도록 대차대조표일로부터 1년을 초과하는 유예기간을 제공받아 차입약정의 위반을 해소할 수 있고 유예기간 동안 채권자가 즉시 상환을 요구할 수 없는 경우에는 경제적 실질을 반영하여 비유동부채로 분류하는 것이 타당하다. (문단42, 43)

43. 장기차입약정을 위반하여 채권자가 즉시 상환을 요구할 수 있는 채무라도, 다음의 조건을 모두 충족하는 경우에는 비유동부채로 분류한다. (A23, A25)
① 대차대조표일 이전에 차입약정의 위반을 해소할 수 있도록 대차대조표일로부터 1년을 초과하는 유예기간을 제공하기로 합의하였다.
② ①에서의 유예기간 내에 기업이 차입약정의 위반을 해소할 수 있다.
③ ①에서의 유예기간 동안 채권자가 즉시 상환을 요구할 수 없다.

44. 대차대조표일과 재무제표가 사실상 확정된 날 사이에 발생한 다음과 같은 사건은 주석으로 기재한다. (A26)
① 장기채무로의 차환(또는 만기연장)
② 차입약정 위반의 해소
③ 차입약정 위반을 해소할 수 있도록 대차대조표일로부터 1년을 초과하는 유예기간을 획득

【결론도출근거】

A26. 대차대조표일 후 발생한 사건으로 장기채무로의 차환(또는 만기연장) 등은 기업회계기준서 제6호 '대차대조표일 후에 발생한 사건'에서의 수정을 요하지 않는 대차대조표일 후 발생한 사건에 해당하며, 대차대조표 표시에 영향을 미치지 않는다. (문단44)

4] 자본의 분류

45. 자본금은 법정자본금으로 한다. (A27)

46. 자본잉여금은 증자나 감자 등 주주와의 거래에서 발생하여 자본을 증가시키는 잉여금이다. 예를 들면, 주식발행초과금, 자기주식처분이익, 감자차익 등이 포함된다.

47. 자본조정은 당해 항목의 성격으로 보아 자본거래에 해당하나 최종 납입된 자본으로 볼 수 없거나 자본의 가감 성격으로 자본금이나 자본잉여금으로 분류할 수 없는 항목이다. 예를

들면, 자기주식, 주식할인발행차금, 주식매수선택권, 출자전환채무, 감자차손 및 자기주식 처분손실 등이 포함된다.

48. 기타포괄손익누계액은 대차대조표일 현재의 매도가능증권평가손익, 해외사업환산손익, 현금흐름위험회피 파생상품평가손익 등의 잔액이다.

49. 이익잉여금(또는 결손금)은 손익계산서에 보고된 손익과 다른 자본항목에서 이입된 금액의 합계액에서 주주에 대한 배당, 자본금으로의 전입 및 자본조정 항목의 상각 등으로 처분된 금액을 차감한 잔액이다.

5] 대차대조표 항목의 구분과 통합표시

50. 자산, 부채, 자본 중 중요한 항목은 대차대조표 본문에 별도 항목으로 구분하여 표시한다. 중요하지 않은 항목은 성격 또는 기능이 유사한 항목에 통합하여 표시할 수 있으며, 통합할 적절한 항목이 없는 경우에는 기타 항목으로 통합할 수 있다. 이 경우 세부 내용은 주석으로 기재한다. (A28, A29)

【결론도출근거】

A28. 종전 '기업회계기준'과 같이 대차대조표에 개별 표시할 항목 모두를 일일이 열거하여 공시를 요구하는 것은 각 기업이 처해 있는 여건 및 기업의 특성을 고려하지 않기 때문에 바람직하지 않다. 공시실태조사결과에 따르면 상당수의 기업들이 계정금액이 작아 중요하지도 않은 데에도 불구하고 기업회계기준에 열거되어 있기 때문에 개별 항목으로 공시하고 있는 것으로 나타났다. 반면, 일정 지침도 없이 대차대조표에 개별 표시할 소분류 항목의 결정을 기업에 일임하면 표시의 복잡성이 증가됨은 물론 기업간 비교가능성도 낮아질 가능성이 있다. 그러므로, 이 기준서에서는 실무에서의 혼란을 줄이기 위한 목적으로 부록인 실무지침에서 개별 표시의 예를 제시하고 대차대조표의 양식예로 구체화하였다. (문단50)

A29. 자산, 부채, 자본의 분류항목을 표시함에 있어 성격이 유사한 과목의 개별 표시는 정보가치를 증가시키기보다는 오히려 정보의 명료성을 해칠 수 있다. 유사한 과목을 통합하여 공시하는 것은 정보이용자들도 설문조사에서 바람직하다고 밝힌 바 있다. (문단50)

51. 현금및현금성자산은 기업의 유동성 판단에 중요한 정보이므로 별도 항목으로 구분하여 표시한다. 현금및현금성자산은 통화 및 타인발행수표 등 통화대용증권과 당좌예금, 보통예금 및 큰 거래비용 없이 현금으로 전환이 용이하고 이자율 변동에 따른 가치변동의 위험이

중요하지 않은 금융상품으로서 취득 당시 만기일(또는 상환일)이 3개월 이내인 것을 말한다. (A30)

【결론도출근거】

A30. 기업의 유동성 파악에 중요한 현금및현금성자산, 제반 법규의 제약을 받는 보통주 액면자본금과 우선주 액면자본금, 기업의 경영성과의 누적분인 이익잉여금 중 법정적립금, 임의적립금 및 미처분이익잉여금의 항목들은 금액의 크기가 작다고 하여 표시를 생략하거나 다른 항목에 통합될 수 없는 성격을 갖기 때문에 개별 표시를 요구하였다. (문단51, 52, 56)

52. 자본금은 보통주자본금과 우선주자본금으로 구분하여 표시한다. 보통주와 우선주는 배당금 지급 및 청산시의 권리가 상이하기 때문에 자본금을 구분하여 표시한다. (A30)

53. 자본잉여금은 주식발행초과금과 기타자본잉여금으로 구분하여 표시한다.

54. 자본조정 중 자기주식은 별도 항목으로 구분하여 표시한다. 주식할인발행차금, 주식매수선택권, 출자전환채무, 감자차손 및 자기주식처분손실 등은 기타자본조정으로 통합하여 표시할 수 있다.

55. 기타포괄손익누계액은 매도가능증권평가손익, 해외사업환산손익 및 현금흐름위험회피 파생상품평가손익 등으로 구분하여 표시한다. (A31)

【결론도출근거】

A31. 기타포괄손익누계액을 구성하는 매도가능증권평가손익, 해외사업환산손익 및 현금흐름위험회피 파생상품평가손익 등은 성격이 상이하고 포괄손익의 구성 항목과의 연계성을 유지하기 위해서 개별적으로 표시하는 것이 바람직하여 구분 표시를 요구하였다. (문단55)

56. 이익잉여금은 법정적립금, 임의적립금 및 미처분이익잉여금(또는 미처리결손금)으로 구분하여 표시한다. 이익잉여금 중 법정적립금과 임의적립금의 세부 내용 및 법령 등에 따라 이익배당이 제한되어 있는 이익잉여금의 내용을 주석으로 기재한다. (A30, A32)

【결론도출근거】

A32. 종전 '기업회계기준'에서는 이익잉여금을 이익준비금, 기타법정적립금, 임의적립금, 처분전이익잉여금(처리전결손금)으로 구분하여 개별 표시하도록 규정하고 있다. 그러나 이 기준서에서는 이익잉여금을 법정적립금, 임의적립금, 미처분이

익잉여금(미처리결손금)으로 구분하여 단순화하였다. (문단56)

6] 자산과 부채의 총액표시

57. 자산과 부채는 원칙적으로 상계하여 표시하지 않는다. 다만, 이 기준서 외에 다른 기업회계기준에서 요구하거나 허용하는 경우에는 예외로 한다. (A33)

【결론도출근거】

A33. 자산과 부채를 상계하여 표시하는 것이 관련 거래나 사건의 본질을 보다 잘 반영할 수 있는 극히 예외적인 경우를 제외하고 일반적으로 상계 표시는 정보이용자들의 거래에 대한 이해를 오도할 가능성이 높기 때문에 자산과 부채의 상계 표시는 원칙적으로 허용하지 않는다. 한편, 미국의 재무회계기준에서는 채권자와 채무자 쌍방에게 확정할 수 있는 금액의 채권과 채무가 있고, 채권자와 채무자가 채권과 채무를 상계할 수 있는 권한이 있고, 해당 기업이 채권과 채무를 상계할 의도가 있고, 채권과 채무의 상계가 법적으로 집행 가능한 경우 상계 표시가 가능하다. 회계기준위원회는 아직까지 자산과 부채의 상계 표시 허용에 관한 실무의 요구가 구체적이지 않은 상황에서 이러한 예외적인 상황까지 기준서 본문에 반영시키는 것은 실익이 적다고 판단하고 해당되는 거래에 대한 다른 기준서 혹은 향후 실무에서 발생하는 구체적인 사안에 대하여 별도의 실무지침에서 다루기로 의견을 모았다. (문단57)

58. 매출채권에 대한 대손충당금 등은 해당 자산이나 부채에서 직접 가감하여 표시할 수 있으며, 이는 문단57의 상계에 해당하지 아니한다. 이 기준서 외의 다른 기업회계기준에서 달리 정하는 경우를 제외하고는 자산이나 부채의 가감항목을 해당 자산이나 부채에서 직접 가감하여 표시할 수 있다. 이 경우 가감한 금액을 주석으로 기재한다. (A34)

【결론도출근거】

A34. 대차대조표에서 매출채권, 미수금, 단기대여금, 장기대여금, 장기성매출채권 등에 대하여 대손충당금 등의 가감항목을 차감 또는 부가하는 형식으로 표시할 경우 대차대조표가 지나치게 복잡하게 된다. 따라서 이 기준서 외의 기업회계기준에서 달리 규정하는 경우를 제외하고는, 자산이나 부채의 가감항목을 해당 자산이나 부채에 직접 가감하여 표시하고 가감한 금액을 주석으로 기재할 수 있도록 하였다. (문단58)

【실무지침】: 대차대조표의 개별표시 항목의 예시

A70. 각 기업의 자산, 부채, 자본의 개별 표시 분류 항목은 금액과 성격의 중요성 판단

기준을 적용하여 결정한다. 여기서는 대부분의 기업이 금액이나 성격이 중요하다고 판단하여 대차대조표 본문에 개별 표시할 것으로 예상되는 항목을 아래와 같이 예시한다. 예시된 항목의 금액이나 성격으로 보아 해당 기업에 중요하지 않은 경우에는 이들 항목의 별도 표시를 생략할 수 있다.

■ 당좌자산의 분류 항목

A71. 당좌자산 내에 별도 표시하는 항목의 예는 다음과 같다.

① 현금및현금성자산
② 단기투자자산
③ 매출채권
④ 선급비용
⑤ 이연법인세자산
⑥ 기타

A72. 단기투자자산은 기업이 여유자금의 활용 목적으로 보유하는 단기예금, 단기매매증권, 단기대여금 및 유동자산으로 분류되는 매도가능증권과 만기보유증권 등의 자산을 포함한다. 이들 자산은 현금및현금성자산과 함께 기업의 단기 유동성을 파악하는 데 중요한 정보이기 때문에 개별 표시한다.

A73. 기타는 미수수익, 미수금, 선급금 등을 포함한다. 이들 항목이 중요한 경우에는 개별 표시한다.

■ 재고자산의 분류 항목

A74. 재고자산 내에 별도 표시하는 항목의 예는 다음과 같다.

① 상품
② 제품
③ 반제품
④ 재공품
⑤ 원재료
⑥ 저장품
⑦ 기타

■ 투자자산의 분류 항목

A75. 투자자산은 장기적인 투자수익을 얻기 위해 가지고 있는 채무증권과 지분증권, 지분법적용투자주식, 영업활동에 사용되지 않는 토지와 설비자산, 설비확장 및 채무상환 등에 사용할 특정 목적의 예금을 포함한다.

A76. 투자자산 내에 별도 표시하는 분류 항목의 예는 다음과 같다.

① 투자부동산
② 장기투자증권
③ 지분법적용투자주식
④ 장기대여금
⑤ 기타

A77. 비유동자산으로 분류되는 매도가능증권과 만기보유증권을 통합하여 장기투자증권으로 표시할 수 있으며 이들의 금액이 중요하지 않은 경우 기타로 공시한다.

■ 유형자산의 분류 항목

A78. 유형자산은 재화의 생산이나 용역의 제공, 타인에 대한 임대, 또는 자체적으로 사용할 목적으로 보유하고 있으며, 물리적 형태가 있는 비화폐성자산으로서 토지, 건물, 기계장치 등을 포함한다.

A79. 유형자산 중 별도 표시하는 분류 항목의 예는 다음과 같다.

① 토지
② 설비자산
③ 건설중인자산
④ 기타

A80. 감가상각을 하지 않는 토지는 감가상각 대상자산인 설비자산과 우선 구분하여 이들의 규모를 파악할 수 있도록 한다. 그리고 미래 생산·판매활동을 위해 건설 중인 설비자산의 규모를 파악할 수 있도록 건설중인자산을 개별 표시한다.

■ 무형자산의 분류 항목

A81. 무형자산은 물리적 형체는 없지만 식별가능하고 기업이 통제하고 있으며 미래 경제적 효익이 있는 비화폐성자산으로 산업재산권, 저작권, 개발비 등과 사업결합에서 발생한 영업권을 포함한다.

A82. 무형자산 중 별도 표시하는 소분류 항목의 예는 다음과 같다.

① 영업권
② 산업재산권
③ 개발비
④ 기타

A83. 기타는 라이선스와 프랜차이즈, 저작권, 컴퓨터소프트웨어, 임차권리금, 광업권, 어업권 등을 포함한다. 다만 이들 항목이 중요한 경우에는 개별 표시한다.

■ 기타비유동자산의 분류 항목

A84. 기타비유동자산은 임차보증금, 이연법인세자산(유동자산으로 분류되는 부분 제

외), 장기매출채권 및 장기미수금 등 투자자산, 유형자산, 무형자산에 속하지 않는 비유동자산을 포함한다.

A85. 기타비유동자산 내에 별도 표시할 항목의 예는 다음과 같다.
① 이연법인세자산
② 기타

A86. 비유동자산으로 분류되는 이연법인세자산은 차감할 일시적차이 등으로 인하여 미래에 경감될 법인세부담액으로서 미래의 현금흐름을 예측하는 데 유용한 정보를 제공하므로 구분 표시한다.

A87. 기타는 임차보증금, 장기선급비용, 장기선급금, 장기미수금 등을 포함한다. 이들 자산은 투자수익이 없고 다른 자산으로 분류하기 어려워 기타로 통합하여 표시한다. 다만 이들 항목이 중요한 경우에는 별도 표시한다.

■ 유동부채의 분류 항목

A88. 유동부채 내에 별도 표시할 소분류 항목의 예는 다음과 같다.
① 단기차입금
② 매입채무
③ 미지급법인세
④ 미지급비용
⑤ 이연법인세부채
⑥ 기타

■ 비유동부채의 분류 항목

A89. 비유동부채 내에 별도 표시할 소분류 항목의 예는 다음과 같다.
① 사채
② 신주인수권부사채
③ 전환사채
④ 장기차입금
⑤ 퇴직급여충당부채
⑥ 장기제품보증충당부채
⑦ 이연법인세부채
⑧ 기타

A90. 비유동부채로 분류되는 이연법인세부채는 가산할 일시적차이로 인하여 미래에 부담하게 될 법인세부담액으로서 미래의 현금흐름을 예측하는 데 유용한 정보를 제공하므로 구분 표시한다.

A91. 기타는 비유동부채로서 다른 항목으로 분류하기 어려운 성격의 부채를 모두 통합한 금액을 표시한다. 다만 이들 항목이 중요한 경우에는 개별 표시한다.

7. 손익계산서

1] 손익계산서의 목적

59. 손익계산서는 일정 기간 동안 기업의 경영성과에 대한 정보를 제공하는 재무보고서이다. 손익계산서는 당해 회계기간의 경영성과를 나타낼 뿐만 아니라 기업의 미래현금흐름과 수익창출능력 등의 예측에 유용한 정보를 제공한다.

2] 손익계산서의 기본구조

60. 손익계산서는 다음과 같이 구분하여 표시한다. 다만, 제조업, 판매업 및 건설업 외의 업종에 속하는 기업은 매출총손익의 구분 표시를 생략할 수 있다. (A36)

① 매출액
② 매출원가
③ 매출총손익
④ 판매비와관리비
⑤ 영업손익
⑥ 영업외수익
⑦ 영업외비용
⑧ 법인세비용차감전계속사업손익
⑨ 계속사업손익법인세비용
⑩ 계속사업손익
⑪ 중단사업손익(법인세효과 차감후)
⑫ 당기순손익
⑬ 주당손익

【결론도출근거】

A36. 기업의 다양한 활동, 거래 및 회계사건은 기업의 안정성, 위험도, 예측가능성에 미치는 영향이 다르다. 따라서 기업이 실제 달성한 경영성과를 이해하고 미래 경영성과를 예측하는 데 도움을 줄 수 있도록 기업의 경영성과에 영향을 미치는 요소를 적절히 공시하여야 한다. 손익계산서는 매출총손익, 영업손익, 법인세비용차감전계속사업손익, 계속사업손익, 중단사업손익, 당기순손익, 주당손익을

구분하여 보고하는 방식으로 작성하는 것을 원칙으로 하되 업종에 따라 필요한 경우 매출총손익의 구분표시를 생략할 수 있도록 하였다. (문단60)

61. 매출액은 기업의 주된 영업활동에서 발생한 제품, 상품, 용역 등의 총매출액에서 매출할인, 매출환입, 매출에누리 등을 차감한 금액이다. 차감 대상 금액이 중요한 경우에는 총매출액에서 차감하는 형식으로 표시하거나 주석으로 기재한다. (A37)

【결론도출근거】

A37. 매출액은 기업의 주된 영업활동에서 발생한 제품, 상품, 용역의 순매출액으로 하고, 기타의 수익은 영업외수익이나 영업외비용에 포함하기로 하였다. 이와 같이 구분하는 이유는 기업의 주된 영업활동이 아닌 활동에서 발생한 수익이 기업의 매출액에 포함되는 경우 기업의 주된 영업활동에 의한 경영성과가 적절하게 표시되지 않기 때문이다. (문단61, 71, 72)

62. 매출액은 업종별이나 부문별로 구분하여 표시할 수 있으며, 반제품매출액, 부산물매출액, 작업폐물매출액, 수출액, 장기할부매출액 등이 중요한 경우에는 이를 구분하여 표시하거나 주석으로 기재한다.

63. 매출원가는 제품, 상품 등의 매출액에 대응되는 원가로서 판매된 제품이나 상품 등에 대한 제조원가 또는 매입원가이다. 매출원가의 산출과정은 손익계산서 본문에 표시하거나 주석으로 기재한다. (A38)

【결론도출근거】

A38. 매출원가는 계산과정의 제시 없이 단일 항목으로 손익계산서 본문에 보고하는 방법과 계산과정을 손익계산서 본문에 표시하는 방법 두 가지 중 하나를 선택하도록 하였다. 전자의 방법은 간결한 장점이 있으나 계산과정이 표시되지 않는 단점이 있다. 그러나 후자의 경우에는 계산과정이 표시되지만 손익계산서가 다소 복잡해지는 문제점이 있다. 따라서 기업이 두 가지 방법의 장단점을 고려하여 선택하도록 하였다. (문단63)

64. 매출원가는 기초제품(또는 상품)재고액에 당기제품제조원가(또는 당기상품매입액)를 가산하고 기말제품(또는 상품)재고액을 차감한 금액이다.

【결론도출근거】

A39. 제품제조원가의 구성내역은 회계정보이용자가 기업의 경영성과를 파악하고 기업의 미래현금흐름을 예측하는 데 유용하기 때문에 이를 공시하여야 한다는 주

장이 있는 반면, 제품제조원가의 구성내역은 기업의 영업비밀에 속하는 사항이므로 공시해서는 안 된다는 주장이 있다. 이 기준서에서는 후자의 논리를 받아들여 재료비, 노무비, 경비 등 제품제조원가의 세부 구성항목에 대한 공시를 필수적인 공시사항으로 포함시키지 않았다.

65. 문단64의 당기상품매입액은 상품의 총매입액에서 매입할인, 매입환출, 매입에누리 등을 차감한 금액으로 한다.

66. 제품이나 상품에 대하여 생산, 판매 또는 매입 외의 사유로 증감액이 있는 경우에는 이를 매출원가의 계산에 반영한다.

67. 매출총손익은 매출액에서 매출원가를 차감하여 산출한다.

68. 판매비와관리비는 제품, 상품, 용역 등의 판매활동과 기업의 관리활동에서 발생하는 비용으로서 매출원가에 속하지 아니하는 모든 영업비용을 포함한다.

69. 판매비와관리비는 당해 비용을 표시하는 적절한 항목으로 구분하여 표시하거나 일괄 표시할 수 있다. 일괄 표시하는 경우에는 적절한 항목으로 구분하여 이를 주석으로 기재한다. (A40)

【결론도출근거】

A40. 판매비와관리비는 종전 '기업회계기준'과 유사하게 당해 비용을 표시하는 적절한 항목으로 구분하여 표시하거나 일괄 표시할 수 있도록 하였다. (문단69)

70. 영업손익은 매출총손익에서 판매비와관리비를 차감하여 산출한다.

71. 영업외수익은 기업의 주된 영업활동이 아닌 활동으로부터 발생한 수익과 차익으로서 중단사업손익에 해당하지 않는 것으로 한다. (A37, A48, A49)

【결론도출근거】

A48. 재무회계개념체계에 따르면 차익은 기업의 주요 경영활동을 제외한 부수적인 거래나 사건으로서 주주의 투자가 아닌 거래나 사건의 결과로 발생하는 경제적 효익의 유입으로서 순자산의 증가로 나타나며, 차손은 기업의 주요 경영활동을 제외한 부수적인 거래나 사건으로서 주주에 대한 분배가 아닌 거래나 사건의 결과로 발생하는 경제적 효익의 유출로서 순자산의 감소로 나타난다. 이러한 차익과 차손은 순유입 또는 순유출로 보고한다. 회계기준위원회는 과거 사용해온 '이득'

과 '손실'이라는 용어가 적절하지 못하다는 비판에 따라 관련 개념을 더 잘 설명해주는 '차익'과 '차손'이라는 용어를 사용하기로 하였다. (문단71, 72, 79)

A49. 회계기준위원회는 재무회계개념체계에서 사용된 '유형자산처분차손익', '사채상환차손익' 등과 같은 계정과목명을 반영할 것을 고려하였다. 그러나, '자산수증이익', '채무면제이익' 등 '차익'에 해당하는 손익항목에 '차익'이라는 용어를 포함시킬 수 없는 경우가 있으며, 특정 기업에서는 '차익'에 해당하는 손익항목이 다른 기업에서는 '수익'에 해당할 수 있다. 또한, 재무회계개념체계에서 개념적으로나 실무적으로 차익과 차손을 수익과 비용으로부터 구분하는 것은 명확하지 않은 문제로 국제적으로도 이러한 구분을 폐지하려는 움직임이 있음을 언급하고 있다. 따라서, 종전 '기업회계기준'의 계정과목명을 그대로 사용하기로 하였다. (문단26, 71, 72, 79)

72. 영업외비용은 기업의 주된 영업활동이 아닌 활동으로부터 발생한 비용과 차손으로서 중단사업손익에 해당하지 않는 것으로 한다. (A37, A48, A49)

73. 법인세비용차감전계속사업손익은 영업손익에 영업외수익을 가산하고 영업외비용을 차감하여 산출한다. 또한 계속사업손익은 법인세비용차감전계속사업손익에서 계속사업손익법인세비용을 차감하여 산출한다. 여기서 계속사업손익은 기업의 계속적인 사업활동과 그와 관련된 부수적인 활동에서 발생하는 손익으로서 중단사업손익에 해당하지 않는 모든 손익을 말한다. (A41)

【결론도출근거】

A41. 종전 '기업회계기준'에서 비경상성과 비반복성을 모두 충족하는 손익항목을 '특별손익'으로 분류하도록 하고 있으나 이러한 항목도 재무제표 이용자들이 기업의 미래의 경영성과를 예측하는 데 도움을 주기 위하여 주석으로 기재하도록 하는 손익항목의 하나로 볼 수 있다. 또한, 특별손익을 폐지하면 특별손익 분류상의 자의성을 원천적으로 회피할 수 있다. 따라서 회계기준위원회는 개정된 국제회계기준 제1호에서 특별손익 개념을 폐지한 것과 마찬가지로 실무적인 분류상 자의적일 가능성이 많은 특별손익을 폐지하기로 하였다. (문단73)

74. 계속사업손익법인세비용은 계속사업손익에 대응하여 발생한 법인세비용이다. (A42, A43)

【결론도출근거】

A42. 이 기준서에서는 법인세비용을 기간내 배분하여 계산한 계속사업손익법인세비용을 반영하여 계속사업손익을 산출하도록 하였다. 계속사업손실이 발생하는 경우에는 이에 대응하여 발생하는 법인세효과를 계속사업손익법인세비용 항목

으로 하고 부수(-)로 표시한다. (문단74)

A43. 중단사업손익이 없을 경우에는 '법인세비용차감전계속사업손익'을 '법인세비용차감전순손익'으로 표시하고, '계속사업손익법인세비용'은 '법인세비용'으로 표시하며, '계속사업이익'은 별도로 표시하지 않는다. (문단74 내지 76)

75. 중단사업손익은 중단사업으로부터 발생한 영업손익과 영업외손익으로서 사업중단직접비용과 중단사업자산손상차손을 포함하며, 법인세효과를 차감한 후의 순액으로 보고하고 중단사업손익의 산출내역을 주석으로 기재한다. 이 때 중단사업손익에 대한 법인세효과는 손익계산서의 중단사업손익 다음에 괄호를 이용하여 표시한다. (A43, A44)

【결론도출근거】

A44. 중단사업손익에 대한 법인세비용(또는 법인세효과)의 표시방법으로는 총액법과 순액법이 있다. 총액법은 각 손익항목을 법인세비용차감전 금액으로 표시하고 이들 항목에 대한 법인세비용 총액을 개별 항목으로 표시하는 방법이다. 순액법은 각 손익항목을 법인세비용차감후 금액으로 표시하고 주기나 주석으로 법인세비용 금액을 표시하는 방법이다. 기업회계기준서 제11호 '중단사업'에서는 회계정보이용자에게 보다 유용한 회계정보를 제공하려는 취지에 따라 중단사업손익을 순액법에 따라 법인세비용차감후 금액으로 표시하고, 중단사업손익에 대한 법인세효과는 주기하도록 하였다. (문단75)

A45. "주기"는 재무제표상의 해당 과목 다음에 괄호 등을 이용하여 그 회계사실의 내용을 간단한 자구 또는 숫자로 표시하는 것을 말한다.

76. 당기순손익은 계속사업손익에 중단사업손익을 가감하여 산출하며, 당기순손익에 기타포괄손익을 가감하여 산출한 포괄손익의 내용을 주석으로 기재한다. 이 경우 기타포괄손익의 각 항목은 관련된 법인세효과가 있다면 그 금액을 차감한 후의 금액으로 표시하고 법인세효과에 대한 내용을 별도로 기재한다. (A43, A51 내지 A56)

【결론도출근거】

A51. 포괄손익(comprehensive income)은 일정 기간 동안 주주와의 자본거래를 제외한 모든 거래나 사건에서 인식한 자본의 변동을 말한다. 포괄손익을 보고하는 목적은 주주와의 자본거래를 제외한 인식된 거래와 기타 경제적 사건으로 인하여 발생한 모든 순자산의 변동을 측정하기 위한 것인데, 이러한 순자산의 변동 중 일부는 손익계산서에 표시되고 일부는 대차대조표의 자본의 별도 구성항목으로 표시된다. (문단76, 93)

A52. 이론적으로 포괄손익을 표시하는 방법은 크게 나누어서 세 가지로 구분할 수 있다. 첫 번째로는 손익 및 포괄손익계산서(statement of income and comprehensive income)를 작성하는 것인데, 기존의 손익계산서를 확장하여 기존의 당기순손익뿐만 아니라 기타포괄손익을 가감하여 그 합계인 포괄손익을 표시하는 방법이다. 두 번째로는 손익계산서(statement of income)와 포괄손익계산서(statement of comprehensive income)를 별도로 작성하는 방법인데, 기존의 손익계산서 외에 별도의 재무성과보고서를 새로이 도입하여 여기에서 포괄손익을 표시하게 된다. 포괄손익계산서는 손익계산서상의 당기순손익에서 출발하여 기타포괄손익을 가감하여 포괄손익을 산출하게 된다. 세 번째로는 자본변동표(statement of changes in equity)를 이용하는 방법으로서, 자본변동표의 구조를 개편하여 당기순손익과 기타포괄손익의 합인 포괄손익을 별도로 표시하는 방법이다. 포괄손익을 별도 항목으로 두고 이익잉여금과 기타포괄손익으로 구분하여 기타포괄손익에는 해당 항목의 변동내용을 집계한다. (문단76)

A53. 미국의 재무회계기준위원회(FASB)는 포괄손익과 그 구성 항목에 대한 표시방법에 대하여 특정한 형식을 요구하는 것은 아니지만 상기 방법 중 첫 번째와 두 번째 방법으로 표시하는 것을 권장하고 있다. 왜냐하면 포괄손익을 손익계산서 형식으로 나타내는 것이 자본변동표에 표시하는 것보다 개념적으로 우월하며, 그러한 표시방법이 포괄주의 이익개념(all-inclusive income concept)과 일관성을 가지기 때문이다. 자본변동표는 자본의 기초잔액과 기말잔액의 변동내용을 설명하는 보고서로서 손익계산서와 대차대조표의 산술적 연계성(arithmetic integrity) 확보를 주목적으로 하는 재무제표이기 때문에 경영성과의 보고가 자본변동표의 주목적은 아니라는 것이 일반적인 견해이다. (문단76)

A54. 우리나라의 경우 포괄손익의 개념이 이제까지 도입되지 않아 도입 초기에는 국제회계기준이나 미국의 재무회계기준에서 요구하는 것처럼 별도의 재무제표를 작성하거나 손익계산서나 자본변동표에서 포괄손익을 나타내는 것은 실무적으로 혼란이 예상되므로 포괄손익계산서를 손익계산서의 주석으로 공시하도록 하였다. 포괄손익에 대한 개념이 정착되고 난 후에는 포괄손익계산서를 별도의 재무제표로 작성하거나 손익계산서를 확장하여 포괄손익을 나타낼 수 있을 것이다. (문단76)

A55. 기업회계기준서 제1호 '회계변경과 오류수정'에 따르면 오류수정은 그 효과를 오류발견연도의 손익에 반영하는 것을 원칙으로 하고, 중대한 오류에 대해서만 소급적용하여 처리하도록 하고 있다. 따라서 중대한 오류를 제외한 전기오류수정손익은 당기순손익에 반영되므로 당기의 포괄손익에 포함된다. 그러나 중대한 오류로 인한 전기오류수정손익에 대하여는 소급적용하여 전기 또는 그 이전 기간의 재무제표를 재작성하므로 전기 이전의 포괄손익에 포함하고 당기의 포괄손

익에는 포함되지 않는다. (문단76)

A56. 기업회계기준서 제1호 '회계변경과 오류수정'에 따르면 회계정책의 변경에 대하여는 원칙적으로 소급적용하여 전기 또는 그 이전의 재무제표를 재작성하고, 회계정책 변경의 누적효과를 합리적으로 결정하기 어려운 경우에는 회계변경을 전진적으로 처리하여 그 효과를 당기와 당기 이후의 기간에 반영한다. 따라서 회계정책 변경의 누적효과는 당기순손익에 반영되는 것이 아니라 각 회계연도의 순손익에 반영되므로 포괄손익계산서에서 별도의 항목으로 나타나지 않는다. 그러나 기업회계기준서 제1호에 의한 회계정책의 변경이 아니고 다른 기준서에 의하여 회계정책의 변경에 대하여 소급적용하지 않고 회계정책 변경의 누적효과를 기초이익잉여금에 일시에 반영하는 경우(예: 기업회계기준서 제5호 '유형자산' 문단51)에는 회계정책 변경의 누적효과를 포괄손익계산서에 별도의 항목으로 나타내고 당기의 포괄손익에 포함시킨다. (문단76)

77. 주당계속사업손익과 주당순손익은 손익계산서 본문에 표시하고 그 산출근거를 주석으로 기재한다. (A46)

【결론도출근거】

A46. 주당손익 정보는 국제적 추세에 맞추어 회계정보이용자가 보다 쉽게 찾아 볼 수 있도록 손익계산서 본문에 별도의 항목으로 표시하도록 하였다. (문단77)

3] 수익과 비용의 총액표시

78. 수익과 비용은 각각 총액으로 보고하는 것을 원칙으로 한다. 다만, 이 기준서 외의 다른 기업회계기준에서 요구하거나 허용하는 경우에는 수익과 비용을 상계하여 표시할 수 있다. (A47)

【결론도출근거】

A47. 손익계산서상에서 수익과 비용을 상계하여 표시하게 되면 일반적으로 거래의 경제적 실질을 왜곡하기 쉬우며 회계정보이용자가 기업의 미래현금흐름을 예측하고 수행된 거래를 이해하는 데 필요한 충분한 정보가 제공되지 못할 수 있다. 따라서 수익과 비용은 각각 총액으로 표시하는 것을 원칙으로 하였다. (문단78)

79. 동일 또는 유사한 거래나 회계사건에서 발생한 차익, 차손 등은 총액으로 표시하지만 중요하지 않은 경우에는 관련 차익과 차손 등을 상계하여 표시할 수 있다. (A48 내지 A50)

【결론도출근거】

A50. 외환차익과 외환차손과 같이 동일 또는 유사한 성격으로서 중요하지 않은 차익

과 차손이 반복적으로 발생하는 경우 이를 서로 상계할 수 있도록 하여 개별적인 합계금액의 표시로 야기될 수 있는 회계정보의 왜곡 가능성을 방지하고자 하였다. 그러나 외환차익과 외환차손의 경우 어느 한 쪽 또는 각각의 크기가 중요하면 서로 상계하여 표시하지 않는다. (문단79)

【실무지침】: 손익계산서의 개별표시 항목의 예시

■ 매출액과 매출원가의 분류 항목

A92. 매출액은 업종 또는 부문별로 구분하여 표시할 수 있으며, 반제품매출액, 부산물매출액, 작업폐물매출액, 수출액, 장기할부매출액 등이 중요한 경우에는 이를 구분하여 표시할 수 있다.

■ 판매비와관리비의 분류 항목

A93. 판매비와관리비는 상품과 용역의 판매활동 또는 기업의 관리와 유지에서 발생하는 비용으로 급여(임원급여, 급료, 임금 및 제수당을 포함한다), 퇴직급여, 명예퇴직금(조기퇴직의 대가로 지급하는 인센티브 등을 포함한다), 복리후생비, 임차료, 접대비, 감가상각비, 무형자산상각비, 세금과공과, 광고선전비, 연구비, 경상개발비, 대손상각비 등 매출원가에 속하지 아니하는 모든 영업비용을 포함하며, 당해 비용을 표시하는 적절한 항목으로 구분한다.

■ 영업외수익의 분류 항목

A94. 영업외수익은 이자수익, 배당금수익(주식배당액은 제외한다), 임대료, 단기투자자산처분이익, 단기투자자산평가이익, 외환차익, 외화환산이익, 지분법이익, 장기투자증권손상차손환입, 투자자산처분이익, 유형자산처분이익, 사채상환이익, 전기오류수정이익 등을 포함한다.

■ 영업외비용의 분류 항목

A95. 영업외비용은 이자비용, 기타의 대손상각비, 단기투자자산처분손실, 단기투자자산평가손실, 재고자산감모손실(비정상적으로 발생한 재고자산감모손실에 한한다), 외환차손, 외화환산손실, 기부금, 지분법손실, 장기투자증권손상차손, 투자자산처분손실, 유형자산처분손실, 사채상환손실, 전기오류수정손실 등을 포함한다.

■ 중단사업손익의 분류 항목

A96. 사업중단직접비용과 중단사업자산손상차손을 포함한 중단사업으로부터 발생한 영업손익과 영업외손익을 중단사업손익으로 하여 법인세효과를 차감한 후의 순액으로 보고한다.

8. 이익잉여금처분계산서

1] 이익잉여금처분계산서의 목적

80. 이익잉여금처분계산서(또는 결손금처리계산서)는 이익잉여금의 처분사항(또는 결손금의 처리사항)을 명확히 보고하기 위한 재무보고서이다.

2] 이익잉여금처분계산서의 기본구조

81. 이익잉여금처분계산서는 미처분이익잉여금, 임의적립금등의이입액, 이익잉여금처분액, 차기이월미처분이익잉여금으로 구분하여 표시한다.

82. 미처분이익잉여금은 전기이월미처분이익잉여금(또는 전기이월미처리결손금)에 회계정책의 변경으로 인한 누적효과(비교재무제표의 최초회계기간 직전까지의 누적효과), 중대한 전기오류수정손익(비교재무제표의 최초회계기간 직전까지의 누적효과), 중간배당액 및 당기순이익(또는 당기순손실)을 가감하여 산출한다.

83. 이익잉여금처분액은 이익준비금, 기타법정적립금, 이익잉여금처분에 의한 상각 등, 배당금, 임의적립금으로 구분하여 표시한다. 이익잉여금처분에 의한 상각 등은 주식할인발행차금상각, 자기주식처분손실 잔액, 상환주식 상환액 등으로 한다. 배당금의 경우 현금배당과 주식배당으로 구분한다. 주식의 종류별 주당배당금액, 액면배당률은 배당금 다음에 표시하고, 배당수익률, 배당성향, 배당액의 산정내역은 주석으로 기재한다.

84. 결손금처리계산서는 미처리결손금, 결손금처리액, 차기이월미처리결손금으로 구분하여 표시한다.

85. 미처리결손금은 전기이월미처리결손금(또는 전기이월미처분이익잉여금)에 회계정책의 변경으로 인한 누적효과(비교재무제표의 최초회계기간 직전까지의 누적효과), 중대한 전기오류수정손익(비교재무제표의 최초회계기간 직전까지의 누적효과), 중간배당액 및 당기순이익(또는 당기순손실)을 가감하여 산출한다.

86. 결손금의 처리는 임의적립금이입액, 기타법정적립금이입액, 이익준비금이입액, 자본잉여금이입액의 순으로 한다.

9. 현금흐름표

87. 현금흐름표의 작성과 표시에 대하여는 현금흐름표에 관한 기업회계기준에서 규정한다.

10. 자본변동표

1] 자본변동표의 목적

88. 자본변동표는 자본의 크기와 그 변동에 관한 정보를 제공하는 재무보고서로서, 자본을 구성하고 있는 자본금, 자본잉여금, 자본조정, 기타포괄손익누계액, 이익잉여금(또는 결손금)의 변동에 대한 포괄적인 정보를 제공한다. (A57 내지 A62)

【결론도출근거】

A57. 국제회계기준 또는 미국의 재무회계기준 등 국제적인 회계기준에 의하면 자본의 변동내용에 대한 포괄적인 정보를 나타내는 재무보고서를 기본 재무제표로 작성할 것을 요구하고 있다. 우리나라의 경우에는 이익잉여금처분계산서를 기본 재무제표의 하나로 사용하고 있는데, 이익잉여금처분계산서는 자본의 일부인 이익잉여금의 구성항목 중 미처분이익잉여금의 변동내용만을 나타낼 뿐 자본을 구성하는 모든 항목의 변동내용을 포괄적이고 체계적으로 제시하지 못하고 있다. 따라서 회계기준의 국제적 정합성 제고 및 자본 구성항목의 모든 변동내용에 대한 포괄적인 정보제공을 위하여 자본변동표의 도입이 필요하게 되었다. (문단88)

A58. 토론서 제15호 "주주지분변동표 구조"에서는 자본의 변동내용을 포괄적으로 제공하는 재무보고서의 명칭을 국제회계기준이나 미국의 재무회계기준 등 국제적인 회계기준에서 표현하고 있는 'statement of changes in equity'의 원문에 충실하게 '주주지분변동표'로 하는 것이 적합하다고 기술하고 있다. (문단88)

A59. 그러나 현재 대차대조표에서 자산에서 부채를 차감한 잔여지분에 대하여 '자본'이라는 용어를 사용하고 있고 주식회사 외의 기업에 대해서도 포괄적으로 적용하기 위해서는 '주주지분변동'이라고 하기보다는 '자본변동'이라는 용어가 보다 적절하다고 판단된다. 따라서 자본의 변동내용을 포괄적으로 제공하는 재무보고서의 명칭을 '자본변동표'로 하기로 하였다. (문단88)

A60. 자본변동표는 자본의 변동내용에 대한 포괄적인 정보를 제공한다. 종전 '기업회계기준'에서는 재무제표를 대차대조표, 손익계산서, 이익잉여금처분계산서(또는 결손금처리계산서), 현금흐름표, 주기와 주석으로 하고 있다. 이익잉여금처분계산서는 주주지분의 구성항목 중 이익잉여금의 변동내용만이 나타나게 되어 이익잉여금을 제외한 자본 구성항목의 변동내용을 파악하기 위해서는 다른 재무제표, 주석 또는 부속명세서 등을 참고해야만 한다. 이에 반하여 자본변동표는 대차대조표에 표시되어 있는 자본의 변동내용을 설명하는 재무보고서로서, 자본을 구성하고 있는 모든 항목의 변동내용에 대한 정보를 제공하게 된다. (문단88)

A61. 자본변동표는 재무제표간의 연계성을 제고시키며 재무제표의 이해가능성을 높인다. 대차대조표에 표시되어 있는 자본의 기초잔액과 기말잔액을 모두 제시함으로써 대차대조표와 연결할 수 있고, 자본의 변동내용은 손익계산서와 현금흐름표에 나타난 정보와 연결할 수 있어 정보이용자들이 더욱 명확히 재무제표간의 관계를 파악할 수 있게 된다. (문단88)

A62. 자본변동표는 손익계산서를 거치지 않고 대차대조표의 자본에 직접 가감되는 항목에 대한 정보를 제공한다. 이러한 항목에는 매도가능증권평가손익이나 해외사업환산손익 등과 같은 미실현손익이 포함되는데, 자본변동표는 이러한 미실현손익의 변동내용을 나타냄으로써 손익계산서로는 전부 나타낼 수 없는 포괄적인 경영성과에 대한 정보를 직접적 또는 간접적으로 제공하게 된다. (문단88)

2] 자본변동표의 기본구조

89. 자본변동표에는 자본금, 자본잉여금, 자본조정, 기타포괄손익누계액, 이익잉여금(또는 결손금)의 각 항목별로 기초잔액, 변동사항, 기말잔액을 표시한다.

90. 자본금의 변동은 유상증자(감자), 무상증자(감자)와 주식배당 등에 의하여 발생하며, 자본금은 보통주자본금과 우선주자본금으로 구분하여 표시한다.

91. 자본잉여금의 변동은 유상증자(감자), 무상증자(감자), 결손금처리 등에 의하여 발생하며, 주식발행초과금과 기타자본잉여금으로 구분하여 표시한다.

92. 자본조정의 변동은 다음과 같은 항목으로 구분하여 표시한다.
① 자기주식
② 주식할인발행차금
③ 주식선택권

④ 출자전환채무
⑤ 청약기일이 경과된 신주청약증거금 중 신주납입금으로 충당될 금액
⑥ 감자차손
⑦ 자기주식처분손실
⑧ 기타: ① 내지 ⑦ 외의 원인으로 당기에 발생한 자본조정의 변동으로 하되, 그 금액이 중요한 경우에는 적절히 구분하여 표시한다.

93. 기타포괄손익누계액의 변동은 다음과 같은 항목으로 구분하여 표시한다. (A51)
① 매도가능증권평가손익
② 해외사업환산손익
③ 현금흐름위험회피 파생상품평가손익
④ 기타: ① 내지 ③ 외의 원인으로 당기에 발생한 기타포괄손익누계액의 변동으로 하되, 그 금액이 중요한 경우에는 적절히 구분하여 표시한다.

【결론도출근거】

A51. 포괄손익(comprehensive income)은 일정 기간 동안 주주와의 자본거래를 제외한 모든 거래나 사건에서 인식한 자본의 변동을 말한다. 포괄손익을 보고하는 목적은 주주와의 자본거래를 제외한 인식된 거래와 기타 경제적 사건으로 인하여 발생한 모든 순자산의 변동을 측정하기 위한 것인데, 이러한 순자산의 변동 중 일부는 손익계산서에 표시되고 일부는 대차대조표의 자본의 별도 구성항목으로 표시된다. (문단76, 93)

94. 이익잉여금의 변동은 다음과 같은 항목으로 구분하여 표시한다.
① 회계정책의 변경으로 인한 누적효과
② 중대한 전기오류수정손익
③ 연차배당(당기 중에 주주총회에서 승인된 배당금액으로 하되 현금배당과 주식배당으로 구분하여 기재한다)과 기타 전기말 미처분이익잉여금의 처분
④ 중간배당(당기 중에 이사회에서 승인된 배당금액)
⑤ 당기순손익
⑥ 기타: ① 내지 ⑤ 외의 원인으로 당기에 발생한 이익잉여금의 변동으로 하되, 그 금액이 중요한 경우에는 적절히 구분하여 표시한다.

95. 자본변동표에서 전기에 이미 보고된 이익잉여금(또는 결손금)의 금액이 당기에 발생한 회계정책의 변경이나 중대한 전기오류수정으로 인하여 변동된 경우에는 전기에 이미 보고된 금액을 별도로 표시하고 회계정책의 변경이나 오류수정이 매 회계연도에 미치는 영향을 가감한 수정후 기초 이익잉여금을 표시한다. (A63)

【결론도출근거】

A63. 자본변동표에서 비교 표시되는 회계연도의 이익잉여금에 대하여 전기에 이미 보고된 금액을 별도로 표시하고, 회계정책의 변경 및 중대한 오류수정의 회계처리가 매 회계연도에 미치는 영향을 가감한 수정후 기초 이익잉여금을 다시 공시하는 것이 정보제공 측면에서 유용하다. (문단95)

11. 주 석

1] 구 조

96. 주석은 다음의 사항을 포함한다. (A64)

① 재무제표 작성기준 및 중요한 거래와 회계사건의 회계처리에 적용한 회계정책

② 기업회계기준에서 주석공시를 요구하는 사항

③ 대차대조표, 손익계산서, 이익잉여금처분계산서(또는 결손금처리계산서), 현금흐름표 및 자본변동표의 본문에 표시되지 않는 사항으로서 재무제표를 이해하는 데 필요한 추가 정보

【결론도출근거】

A64. 주석은 재무제표 본문의 정보에 추가하여 재무제표의 전반적인 이해를 위하여 필요한 양적 정보뿐만 아니라 질적 정보를 제공한다. 이와 같이 주석정보는 재무제표의 전반적인 이해를 증진시키며 기업의 재무상태, 경영성과, 이익잉여금처분(또는 결손금처리), 현금흐름 및 자본변동에 관한 필수적인 정보를 전달하므로, 주석이 제외된 재무제표는 완전한 재무제표라고 할 수 없다. (문단8, 96)

97. 주석은 체계적인 방법으로 표시한다. 대차대조표, 손익계산서, 이익잉여금처분계산서(또는 결손금처리계산서), 현금흐름표 및 자본변동표의 본문에 표시된 개별항목에는 관련된

주석내용과 상호 연결하는 기호 등을 표시한다.

98. 주석은 대차대조표, 손익계산서, 이익잉여금처분계산서(또는 결손금처리계산서), 현금흐름표 및 자본변동표에 인식되어 본문에 표시되는 항목에 관한 설명이나 금액의 세부내역뿐만 아니라 우발상황 또는 약정사항과 같이 재무제표에 인식되지 않는 항목에 대한 추가정보를 포함하여야 한다.

99. 문단96 ③에 해당하는 추가 정보의 예는 다음과 같다.
① 기업의 개황, 주요 영업내용 및 최근의 경영환경변화
② 사용이 제한된 예금
③ 발행주식 중 상호주식 등 법령에 의하여 의결권이 제한되어 있는 경우에는 그 내용
④ 자기 또는 타인을 위하여 제공하고 있거나 타인으로부터 제공받고 있는 담보 및 보증의 내용
⑤ 차입약정의 중요한 위반사항
⑥ 천재지변, 파업, 화재, 중요한 사고 등에 관하여는 그 내용과 결과
⑦ 기업이 가입하고 있는 보험의 종류, 보험금액 및 보험에 가입된 자산의 내용
⑧ 물가 및 환율변동과 같이 기업에 중요한 영향을 미치는 불확실성 및 위험요소
⑨ 당해 회계연도 개시일전 2년 내에 결손보전을 한 경우에는 결손보전에 충당된 자본잉여금이나 이익잉여금의 명칭과 금액 및 결손보전을 승인한 주주총회일
⑩ 제조원가 또는 판매비와관리비에 포함된 급여, 퇴직급여, 복리후생비, 임차료, 감가상각비, 세금과공과 등 부가가치계산에 필요한 계정과목과 그 금액

100. 주석은 일반적으로 재무제표 이용자가 재무제표를 이해하고 다른 기업의 재무제표와 비교하는 데 도움이 될 수 있도록 다음의 순서로 작성한다. (A65)
① 기업회계기준에 준거하여 재무제표를 작성하였다는 사실의 명기
② 재무제표 작성에 적용된 중요한 회계정책의 요약
③ 재무제표 본문에 표시된 항목에 대한 보충정보(재무제표의 배열 및 각 재무제표 본문에 표시된 순서에 따라 공시한다)
④ 기타 우발상황, 약정사항 등의 계량정보와 비계량정보

【결론도출근거】

A65. 문단100에서 주석의 일반적인 배열순서를 언급하고 있지만 경우에 따라서는 주

석항목의 배열순서를 바꾸는 것이 필요하거나 바람직할 수 있다. 예를 들어, 채무증권의 공정가치 변동이 손익계산서에 반영된 경우 이에 대한 주석사항은 대차대조표와 관련되어 있는 만기에 관한 정보와 같이 표시할 수 있다. 그러나 주석은 가능한 한 전체적으로 체계적인 구조를 갖추어야 한다. (문단100)

2] 회계정책의 공시

101. 주석으로 기재하는 중요한 회계정책의 요약은 다음 사항을 포함하여야 한다.

① 재무제표를 작성하는 데 사용한 측정속성

② 재무제표를 이해하는 데 필요한 기타의 회계정책

102. 재무제표 이용자에게 재무제표 작성의 기초가 된 측정속성(역사적 원가, 현행원가, 순실현가능가치, 공정가치 또는 회수가능액)에 관한 정보를 제공할 필요가 있다. 따라서 재무제표 작성에 여러 가지의 측정속성을 사용한 경우, 예를 들어 동일한 재무제표에 역사적 원가로 측정한 항목들과 공정가치로 측정한 항목들이 있는 경우에는 각 측정속성이 적용된 자산 및 부채의 유형에 관한 정보를 주석에 포함한다.

103. 경영자는 어떤 회계정책에 대해 주석공시 여부를 결정할 때 주석공시를 함으로써 거래나 회계사건이 경영성과와 재무상태에 반영되는 과정을 재무제표 이용자가 이해하는 데 도움이 되는지 고려하여야 한다. (A66)

【결론도출근거】

A66. 경영자는 수익인식 회계정책, 사업결합 회계정책 등에 대한 주석공시 여부를 결정할 때 주석공시를 함으로써 재무제표 이용자가 거래나 회계사건이 경영성과와 재무상태에 반영되는 과정을 이해하는 데 도움이 되는지 고려하여야 한다. (문단103)

104. 재무제표 이용자의 입장에서 주석으로 기재할 것으로 기대하는 사업내용과 회계정책이 있다면 그러한 정보에 대한 주석공시를 고려해야 한다. 예를 들면, 기업이 법인세를 부담하는 경우에는 이연법인세 등 법인세의 회계처리방법을 주석으로 기재할 것을 고려하며, 기업이 중요한 해외사업장을 가지고 있거나 외화거래를 하고 있다면 외화환산에 관한 회계정책을 주석으로 기재할 것을 고려한다. 또, 사업결합이 일어난 경우에는 영업권의 측정에 사용한 회계정책을 주석으로 기재할 것을 고려한다.

105. 당기 또는 과거의 회계처리 금액이 중요하지 않은 경우에도 그와 관련된 회계정책은 중

요할 수 있다. 또, 기업회계기준에는 명시되어 있지 않지만 문단18에 따라 기업이 채택하여 적용하고 있는 중요한 회계정책은 주석으로 기재한다.

106. 재무제표에 영향을 미치는 회계정책을 적용할 때 경영자가 내린 판단의 근거를 문단100 ② 또는 ④의 주석으로 기재한다.

107. 경영자는 회계정책을 적용할 때 다양한 판단을 하며 그러한 판단은 재무제표에 중요한 영향을 줄 수 있다. 예를 들어, 경영자는 금융자산을 만기보유증권으로 분류할지 여부를 판단해야 한다. 이 경우 문단106에 따라 재무제표 항목의 금액에 영향을 미치는 회계정책을 적용할 때 경영자가 내린 판단의 근거를 주석으로 기재한다. 이러한 주석공시는 문단108에 따라 주석으로 기재하는 것과는 관련이 없다.

3] 측정상의 중요한 가정

108. 미래에 관한 중요한 가정과 측정상의 불확실성에 대한 기타 정보를 주석으로 기재하여야 한다. 이러한 사항은 차기에 자산과 부채의 장부금액에 대한 중요한 조정을 유발할 수 있는 위험과 관련이 있다. 따라서 이에 영향을 받을 자산과 부채에 대하여 다음 사항 등을 주석으로 기재한다. (A67)

① 자산과 부채의 성격

② 대차대조표일 현재의 자산과 부채의 장부금액

③ 위 ②의 장부금액이 차기에 중요하게 조정될 가능성이 있다는 사실

【결론도출근거】

A67. 문단108에 따라 주석으로 기재하는 중요한 가정 및 측정상의 불확실성은 매우 어렵고, 복잡하거나 주관적인 경영자의 판단을 필요로 하는 추정과 관련된다. 미래의 불확실성에 대한 해소가능성에 영향을 주는 요소와 가정의 수가 증가하면 경영자의 판단과정은 더욱 더 주관적이고 복잡해지며, 따라서 일반적으로 자산과 부채의 장부금액이 중요하게 조정될 가능성도 높아진다. (문단108)

【실무지침】

A97. 주석은 재무제표 이용자의 이해와 편의를 도모하기 위하여 다음과 같은 방법으로 체계적으로 작성한다.

① 재무제표상의 개별항목에 대한 주석정보는 해당 개별항목에 기호를 붙이고 별지에 동일한 기호를 표시하여 그 내용을 설명한다.

② 하나의 주석이 재무제표상의 둘 이상의 개별항목과 관련된 경우에는 해당 개

별항목 모두에 주석의 기호를 표시한다. 또한, 하나의 주석에 포함된 정보가 다른 주석과 관련된 경우에도 해당되는 주석 모두에 관련된 주석의 기호를 표시한다.

A98. 주석으로 기재하는 미래에 관한 중요한 가정의 예에는 미래의 이자율, 미래의 급여액 변동, 원가에 영향을 미치는 미래의 가격변동 및 내용연수 등이 있다.

12. 시행일

109. 이 기준서는 2006년 12월 31일부터 시행한다.

110. 이 기준서는 이 기준서 시행일 이후 최초로 개시하는 회계연도부터 적용한다.

13. 경과조치

111. 자본변동표의 경우 이 기준서를 처음으로 적용하는 회계연도에는 당해 회계연도분만 작성할 수 있다.

112. 이 기준서는 다음의 기업회계기준을 대체한다. (A68)

① 기업회계기준 제1조의2(기업회계기준의 구성), 제1조의3(재정주체), 제2조(재무회계의 목적), 제3조(일반원칙), 제4조(회계관습의 존중), 제5조(재무제표 및 부속명세서), 제7조(과목의 통합 및 구분표시), 제8조(재무제표 공시상의 금액처리), 제10조(대차대조표), 제11조(대차대조표 작성기준), 제12조(유동자산), 제13조(당좌자산), 제16조(고정자산), 제17조(투자자산), 제22조(채권등에 대한 대손충당금의 표시), 제23조(유동부채), 제29조(자본금) 제1항, 제30조(신주청약증거금의 표시) 제1항, 제32조(이익잉여금 또는 결손금), 제34조(손익계산서), 제35조(손익계산서 작성기준), 제36조(매출총손익계산), 제38조(매출액), 제39조(매출원가), 제40조(업종별 항목의 구분표시),

제41조(제조원가), 제42조(영업손익계산), 제43조(판매비와관리비의 범위), 제44조(판매비와관리비의 기재방법), 제46조(경상손익계산), 제47조(영업외손익) 제1항, 제2항, 제50조(법인세비용차감전순손익 계산), 제51조(특별손익), 제53조(당기순손익계산), 제54조(주당순이익등의 표시), 제72조(자본조정의 처리) 제3호, 제76조(이익잉여금처분계산서등), 제77조(이익잉여금처분계산서의 과목과 범위), 제78조(결손금처리계산서의 과목과 범위), 제87조(보충적 주석사항)의 각호(단, 제17호는 제외), 제88조(부속명세서)

② 기업회계기준등에관한해석 (1-8) 재무제표 공시상의 금액처리

③ 기업회계기준등에관한해석 (60-51) 특별손익의 분류

【결론도출근거】

A68. 이 기준서의 성격상 그 내용이 종전 '기업회계기준' 및 업종별 회계처리준칙의 여러 규정과 광범위하게 관련되므로 일일이 이 기준서의 시행에 따른 대체규정을 발췌하기 어려운 측면이 있는데 금융업의 재무제표 작성과 표시에 관한 기업회계기준서가 이 기준서의 시행시기에 맞추어 제정되어 시행되면 은행업회계처리준칙, 증권업회계처리준칙, 보험업회계처리준칙, 증권투자신탁업회계처리준칙, 종합금융업회계처리준칙, 상호저축은행업회계처리준칙의 관련 부분은 모두 대체될 예정이며, 연결재무제표준칙도 연결재무제표에 관한 기업회계기준서에 의해 대체될 예정이므로 이 기준서의 경과규정에서는 종전 '기업회계기준'에 대한 대체규정만을 언급하였다. (문단112)

113. 이 기준서의 내용과 이 기준서를 최초로 적용하는 회계연도의 개시일 현재 유효한 이 기준서 외의 다른 기업회계기준의 내용이 상충되는 경우에는 이 기준서를 적용한다. 이러한 기업회계기준의 예는 다음과 같다. (A69)

① 기업회계기준 제24조(고정부채), 제31조(자본잉여금), 제33조(자본조정), 제69조(해외지점등의 외화환산) 제2항, 제3항

【결론도출근거】

A69. 이 기준서는 재무제표의 작성과 표시에 관한 일반적인 지침을 제공한다. 그러나, 종전 '기업회계기준'의 일부 규정은 재무제표의 작성과 표시에 대한 내용뿐만 아니라, 특정 회계사건에 대한 인식, 측정, 주석공시를 함께 정하고 있다. 따라서 이러한 규정에 대해서는 상충규정으로 예시하였다. (문단113)

제4절 • 재무제표 양식

다음은 이 기준서의 내용에 따라 작성된 재무제표 및 주석으로 기재하는 포괄손익계산서 양식의 예시이다.

1. 대차대조표 양식

대 차 대 조 표

제×기 20××년×월×일 현재
제×기 20××년×월×일 현재

회사명 : (단위 : 원)

과 목	당 기		전 기	
자 산				
유동자산		×××		×××
당좌자산		×××		×××
현금및현금성자산	×××		×××	
단기투자자산	×××		×××	
매출채권	×××		×××	
선급비용	×××		×××	
이연법인세자산	×××		×××	
......	×××		×××	
재고자산		×××		×××
제품	×××		×××	
재공품	×××		×××	
원재료	×××		×××	
......	×××		×××	
비유동자산		×××		×××
투자자산		×××		×××
투자부동산	×××		×××	
장기투자증권	×××		×××	
지분법적용투자주식	×××		×××	
......	×××		×××	
유형자산		×××		×××
토지	×××		×××	
설비자산	×××		×××	
(-) 감가상각누계액	(×××)		(×××)	
건설중인자산	×××		×××	
......	×××		×××	
무형자산		×××		×××
영업권	×××		×××	
산업재산권	×××		×××	
개발비	×××		×××	
......	×××		×××	

기타비유동자산		×××		×××
이연법인세자산	×××		×××	
......	×××		×××	
자 산 총 계		×××		×××
부 채				
유동부채		×××		×××
단기차입금	×××		×××	
매입채무	×××		×××	
미지급법인세	×××		×××	
미지급비용	×××		×××	
이연법인세부채	×××		×××	
......	×××		×××	
비유동부채		×××		×××
사채	×××		×××	
신주인수권부사채	×××		×××	
전환사채	×××		×××	
장기차입금	×××		×××	
퇴직급여충당부채	×××		×××	
장기제품보증충당부채	×××		×××	
이연법인세부채	×××		×××	
......	×××		×××	
부 채 총 계		×××		×××
자 본				
자본금		×××		×××
보통주자본금	×××		×××	
우선주자본금	×××		×××	
자본잉여금		×××		×××
주식발행초과금	×××		×××	
......	×××		×××	
자본조정		×××		×××
자기주식	×××		×××	
......	×××		×××	
기타포괄손익누계액		×××		×××
매도가능증권평가손익	×××		×××	
해외사업환산손익	×××		×××	
현금흐름위험회피 파생상품평가손익	×××		×××	
......	×××		×××	
이익잉여금(또는 결손금)		×××		×××
법정적립금	×××		×××	
임의적립금	×××		×××	
미처분이익잉여금(또는 미처리결손금)	×××		×××	
자 본 총 계		×××		×××
부채 및 자본 총계		×××		×××

2. 손익계산서 양식(중단사업손익이 있을 경우)

손 익 계 산 서

제×기 20××년×월×일부터 20××년×월×일까지
제×기 20××년×월×일부터 20××년×월×일까지

회사명 : (단위 : 원)

과 목	당 기		전 기	
매출액		×××		×××
매출원가		×××		×××
기초제품(또는 상품)재고액	×××		×××	
당기제품제조원가 (또는 당기상품매입액)	×××		×××	
기말제품(또는 상품)재고액	(×××)		(×××)	
매출총이익(또는 매출총손실)		×××		×××
판매비와관리비		×××		×××
급여	×××		×××	
퇴직급여	×××		×××	
복리후생비	×××		×××	
임차료	×××		×××	
접대비	×××		×××	
감가상각비	×××		×××	
무형자산상각비	×××		×××	
세금과공과	×××		×××	
광고선전비	×××		×××	
연구비	×××		×××	
경상개발비	×××		×××	
대손상각비	×××		×××	
……	×××		×××	
영업이익(또는 영업손실)		×××		×××
영업외수익		×××		×××
이자수익	×××		×××	
배당금수익	×××		×××	
임대료	×××		×××	
단기투자자산처분이익	×××		×××	

단기투자자산평가이익	×××		×××	
외환차익	×××		×××	
외화환산이익	×××		×××	
지분법이익	×××		×××	
장기투자증권손상차손환입	×××		×××	
유형자산처분이익	×××		×××	
사채상환이익	×××		×××	
전기오류수정이익	×××		×××	
……	×××		×××	
영업외비용		×××		×××
이자비용	×××		×××	
기타의대손상각비	×××		×××	
단기투자자산처분손실	×××		×××	
단기투자자산평가손실	×××		×××	
재고자산감모손실	×××		×××	
외환차손	×××		×××	
외화환산손실	×××		×××	
기부금	×××		×××	
지분법손실	×××		×××	
장기투자증권손상차손	×××		×××	
유형자산처분손실	×××		×××	
사채상환손실	×××		×××	
전기오류수정손실	×××		×××	
……	×××		×××	
법인세비용차감전계속사업손익		×××		×××
계속사업손익법인세비용		×××		×××
계속사업이익(또는 계속사업손실)		×××		×××
중단사업손익(법인세효과: ×××원)		×××		×××
당기순이익(또는 당기순손실)		×××		×××
주당손익				
기본주당계속사업손익		×××원		×××원
기본주당순손익		×××원		×××원
희석주당계속사업손익		×××원		×××원
희석주당순손익		×××원		×××원

3. 손익계산서 양식(중단사업손익이 없을 경우)

손 익 계 산 서

제×기 20××년×월×일부터 20××년×월×일까지
제×기 20××년×월×일부터 20××년×월×일까지

회사명 : (단위 : 원)

과 목	당 기		전 기	
매출액		×××		×××
매출원가		×××		×××
기초제품(또는 상품)재고액	×××		×××	
당기제품제조원가 (또는 당기상품매입액)	×××		×××	
기말제품(또는 상품)재고액	(×××)		(×××)	
매출총이익(또는 매출총손실)		×××		×××
판매비와관리비		×××		×××
급여	×××		×××	
퇴직급여	×××		×××	
복리후생비	×××		×××	
임차료	×××		×××	
접대비	×××		×××	
감가상각비	×××		×××	
무형자산상각비	×××		×××	
세금과공과	×××		×××	
광고선전비	×××		×××	
연구비	×××		×××	
경상개발비	×××		×××	
대손상각비	×××		×××	
……	×××		×××	
영업이익(또는 영업손실)		×××		×××
영업외수익		×××		×××
이자수익	×××		×××	
배당금수익	×××		×××	
임대료	×××		×××	
단기투자자산처분이익	×××		×××	
단기투자자산평가이익	×××		×××	
외환차익	×××		×××	
외화환산이익	×××		×××	
지분법이익	×××		×××	
장기투자증권손상차손환입	×××		×××	
유형자산처분이익	×××		×××	
사채상환이익	×××		×××	
전기오류수정이익	×××		×××	
……	×××		×××	

과목	당기		전기	
영업외비용		×××		×××
이자비용	×××		×××	
기타의대손상각비	×××		×××	
단기투자자산처분손실	×××		×××	
단기투자자산평가손실	×××		×××	
재고자산감모손실	×××		×××	
외환차손	×××		×××	
외화환산손실	×××		×××	
기부금	×××		×××	
지분법손실	×××		×××	
장기투자증권손상차손	×××		×××	
유형자산처분손실	×××		×××	
사채상환손실	×××		×××	
전기오류수정손실	×××		×××	
……	×××		×××	
법인세비용차감전순손익		×××		×××
법인세비용		×××		×××
당기순이익(또는 당기순손실)		×××		×××
주당손익				
기본주당순손익		×××원		×××원
희석주당순손익		×××원		×××원

4. 이익잉여금처분계산서 양식

이익잉여금처분계산서

제×기	20××년×월×일부터 20××년×월×일까지	제×기	20××년×월×일부터 20××년×월×일까지
처분예정일	20××년×월×일	처분확정일	20××년×월×일

회사명 : (단위 : 원)

과목	당기		전기	
미처분이익잉여금		×××		×××
전기이월미처분이익잉여금 (또는 전기이월미처리결손금)	×××		×××	
회계정책변경누적효과	—		×××	
전기오류수정	—		×××	

중간배당액	×××		×××	
당기순이익(또는 당기순손실)	×××		×××	
임의적립금등의이입액		×××		×××
×××적립금	×××		×××	
×××적립금	×××		×××	
합　　계		×××		×××
이익잉여금처분액		×××		×××
이익준비금	×××		×××	
기타법정적립금	×××		×××	
주식할인발행차금상각액	×××		×××	
배당금	×××		×××	
현금배당				
주당배당금(률) 보통주 : 당기 ××원(%)				
전기 ××원(%)				
우선주 : 당기 ××원(%)				
전기 ××원(%)				
주식배당				
주당배당금(률) 보통주 : 당기 ××원(%)				
전기 ××원(%)				
우선주 : 당기 ××원(%)				
전기 ××원(%)				
사업확장적립금	×××		×××	
감채적립금	×××		×××	
......	×××		×××	
차기이월미처분이익잉여금		×××		×××

5. 결손금처리계산서 양식

결손금처리계산서

제×기	20××년×월×일부터 20××년×월×일까지	제×기	20××년×월×일부터 20××년×월×일까지
처리예정일	20××년×월×일	처리확정일	20××년×월×일

회사명 : (단위 : 원)

과　　목	당　기		전　기	
미처리결손금		×××		×××
전기이월미처분이익잉여금 (또는 전기이월미처리결손금)	×××		×××	

회계정책변경누적효과	—		×××	
전기오류수정	—		×××	
중간배당액	×××		×××	
당기순이익(또는 당기순손실)	×××		×××	
결손금처리액		×××		×××
임의적립금이입액	×××		×××	
법정적립금이입액	×××		×××	
자본잉여금이입액	×××		×××	
차기이월미처리결손금		×××		×××

6. 자본변동표 양식

자 본 변 동 표

제×기 20××년×월×일부터 20××년×월×일까지
제×기 20××년×월×일부터 20××년×월×일까지

회사명 : (단위 : 원)

구 분	자본금	자본 잉여금	자본조정	기타포괄 손익누계액	이익 잉여금	총 계
20××.×.×(보고금액)	×××	×××	×××	×××	×××	×××
회계정책변경누적효과					×××	×××
전기오류수정					×××	×××
수정후 이익잉여금					×××	×××
연차배당					(×××)	(×××)
처분후 이익잉여금					×××	×××
중간배당					(×××)	(×××)
유상 증자(감자)	×××	×××				×××
당기순이익(손실)					×××	×××
자기주식 취득			(×××)			(×××)
해외사업환산손익				(×××)		(×××)
20××.×.×	×××	×××	×××	×××	×××	×××
20××.×.×(보고금액)	×××	×××	×××	×××	×××	×××
회계정책변경누적효과					(×××)	(×××)
전기오류수정					(×××)	(×××)

수정후 이익잉여금					×××	×××
연차배당					(×××)	(×××)
처분후 이익잉여금					×××	×××
중간배당					(×××)	(×××)
유상 증자(감자)	×××	×××				×××
당기순이익(손실)					×××	×××
자기주식 취득			(×××)			(×××)
매도가능증권평가손익				×××		×××
20××.×.×	×××	×××	×××	×××	×××	×××

7. 포괄손익계산서의 주석 양식

포괄손익계산서

제×기 20××년×월×일부터 20××년×월×일까지
제×기 20××년×월×일부터 20××년×월×일까지

회사명 : (단위 : 원)

구 분	당 기		전 기	
당기순손익		×××		×××
회계정책변경누적효과(주)		×××		×××
기타포괄손익		×××		×××
매도가능증권평가손익(법인세효과 : ×××원)	×××		×××	
해외사업환산손익(법인세효과 : ×××원)	×××		×××	
현금흐름위험회피 파생상품평가손익 (법인세효과 : ×××원)	×××		×××	
……				
포괄손익		×××		×××

㈜ 회계정책의 변경에 대하여 소급적용하지 않고 회계정책 변경의 누적효과를 기초 이익잉여금에 일시에 반영하는 경우(A56)

f i n a n c i a l s t a t e m e n t s

현금흐름표는 발생주의회계를 보완하기 위하여 작성되는 재무보고서이다. 대차대조표 · 손익계산서 · 자본변동표는 발생주의회계에 따라 작성되지만, 현금흐름표는 현금주의회계에 따라 작성된다. 현금흐름표는 일정 기간 동안 기업의 현금유입과 현금유출(현금흐름)에 대한 정보를 제공하는 재무보고서이다. 이러한 현금흐름표는 현금흐름을 영업활동, 투자활동 및 재무활동 현금흐름으로 구분하여 표시하고, 이 세 가지 활동의 순현금흐름에 기초의 현금을 가산하여 기말의 현금을 산출하는 형식으로 표시한다.

6 장 현금흐름표의 작성과 표시에 관한 회계기준

6 현금흐름표의 작성과 표시에 관한 회계기준

이 장에서는 현금흐름표의 목적・기본구조・표시방법 등에 관하여 「기업회계기준서 공개초안 제03-16.2호」 '재무제표의 작성과 표시Ⅱ(현금흐름표)'와 「기업회계기준(제6장 현금흐름표)」을 중심으로 설명한다.

제1절 • 요약(공개초안)

이 기준서는 현금흐름표의 작성과 표시에 필요한 사항을 정하는 데 목적이 있다. 현금흐름표상의 현금(이하 이 기준서에서 "현금"이라 한다)은 대차대조표상의 현금 및 현금성자산을 말한다. 현금흐름은 현금의 유입 또는 유출을 말하며 현금 구성항목간의 이동은 현금흐름으로 보지 아니한다.

현금흐름표는 현금흐름을 영업활동, 투자활동 및 재무활동 현금흐름으로 구분하여 표시하고, 이 세 가지 활동의 순현금흐름에 기초의 현금을 가산하여 기말의 현금을 산출하는 형식으로 표시한다.

영업활동은 주요 수익창출 활동(예: 재고자산의 판매)뿐만 아니라, 투자활동이나 재무활동에 속하지 아니하는 거래와 사건을 모두 포함한 활동을 말한다. 영업활동은 주로 제품의 생산과 판매활동, 상품과 용역의 구매와 판매활동 및 관리활동을 포함한다.

투자활동은 영업활동에 필요한 자산(예: 설비자산)의 취득 및 처분활동을 말한다.

이와 관련하여 영업활동에 필요한 자산에는 현금과 재고자산을 제외한다. 투자활동은 유형자산과 무형자산의 취득 또는 처분, 투자부동산과 비유동자산에 속하는 지분증권(지분법적용투자주식을 포함한다)의 매입 또는 처분, 투자활동과 관련된 법인세 등의 납부를 포함한다.

재무활동은 영업활동과 투자활동에 필요한 자본(차입금 포함)의 조달, 환급 및 상환에 관한 활동(재무자산의 취득과 처분을 포함한다)을 말한다. 재무활동은 자본(차입금 포함)을 사용한 대가를 지급하는 활동과 재무자산의 운용수익을 획득하는 활동, 재무활동과 관련된 법인세 등의 납부를 포함한다.

영업활동 현금흐름은 현금유입을 주요 원천별로 분류하고 현금유출을 주요 용도별로 분류하여 표시하는 방법(직접법), 또는 당기순손익에 당기순손익 조정항목을 가감하여 표시하는 방법(간접법) 중 하나의 방법으로 보고한다. 투자활동과 재무활동 현금흐름은 총현금유입과 총현금유출을 주요 항목별로 구분하여 총액으로 표시하는 것을 원칙으로 한다.

외화표시 현금에 대한 외화환산차손익은 기말 현재의 현금 금액에 대한 조정항목으로 별도 표시한다. 기업합병과 사업부문의 인수와 처분에 따른 현금흐름은 투자활동으로 분류하고 별도로 표시한다.

현금유입 또는 현금유출이 없는 투자활동과 재무활동에 속하는 거래는 현금흐름표에 투자활동 또는 재무활동으로 표시하지 않지만 중요한 경우에는 그 내용을 주석으로 기재한다. 현금성자산(cash equivalents)의 구성 항목별 내용, 법인세납부 총액, 지분법적용피투자회사로부터 현금으로 받은 배당금의 내용, 영업활동 현금흐름을 직접법에 의하여 표시하는 경우 간접법 하에서 당기순손익에 가감 조정하는 항목의 내용 등은 주석으로 기재한다.

이 기준서는 2003년 12월 31일부터 시행하며 이 기준서 시행일 이후 최초로 개시하는 회계연도부터 적용한다.

제2절 • 기준서(공개초안) 목차

[내　　용] [문단번호]

부록1의 【결론도출근거】는 이 기준서를 적용함에 있어서 규정의 의미를 보다 분명히 함으로써 이용자들의 이해를 돕기 위하여 제시하였으나 이 기준서의 일부를 구성하는 것은 아니다. 부록2의 【실무지침】도 이 기준서를 적용함에 있어서 규정의 의미를 보다 분명히 함으로써 이용자들의 이해를 돕기 위하여 제시하였으나 이 기준서의 일부를 구성하는 것은 아니다.

부록3의 【현금흐름표 양식】은 이 기준서의 내용에 따라 작성된 현금흐름표 양식의 예시이다. 부록4의 【핵심규정】은 이 기준서의 내용 중 회계처리와 공시에 관한 핵심규정만을 발췌 요약함으로써 이용자들이 이 기준서를 적용하는 데 편의를 제공하기 위하여 제시하였으나 이 기준서의 일부를 구성하는 것은 아니다. 따라서 이 핵심규정을 올바르게 이해하기 위해서는 기준서의 본문 내용을 모두 살펴보아야 한다.

제3절 • 기준서(공채초안)의 본문 내용 및 설명

1. 목 적

1. 이 기준서는 현금흐름표의 작성과 표시에 관한 기준을 정하는 데 목적이 있다.

【결론도출근거】

A1. 이 기준서는 다양한 외부정보이용자의 공통된 정보요구를 충족시키기 위한 일반목적 현금흐름표의 작성기준과 표시에 관한 일관된 지침을 제공하는 것을 목적으로 한다. 따라서, 이 기준서에 따라 작성된 현금흐름표는 감독기구, 특수관계자 등의 정보요구를 충족시키기 위해 작성된 특별목적 현금흐름표와 다를 수 있다.

A3. 한국회계기준원은 당초 대차대조표, 손익계산서, 자본변동표, 현금흐름표에 관한 회계기준서를 개별적으로 발표할 예정이었으나, 각 기준서마다 재무제표의 적용범위 및 작성 · 공시에 관한 일반기준이 공통적으로 적용되는 바 기준서간의 중복을 피하고 통일된 기준을 제공하기 위하여 4개의 시안을 통합하기로 결정하였다. 이에 4개의 시안과 재무제표에 대한 주석사항은 한국회계기준원 내부의 검토과정을 거쳐 '재무제표의 작성과 표시'에 관한 기업회계기준서 공개초안(이하 "통합공개초안"이라 한다)의 시안으로 통합 · 확정되었다.

A5. 회계기준위원회는 이 통합공개초안에 대한 외부의견을 검토하는 과정에서 현금흐름표의 구조에 대한 전면적인 재검토의 필요성에 주목하게 되었다. 현금흐름표의 작성과 표시에 관한 현행 기업회계기준의 내용은 국제회계기준(IAS) 제7호와 미국의 재무회계기준(SFAS) 제95호 등 외국의 회계기준과 크게 다르지 않다. 그러나 현행과 같은 현금흐름표의 구조에 대해 국내외에서 오랫동안 비판이 있어왔고, 재무분석가들은 현행 현금흐름표를 그대로 이용하지 않고 있다. 따라서 회

계기준위원회는 추가적인 검토를 거쳐 현금흐름표의 구조를 개선함으로써 현금흐름표의 유용성을 제고하기 위해 다른 재무제표와 별도로 분리하여 현금흐름표의 작성과 표시에 관한 기업회계기준서를 제정하기로 하였다.

2. 적용범위

2. 이 기준서는 주식회사의외부감사에관한법률(이하 "외감법"이라 한다)의 적용대상 기업의 현금흐름표 작성과 표시에 적용한다. 다만, 중요하지 않은 항목에 대하여는 이 기준서를 적용하지 아니할 수 있다. 이 기준서는 외감법의 적용대상이 아닌 기업의 현금흐름표 작성과 표시에 준용할 수 있다.

3. 이 기준서는 중간기간을 포함한 모든 회계기간에 대하여 작성하는 현금흐름표, 연결현금흐름표 및 기업집단결합현금흐름표의 작성에 적용한다. 다만, 중간현금흐름표, 연결현금흐름표, 기업집단결합현금흐름표의 작성과 표시에 관련된 특별한 사항은 다른 기준서에서 정할 수 있다.

4. 이 기준서는 모든 업종의 기업에 적용한다. 다만, 은행과 보험회사 등과 같이 특수한 업종을 영위하는 기업의 현금흐름표 작성과 표시에 관련된 특별한 사항은 다른 기준서에서 정할 수 있다.

3. 용어의 정의

5. 이 기준서에서 사용하는 용어의 정의는 다음과 같다.(A14 내지 A21, A34, A40)

(가) "현금흐름표상의 현금"(이하 이 기준서에서 "현금"이라 한다)은 대차대조표상의 현금 및 현금성자산을 말한다.

(나) "현금흐름"은 현금의 유입 또는 유출을 말한다. 현금 구성항목간의 이동은 현금흐름으로 보지 아니한다.

(다) "영업활동"은 주요 수익창출 활동(예: 재고자산의 판매)뿐만 아니라, 투자활동이나 재무활동에 속하지 아니하는 거래와 사건을 모두 포함한 활동을 말한다.

(라) “투자활동”은 영업활동에 필요한 자산(예: 설비자산)의 취득 및 처분활동을 말한다. 이와 관련하여 영업활동에 필요한 자산에는 현금과 재고자산을 제외한다.

(마) “재무활동”은 영업활동과 투자활동에 필요한 자본(차입금 포함)의 조달과 환급 및 상환에 관한 활동(재무자산의 취득과 처분을 포함한다)을 말한다.

(바) “재무자산”은 영업활동과 투자활동에 사용되지 않는 여유현금을 주로 금융상품(예: 비유동자산에 속하는 지분증권을 제외한 대부분의 유가증권)에 운용한 것을 말한다.

〈아래 대안은 공개초안에 포함되지 않으며 의견을 수렴하기 위해 제시한 것임〉
(바) “재무자산”은 영업활동과 투자활동에 사용되지 않는 여유현금을 주로 금융상품(예: 지분법적용투자주식을 제외한 대부분의 유가증권)에 운용한 것을 말한다.

【결론도출근거】

A14. 이 기준서에서는 “영업활동”은 투자활동과 재무활동에 포함되지 않은 모든 활동(기업의 주요 수익창출활동과 기타 부수적인 활동)을 의미하기 때문에 손익계산서 구조상의 “영업”의 의미(기업의 주요 수익창출활동)와 일치하지 않는다. (문단5)

A15. 기업은 자본공급자(주주 및 채권자)로부터 현금을 조달하여 영업을 위한 자산을 취득하고 그 자산을 사용하여 영업활동을 통해 다시 현금을 창출한다. 영업활동을 통해 창출된 현금은 자본공급자에게 다시 배분된다. 기업은 이러한 일련의 활동을 연속적으로 수행한다. 따라서 기업의 활동은 영업활동, 투자활동 및 재무활동의 세 가지로 구분할 수 있다. 영업활동은 주로 제품 및 서비스를 생산, 판매하는 활동이고, 투자활동은 영업활동을 하기 위해 필요한 자산에 투자하는 활동이다. 재무활동은 영업을 위해 영업활동과 투자활동에 필요한 자본을 조달하는 활동으로서 이에는 자본 사용의 대가를 지급하고 자본을 반환하는 것도 포함된다.

A16. 영업활동 현금흐름을 직접법으로 표시하는 경우 영업활동 현금흐름은 매출, 임대료 등의 현금유입에서 재고자산 매입, 종업원 급여 및 기타 영업비용 지급, 법인세 납부 등으로 인한 현금유출을 차감한 금액으로 측정한다. (문단5)

A17. 기업은 영업활동 현금흐름의 일부를 영업유지 및 성장을 위해 영업용 자산(예: 설비자산)에 재투자하고 남는 현금을 재무활동을 통해 자본공급자들에게 배분한다. 재무활동의 예를 들면, 채권자에게 이자를 지급하고 차입금을 상환하고 주주에게 배당금을 지급하며, 때로는 자기주식의 취득을 통해 주주에게 현금이 배분된다. 이러한 배분과정에서 기업의 재무정책에 따라 자본공급자들에게 배분되고 남은 현금은 금융상품과 같은 재무자산에 운용된다. 기업은 여유자금을 재무자산에 운용하여 이자수익 등을 취하고 추후 재무자산의 처분 등을 통해 부

족한 현금을 보충한다. 재무자산의 처분으로도 현금 소요를 모두 충당할 수 없는 경우에는 새로이 차입을 하거나 유상증자를 통해 부족한 현금을 조달하게 된다. (문단5)

A18. 미국 재무회계기준에서는 실질적으로 현금성자산이 현금에 포함되지 아니하는 경우, 기업의 현금분류정책에 의해 일부 현금성자산은 현금의 범위에서 제외하는 것을 인정하고 있다. 예를 들면, 금융회사의 경우 일부 현금성자산은 주로 영업활동과 관련되기 때문에 그 증감을 영업활동 현금흐름으로 분류할 수 있다. 그러나 이 기준서는 자의적인 현금분류로 인한 기업간 비교가능성 저해의 문제 때문에 그러한 현금분류정책을 인정하지 않는다. 따라서 이 기준서에서 현금의 정의를 충족하는 현금성자산은 예외 없이 현금으로 본다. (문단5)

A19. 현금 구성항목간의 이동은 현금자체의 관리와 관련되므로 현금흐름으로 보지 아니한다. 여유현금으로 현금성자산을 취득하는 것은 현금자체의 관리이므로 현금흐름표에 현금흐름으로 보고하지 않는다. 예를 들면, 현금 중 보유 당좌수표를 지급하고 현금성자산인 유가증권을 취득하는 것은 영업활동, 투자활동 또는 재무활동 중 어느 활동에도 속하지 않으며 현금흐름표에 표시하지 않는다. (문단5)

A20. 현금성자산을 재무자산의 하나로 보아 현금성자산을 취득하는 것은 잉여현금을 재무자산으로 운용하는 재무활동이라고 볼 수도 있다. 그러나 이 기준서는 대차대조표에서 현금성자산의 개념을 별도로 사용하고 있는 점과 현금성자산은 현금에 가까운 성격을 가진 자산으로서 다른 재무자산과 구분하고 있는 현행 실무를 고려하여 현금성자산을 재무자산으로 분류하지 않고 현금에 포함시켰다. 현금성자산의 구성항목별 내용은 주석으로 기재하여 이용자가 잉여현금흐름 산출시 필요에 따라 적절히 고려할 수 있도록 하였다. (문단5)

A21. 영업활동을 위해 보유하고 있는 현금과 재고자산도 영업자산의 일부라고 할 수 있지만, 이 기준서는 투자활동의 분류와 관련하여 현금과 재고자산을 영업자산에서 제외하였다. 따라서 이 기준서는 현금의 순증감과 재고자산의 증감은 투자활동 현금흐름에 포함하지 않는다. (문단5)

【실무지침】

A34. 문단5 (가)에서 "현금흐름표상의 현금은 대차대조표상의 현금및현금성자산이다."라고 한 것은 일반적인 경우를 말하며, 금융회사와 같이 대차대조표에 현금및예치금으로 표시한 경우에는 당해 현금및예치금에서 현금및현금성자산을 분리하여 현금흐름표를 작성하여야 한다.

A40. 다음은 현금흐름에 대해 이 기준서에 따라 영업활동, 투자활동 및 재무활동으로 분류하는 경우, 관련 자산에 대한 분류를 예시한 것이다.

- 영업활동 : 재고자산, 금융업의 대출채권과 단기매매증권
- 투자활동 : 투자부동산, 비유동자산에 속하는 지분증권(지분법적용투자주식 포함), 유형자산, 무형자산, 임차보증금
- 재무활동 : 채무증권, 유동자산에 속하는 지분증권, 예금
  유동자산에 속하는 지분증권은 취득시점에 1년 내 처분할 것이 거의 확실하여 유동자산으로 분류가능한 지분증권을 말하며, 비금융업의 경우 단기매매증권을 포함한다.

4. 현금흐름표의 목적

6. 현금흐름표는 한 회계기간 동안 발생한 현금유입과 현금유출에 관한 정보를 제공하는 재무보고서이다. 재무제표 이용자가 현금흐름표를 다른 재무제표와 같이 사용하면 현금흐름의 크기와 시기를 조절할 수 있는 기업의 능력, 순자산의 변화 및 재무구조를 평가하는 데 유용한 정보를 얻을 수 있다. 현금흐름정보는 기업의 현금창출 능력을 평가하는 데 유용할 뿐만 아니라, 여러 기업의 미래현금흐름의 현재가치를 비교하고 기업가치를 평가하는 데 필요한 기초자료를 제공한다.

5. 현금흐름표의 기본구조

7. 현금흐름표는 현금흐름을 영업활동, 투자활동 및 재무활동 현금흐름으로 구분하여 표시하고, 이 세 가지 활동의 순현금흐름에 기초의 현금을 가산하여 기말의 현금을 산출하는 형식으로 표시한다. 현금흐름을 영업활동, 투자활동 및 재무활동 현금흐름으로 구분하여 표시하면 이러한 활동이 각각 재무상태와 전체 현금흐름에 미친 영향 및 각 활동의 상호관련성을 평가하는 데 유용하며, 기업가치를 평가하기 위한 잉여현금흐름의 산출이 용이하다. (A12, A13)

【결론도출근거】

A6. 현금흐름표는 기업의 현금창출능력과 현금지급능력을 평가하는 데 유용할 뿐만 아니라 기업의 가치를 평가하는 데 필요한 기초자료를 제공한다. 기업가치를 평

가하는 경우 일반적으로 기업의 미래현금흐름을 할인하여 추정한다. 이 때 미래 현금흐름은 영업활동 현금흐름에서 투자활동 현금흐름을 차감한 잉여현금흐름을 주로 사용한다. 그런데 현행의 현금흐름표상 영업활동 현금흐름에서 투자활동 현금흐름을 차감한 금액은 잉여현금흐름과 크게 차이가 날 수 있다. 그 이유는 현행 현금흐름표상의 영업활동 현금흐름, 투자활동 현금흐름 및 재무활동 현금흐름의 분류기준이 잉여현금흐름을 산출하기 위한 각 활동별 현금흐름의 분류기준과 다르기 때문이다. 예를 들면, 금융업을 영위하는 기업이 아닌 경우 잉여현금흐름에는 이자비용이 포함되지 않는데도 현행 현금흐름표에 의하면 이자비용을 영업활동 현금흐름에 포함시킴으로써 잉여현금흐름의 규모를 실제보다 과소하게 판단할 우려가 있다. 따라서 현행 현금흐름표상의 각 활동별 현금흐름의 분류기준은 잉여현금흐름을 곧바로 산출할 수 있도록 개선할 필요가 있다.

A7. 잉여현금흐름의 적정한 산출을 위해 현행 현금흐름표상의 분류기준을 변경하여야 하는 항목에 대한 예를 들면, 이자비용, 이자수익, 자본화된 금융비용, 재무자산 매매가 있다. 현행 현금흐름표에서는 이들을 영업활동 또는 투자활동 현금흐름으로 분류하지만 잉여현금흐름의 산출을 위해서는 재무활동 현금흐름으로 분류하여야 한다.

A8. 기업이 현금흐름을 창출하는 원천은 영업활동이다. 창출된 현금흐름의 일부는 영업자산의 취득을 위해 재투자되어야 하므로 영업활동을 위해 투자한 금액, 즉 투자활동 현금흐름을 영업활동 현금흐름에서 차감한 잔액이 잉여현금흐름(free cash flow from operations; FCF)이다. 기업은 영업활동에서 창출한 잉여현금흐름을 자본공급자들에게 이자, 차입금 상환, 배당 등의 형태로 배분하며, 잉여현금흐름을 배분하고 남은 현금이 있으면 이를 재무자산으로 예치하게 된다. 재무자산은 영업활동에 사용되지 않고 그것으로 재무부채를 상환할 수 있으므로 사실상 음(-)의 재무부채(negative debt)라고 할 수 있다. 따라서 재무자산 취득 및 처분에 따른 현금유입과 현금유출은 재무활동 현금흐름에 속하며, 한 기간의 잉여현금흐름은 같은 기간의 재무활동 현금흐름의 순액과 같다. 다만, 이 기준서에서는 보유현금의 순증감액을 투자활동에 포함하지 않고 별도 항목으로 표시하므로 재무활동 현금흐름과 잉여현금흐름이 보유현금 순증감액 만큼 서로 차이가 난다.

A9. 잉여현금흐름 등식에서는 이 기준서와 달리 영업운전자본(영업활동에 필요한 유동자산에서 유동부채를 차감한 것)의 순증감액을 영업에 필요한 자산의 변동으로서 투자활동 현금흐름에 포함된 것으로 보고 있다. 그러나 영업의 부진에 따라 영업운전자본이 증가한 경우 투자활동의 결과로 표시하는 것은 정보이용자에게 오해를 줄 수 있다. 따라서 회계기준위원회는 영업운전자본의 변동을 현행과 같이 영업활동 현금흐름에 반영하도록 하였다. 영업운전자본의 변동을 투자활동이 아

닌 영업활동 현금흐름에 반영하더라도 잉여현금흐름에는 영향이 없다.

A10. 또한 잉여현금흐름 등식에서는 이 기준서와 달리 현금의 순증감액은 투자활동에 포함한다. 일반적으로 현금은 영업에 사용하기 위하여 보유하므로 기말 현금에서 기초 현금을 차감한 순증감액은 투자활동 현금흐름에 반영하여야 잉여현금흐름이 곧바로 산출된다. 그러나 현금흐름표가 잉여현금흐름의 산출만을 목적으로 작성되는 것은 아니므로 현금의 증감 원인을 각 활동별로 분류하여 설명하는 현행 구조가 보다 더 이해하기 쉽다고 판단하였다. 현금흐름표로부터 잉여현금흐름을 산출하기 위해서는 현금흐름표상 영업활동 현금흐름과 투자활동 현금흐름을 합한 금액에 현금순증감액을 가감하여야 한다. 만일 투자활동 관련 비현금흐름이 있는 경우에는 현금흐름표의 주석에 기재되어 있는 투자활동 관련 비현금흐름을 추가로 고려할 필요가 있다.

A11. 기업이란 여러 자산의 결합체이므로 기업의 가치는 영업활동에 투입된 모든 자산에서 창출되는 미래현금흐름의 현재가치가 된다. 한 회계기간에 기업 전체적으로 창출된 현금흐름은 영업활동 현금흐름에서 영업을 위한 투자활동 현금흐름을 가감한 잉여현금흐름이다. 따라서 기업의 가치는 당해 기업이 창출할 것으로 기대되는 미래 잉여현금흐름의 현재가치가 된다. 이렇게 평가된 기업의 가치에서 순재무부채(=재무부채-재무자산)의 가치를 차감하면 주주지분의 가치가 산출된다.

A12. 재무제표 이용자는 경제적 의사결정을 수행함에 있어서 기업의 현금흐름의 금액, 시기 및 불확실성을 고려하여 추정한 미래현금흐름이 만기가 도래하는 부채의 상환, 미래 생산활동에 필요한 시설 및 자금의 확보, 그리고 소유주에 대한 분배에 필요한 재원 확보에 충분한지를 평가한다. 현금흐름표가 제공하는 역사적 현금흐름정보는 미래현금흐름의 금액, 시기 및 불확실성을 파악하는 데 유용하다. 현금흐름표에서 제공하는 정보는 투자자, 채권자 및 기타 이해관계자가 해당 기업의 미래 순현금흐름의 창출능력, 부채상환능력, 당기순이익과 현금수입·지출과의 차이 원인 및 투자·재무활동 거래가 재무상태에 미치는 효과, 그리고 기업가치 등을 평가하는 데 유용하다. (문단7)

A13. 위와 같이 투자자, 채권자 및 기타 이해관계자가 기업을 평가하는 데 도움이 되는 정보를 제공하기 위하여 일정 기간 동안의 현금흐름은 영업활동, 투자활동 및 재무활동 현금흐름으로 분류하여 현금흐름표에 표시하여야 한다. 현금흐름을 활동별로 분류하여 제공하는 정보는 미래현금흐름을 예측하고 기업가치를 평가하는 데 유용하다. (문단7)

8. 동일한 거래의 현금흐름이 두 가지 이상의 활동과 관련된 경우에는 각 활동별 현금흐름으로 구분하여 표시한다. 다만, 두 가지 이상의 활동과 관련된 현금흐름을 활동별로 구분하기 어려운 경우에는 주된 활동에 따라 분류한다. 예를 들면, 법인세 납부에 따른 현금흐름은 영업활동, 투자활동 및 재무활동에 모두 관련될 수 있지만 각 활동별로 구분하기 어려운 경우가 많으므로 일반적으로 주로 관련된 활동인 영업활동 현금흐름에 포함한다. 그러나 법인세 등의 금액을 각 활동별로 명백히 구분할 수 있는 경우에는 각 활동별로 구분하여 표시한다. (A24)

【결론도출근거】

A24. 법인세는 영업활동, 투자활동 및 재무활동으로 분류되는 현금흐름을 발생시킨 거래들과 모두 관련될 수 있다. 투자활동 또는 재무활동과 관련된 법인세비용은 용이하게 구분할 수 있는 경우에도 그 법인세비용과 관련된 현금흐름은 실무적으로 확인하기 어려운 경우가 많고, 법인세비용을 발생시킨 거래로 인한 현금흐름과 서로 다른 기간에 나타나기도 한다. 일반적으로 법인세 지급 및 환급은 주로 영업활동과 관련되므로 주로 관련된 활동인 영업활동 현금흐름으로 분류한다. 그러나 법인세 현금흐름을 각 활동별로 명백히 구분할 수 있는 경우에는 각 활동별로 구분하여 표시한다. 잉여현금흐름을 정확히 산출하기 위해서는 각 활동별로 법인세 등의 효과를 고려할 필요가 있으며 이는 매우 유용한 정보이다. (문단8과 24)

9. 동일한 성격의 거래와 관련된 현금흐름이라 하더라도 업종에 따라 다른 활동의 현금흐름으로 분류되는 경우가 있다. 예를 들면, 토지의 취득에 따른 현금흐름은 일반적으로 투자활동으로 분류하지만, 토지개발과 공급을 주된 영업으로 하는 기업의 토지 구입에 따른 현금흐름은 일반기업이 재고자산을 매입하는 경우와 같이 영업활동으로 분류한다.

1] 영업활동 현금흐름

10. 영업활동 현금흐름은 사업활동의 지속, 차입금상환, 배당금지급 및 신규 투자 등에 필요한 현금을 외부로부터 조달하지 않고 자체적인 영업활동으로부터 얼마나 창출하였는지에 대한 정보를 제공한다.

11. 영업활동 현금흐름의 예는 다음과 같다. (A25, A27, A43)
   (가) 재고자산의 판매와 용역 제공에 따른 현금유입(예: 현금매출, 매출채권의 회수, 장기매출채권의 회수)
   (나) 로열티, 수수료, 중개료 및 기타 수익

(다) 재고자산과 용역 등의 구입에 따른 현금유출(예: 현금매입, 매입채무의 상환, 장기매입채무의 상환)

(라) 종업원과 관련하여 직간접으로 지출한 급여 등

(마) 법인세, 기타의 세금 및 공과금의 납부 또는 환급. 단, 재무활동이나 투자활동과 명백히 관련되는 금액은 제외한다.

【결론도출근거】

A25. 금융업의 경우 단기매매목적으로 자산을 취득하거나 이를 처분함에 따른 현금유입과 현금유출은 영업활동으로 분류한다. 이러한 단기매매자산은 판매를 목적으로 매입한 재고자산과 유사한 성격을 가진다. 단기매매라 함은 주로 단기간 내의 매매차익을 목적으로 매입과 매도가 적극적이고 빈번하게 이루어지는 경우를 말한다. 단기매매목적 자산에는 단기매매증권, 단기매매목적 대출채권 등이 있다. 그러나 비금융업의 경우에는 일반적으로 단기매매증권은 재무자산에 포함되므로 관련 현금흐름은 재무활동으로 분류한다. (문단11)

A27. 금융업의 경우, 대출채권과 예수금의 증감은 영업활동 현금흐름으로 분류한다. 대출채권은 재고자산과 같이 그 자체가 매매의 대상이 되는 것은 아니지만, 금융업의 경우에는 주요 수익창출과정에서 현금 자체가 제조업의 재고자산과 유사한 성격을 가지므로 고객에 대한 대출채권(예수금 포함)의 증감은 이 기준서에서의 영업활동의 정의에 부합한다. (문단11)

【실무지침】

A42. 이 기준서에서 비유동자산에 속하는 지분증권의 취득과 처분은 투자활동 현금흐름으로 분류되므로 투자활동의 정의상 비유동자산에 속하는 지분증권은 영업활동에 필요한 자산으로 본다. 따라서 비유동자산에 속하는 지분증권의 보유에 따른 배당금수입은 영업활동 현금흐름으로 분류한다.

A43. 금융업의 경우 이자수익과 배당금수익은 영업활동 현금흐름에 포함되므로 관련 매도가능증권과 만기보유증권은 영업활동에 필요한 자산이다. 따라서 금융업의 경우 매도가능증권과 만기보유증권의 매입과 매도는 영업활동에 필요한 자산에 대한 투자활동이다.

2] 투자활동 현금흐름

12. 투자활동 현금흐름은 미래 영업현금흐름을 창출할 자원의 확보와 처분에 관련된 현금흐름에 대한 정보를 제공한다.

13. **투자활동 현금유입의 예는 다음과 같다. (A42)**

(가) 유형자산과 무형자산의 처분에 따른 현금유입. 건물의 화재 또는 파손 등에 따라 보험금을 받는 경우는 유형자산의 처분으로부터의 현금유입으로 간주하여 투자활동으로 분류한다.

(나) 투자부동산과 비유동자산에 속하는 지분증권(지분법적용투자주식을 포함한다)의 처분에 따른 현금유입

〈아래 대안은 공개초안에 포함되지 않으며 의견을 수렴하기 위해 제시한 것임〉
(나) 투자부동산과 지분법적용투자주식의 처분에 따른 현금유입

【실무지침】

A42. 이 기준서에서 비유동자산에 속하는 지분증권의 취득과 처분은 투자활동 현금흐름으로 분류되므로 투자활동의 정의상 비유동자산에 속하는 지분증권은 영업활동에 필요한 자산으로 본다. 따라서 비유동자산에 속하는 지분증권의 보유에 따른 배당금수입은 영업활동 현금흐름으로 분류한다.

14. **투자활동 현금유출의 예는 다음과 같다. (A26)**

(가) 유형자산과 무형자산의 취득에 따른 현금유출. 이 경우의 현금유출에는 취득 직전 또는 직후에 지급된 당해 자산의 취득대금과 무형자산으로 인식하는 개발비, 자가건설에 따른 건설중인자산의 취득원가를 포함한다.

〈아래 대안은 공개초안에 포함되지 않으며 의견을 수렴하기 위해 제시한 것임〉
고정자산을 연불로 취득하는 경우 취득원가에 해당하는 금액은 취득시점에 전액을 현금유출로 보아 투자활동 현금흐름에 포함시키고 동액을 차입으로 보아 재무활동 현금흐름에 포함시킨다.

(나) 투자부동산과 비유동자산에 속하는 지분증권(지분법적용투자주식을 포함한다)의 취득에 따른 현금유출

(다) 투자활동과 명백히 관련된 법인세, 기타의 세금 및 공과금의 납부

【결론도출근거】

A26. 유형자산, 무형자산 등의 취득(기업합병과 사업부문의 인수 포함)에 따른 현금유출로서 취득 직전 또는 직후에 지급된 금액은 투자활동 현금유출로 분류한다. 이 경우, 취득 직전 또는 직후의 기간은 거래 형태와 계약의 유형별로 다를 수 있다. 실무적으로는 취득대금과 관련하여 금융비용을 별도로 인식하지 않는 통상적인 결제소요기간 이내의 지급은 이에 해당한다고 볼 수 있다. 만일 해당 자산 취득거래의 경우 통상적으로 취득후 60일 이내의 어음으로 결제가 이뤄진다

면 당해 자산의 취득후 60일 이내에 지급되는 금액은 투자활동 현금흐름으로 분류한다. 예를 들면, 취득원가가 1억원인 설비자산을 취득한 때에 현금 5천만원을 지급하고 잔액 5천만원은 지급기일이 2개월 후인 약속어음을 발행한 경우에는 취득시 현금 지급금액은 5천만원이지만 투자활동 현금유출로 보고하는 금액은 1억원(취득시 현금지급한 금액 5천만원과 어음결제시 현금지급한 금액 5천만원의 합계)이다. 만일, 위의 경우 다른 조건은 모두 동일하고 지급기일이 12개월 후로서 관련 이자비용을 인식한다면, 취득한 때 지급한 5천만원만을 투자활동 현금흐름으로 표시하고 12개월 후 어음결제시점에 지급한 5천만원은 재무활동 현금흐름으로 표시한다. (문단14)

3] 재무활동 현금흐름

15. 재무활동 현금흐름의 정보는 주주, 채권자 등이 미래현금흐름에 대한 청구권을 예측하는데 유용하며, 영업활동 및 투자활동의 결과 창출된 잉여현금흐름이 어떻게 배분되었는지를 나타내어 준다. 재무활동은 자본(차입금 포함)을 사용한 대가를 지급하는 활동과 재무자산의 운용수익을 획득하는 활동을 포함한다.

16. 재무활동 현금유입의 예는 다음과 같다. (A23, A37)
 (가) 주식발행에 따른 현금유입
 (나) 사채발행에 따른 현금유입
 (다) 장·단기 차입에 따른 현금유입
 (라) 재무자산의 보유수익에 따른 현금유입
 (마) 재무자산의 처분에 따른 현금유입

【결론도출근거】

A22. 이자수입과 이자지급에 대하여, 미국 재무회계기준에서는 영업활동으로 분류하고 있고 국제회계기준에서는 영업활동으로 분류하거나 투자활동으로 분류하는 것도 가능하다. 최근 국제회계기준위원회 산하 소위원회에서 이자수입과 이자지급 등을 영업활동으로 보지 않는 방향으로 검토하고 있지만, 국제회계기준위원회는 아직 구체적인 입장을 정하지 못하고 있다.

A23. 이자지급은 기업이 조달한 자본의 사용 대가를 지급하는 것이므로 이자지급은 재무활동 현금유출에 해당한다. 또한 이자수입은 영업활동에 사용되지 않는 여유현금을 채무증권이나 다른 금융상품과 같은 재무자산에 일시 운용하였을 때 이로부터 발생하는 것이므로 이자수입은 재무활동 현금유입에 해당한다. 여유

현금의 일시 운용으로 보유하게 되는 재무자산은 사실상 음(-)의 재무부채이다. 따라서 재무부채에 대한 이자지급은 물론이고 재무자산에서 발생하는 이자수입도 재무활동 현금흐름으로 분류하는 것이 일관성 있는 분류이다. 다만, 금융업의 경우에는 주요 수익창출활동과 관련하여 발생하는 이자수익, 이자비용 등의 현금흐름은 영업활동 현금흐름으로 분류한다. (문단16과 17)

【실무지침】

A37. 재무활동 현금유입의 예를 들면, 주식발행 또는 사채발행에 따른 현금유입이 있다. 이 경우에는 발행수수료 등, 주식 또는 사채 발행을 위하여 직접 발생한 비용의 지출을 차감한 금액으로 표시한다.

17. 재무활동 현금유출의 예는 다음과 같다. (A41)

(가) 유상감자 또는 자기주식의 취득에 따른 현금유출

(나) 사채와 차입금의 상환(자기사채의 취득 포함)에 따른 현금유출

(다) 유형자산과 무형자산의 취득과 관련된 채무의 상환에 따른 현금유출

(라) 금융리스부채의 상환에 따른 현금유출

(마) 금융비용 또는 배당금의 지급에 따른 현금유출

(바) 재무자산의 취득에 따른 현금유출

(사) 재무활동과 명백히 관련된 법인세, 기타의 세금 및 공과금의 납부

【실무지침】

A41. 자산의 취득원가에 산입되는 금융비용의 지급액은 기간비용으로 처리하는 금융비용 지급액과 함께 재무활동 현금흐름에 포함하여 보고한다.

18. 파생상품거래와 관련된 현금흐름은 일반적으로 재무활동 현금흐름에 포함한다. 그러나 선물계약, 선도계약, 옵션계약 및 스왑계약에 대하여 위험회피회계를 적용하는 경우, 그 계약과 관련된 현금흐름은 위험회피대상 거래의 현금흐름과 동일하게 분류한다. 예를 들면, 위험회피대상 거래의 현금흐름이 영업활동으로 분류되면 선물계약 등과 관련된 현금흐름도 영업활동으로 분류하고, 위험회피대상 거래의 현금흐름이 투자활동 또는 재무활동으로 분류된다면 선물계약 등과 관련된 현금흐름도 투자활동 또는 재무활동으로 분류한다. (A38)

【실무지침】

A38. 위험회피회계를 적용하지 않는 선물계약, 선도계약, 옵션계약 및 스왑계약에 따

른 현금유출과 현금유입은 일반적으로 재무활동 현금흐름으로 분류하는 것이 적절하다. 그러나 금융업의 경우와 같이 이러한 파생상품을 단기매매목적으로 매매하는 경우에는 영업활동 현금흐름으로 분류하는 것이 적절하다.

6. 영업활동 현금흐름의 보고

19. 영업활동 현금흐름은 다음 중 하나의 방법으로 보고한다.

(가) 현금유입은 주요 원천별로 분류하고 현금유출은 주요 용도별로 분류하여 표시하는 방법(이하 "직접법"이라 한다)

(나) 당기순손익에 현금유출이 없는 비용과 현금유입이 없는 수익, 투자활동과 재무활동 현금흐름에 포함된 수익과 차익 또는 비용과 차손, 영업활동과 관련된 유동자산과 유동부채의 증감액 등을 가감 조정하여 표시하는 방법(이하 "간접법"이라 한다)

1] 직접법에 의한 표시

20. 직접법을 적용하여 표시한 영업활동 현금흐름은 대차대조표나 손익계산서에서 얻을 수 없는 정보를 제공하며, 미래현금흐름을 추정하는 데 간접법에 비하여 보다 유용한 기초자료를 제공한다. (A28)

【결론도출근거】

A28. 직접법을 적용하여 표시한 영업활동 현금흐름은 미래현금흐름을 추정하는 데 보다 유용한 기초자료를 제공하므로, 영업활동 현금흐름은 직접법을 적용하여 표시할 것을 권장한다. 최근 국제회계기준위원회에서는 직접법을 강제하는 방안을 검토하고 있지만 아직 결론을 내리지 못하고 있으며, 미국을 포함한 대부분의 국가에서는 직접법과 간접법을 모두 인정하고 있다. 직접법을 적용하여 영업활동 현금흐름을 표시하는 경우, 이 기준서에서 요구하는 최소한의 구분 표시보다 더 자세하게 분류하는 것이 의미가 있고 가능하다면 더 자세하게 분류하여 보고할 것을 권장한다. 예를 들면, 종업원, 매입처 등 재화·용역제공자에 대한 현금유출은 제공자의 유형별로 세분할 수 있다. (문단20)

21. 직접법을 적용하여 영업활동 현금흐름을 표시하는 경우, 다음의 항목은 구분하여 총액으로 표시하는 것을 원칙으로 한다.
    (가) 매출처로부터의 현금유입
    (나) 종업원, 매입처 및 기타의 재화·용역제공자에 대한 현금유출
    (다) 법인세 등의 납부. 단, 재무활동이나 투자활동과 명백히 관련되는 금액은 제외한다.
    (라) 기타의 영업활동 현금유입
    (마) 기타의 영업활동 현금유출

2] 간접법에 의한 표시

22. 간접법을 적용하여 영업활동 현금흐름을 표시하는 경우, 당기순손익에 가감할 항목의 예는 감가상각비, 유형자산처분차손익, 비유동자산에 속하는 지분증권처분차손익, 투자부동산처분차손익, 지분법손익, 사채상환차손익, 이자수익, 이자비용, 재무자산의 평가 또는 처분 관련 손익, 외화표시 현금에 대한 외화환산차손익 등과, 매출채권, 재고자산, 선급비용, 매입채무, 미지급비용, 미지급법인세, 퇴직급여충당부채 및 이연법인세자산·부채 등의 증감액이 있다. (A33, A35, A36)

【결론도출근거】

A33. 간접법을 적용하여 영업활동 현금흐름을 표시하는 경우, 대손상각비와 퇴직급여 등은 현금유출이 없는 비용이므로 별도로 당기순이익에 가산 조정항목으로 표시하자는 견해가 있는가 하면, 관련 자산(예: 매출채권)과 부채(예: 퇴직급여충당부채)의 변동액에 직접 반영하여 순액으로 표시하자는 견해도 있다. 대손상각비와 퇴직급여 등을 별도항목으로 표시하자는 견해는 실제 금융분석 실무에서 그러한 비현금유출비용을 따로 구분하여 사용하고 있어 이용자에게 정보를 제공하는 의미가 있다는 것이다. 한편, 별도항목으로 표시하지 말고 관련 자산과 부채의 변동액에 직접 반영하자는 견해는 간접법에서 동일한 당기순이익 조정항목이므로 구분할 의미가 크지 않다는 것이다. 회계기준위원회는 실무의 작성편의 등을 고려하여 후자의 표시방법을 인정하였다. (문단22)

【실무지침】

A35. 손익계산서의 당기순이익은 영업활동 손익, 투자활동 손익 및 재무활동 손익으로 구성되어 있는데 영업활동 현금흐름을 간접법에 따라 표시하는 경우, 당기순이익에 포함된 투자활동 손익과 재무활동 손익은 당기순이익에 가감하는 형식으로 표시한다. 그리고 영업활동 손익에는 현금유출입이 없는 손익항목들이 포

함되어 있으므로 현금흐름을 산출하기 위하여 그러한 비현금 손익항목들도 당기순이익에 가감하여 조정한다. 손익계산서에서 다수의 영업외수익·비용 항목과 일부 특별손익 항목(예: 차입채무면제이익)은 투자활동 또는 재무활동 손익이다. 투자활동 또는 재무활동 손익에 수반된 현금유출입(예: 자산처분이익)은 투자활동 또는 재무활동의 현금흐름에 포함한다.

A36. 금융업에 있어서 간접법을 적용하여 영업활동 현금흐름을 표시하는 경우, 이자수익, 이자비용 등과 같이 영업활동에 해당하는 항목은 당기순손익에 이미 반영되어 있으므로 당기순손익에 가감하지 아니한다. 이 경우 당기순손익에 반영되지 아니한 대출채권, 단기매매증권 등의 변동액은 당기순손익에 가감한다.

7. 투자활동과 재무활동 현금흐름의 보고

23. 투자활동과 재무활동 현금흐름은 총현금유입과 총현금유출을 주요 항목별로 구분하여 총액으로 표시하는 것을 원칙으로 한다. (A29)

【결론도출근거】

A29. 현금흐름을 순액기준으로 표시하는 경우, 현금유입과 현금유출이 상계되어 필요한 정보가 누락될 가능성이 있다. 따라서 현금흐름은 원칙적으로 총액기준으로 표시하여야 한다. 그러나, 특정 자산 또는 부채와 관련된 경우, 총현금유입액과 총현금유출액에 대한 정보는 기업의 영업활동, 투자활동 및 재무활동을 이해하는 데 필수적이지 않은 경우도 있다. 또한 총현금유입액과 총현금유출액에 대한 정보를 별도로 산출하는 비용이 효익에 비해 큰 경우가 있다. 이러한 경우에는 현금흐름을 순액기준으로 표시하는 것을 허용한다. (문단23과 25)

24. 투자활동 또는 재무활동 현금흐름과 관련된 법인세 상당액을 명백히 구분할 수 있는 경우에는 그 구분한 금액을 투자활동 현금흐름과 재무활동 현금흐름에 별도로 표시한다. (A24)

8. 순증감액에 의한 현금흐름의 보고

25. 다음의 경우에는 현금흐름을 순증감액으로 표시할 수 있다. (A29)

(가) 증권회사가 보유하고 있는 고객예탁금의 현금흐름, 은행의 예수금 중 요구불예금의 현금흐름 및 부동산 소유주를 대신하여 회수한 임대료 수입의 현금흐름과 같이 현금유입과 현금유출이 주로 타인을 대리함에 따라 발생하는 경우

(나) 단기금융상품과 단기매매증권 및 단기차입금(차입 당시 만기일이 3개월 이내인 경우에 한함)의 증감 또는 신용카드회사의 고객에 대한 대출 및 회수와 같이 거래가 매우 빈번하고 거래의 누적금액이 큰 경우

(다) 다음과 같은 금융업 현금흐름의 경우

① 확정만기조건 예수금의 수신과 인출

② 예금이체 및 예금인출

③ 대출 및 회수

9. 외화현금흐름

26. 외화로 거래된 현금흐름은 현금흐름이 발생한 때의 환율을 적용하여 환산한 금액으로 보고한다.

27. 외화표시현금에 대한 외화환산차손익은 기말 현재의 현금 금액에 대한 조정항목으로 별도 표시한다.

10. 지분법적용투자주식

28. 투자주식에 대하여 지분법을 적용하여 평가하는 경우에도 투자회사의 현금흐름표에는 투자회사와 지분법적용피투자회사간의 직접적인 현금흐름만을 보고한다. 예를 들면, 지분법적용피투자회사의 보유현금 변동액은 투자회사의 현금흐름표에 보고하지 않고, 지분법적용피투자회사로부터 현금으로 받은 배당금은 투자회사의 영업활동 현금흐름으로 분류한다.

11. 기업합병과 사업부문의 인수와 처분

29. 기업합병과 사업부문의 인수와 처분에 따른 현금흐름은 투자활동으로 분류하고 별도로 표시한다. (A30)

【결론도출근거】

A30. 합병 또는 사업부문의 인수나 처분에 따른 현금흐름을 별도로 표시하고 관련된 자산과 부채의 내용을 주석으로 기재하는 것은 그 밖의 영업활동, 투자활동 및 재무활동 현금흐름과 구분하여 미래현금흐름을 예측하는 데 도움을 주기 위해서이다. (문단29와 34)

30. 합병대가 또는 사업부문의 인수나 처분대가로 현금을 지급하거나 수취한 경우에는 피합병회사가 합병 당시 보유한 현금 또는 당해 사업부문이 인수나 처분 당시 보유한 현금을 차감한 순액으로 투자활동 현금흐름에 표시한다.

12. 주석공시

31. 현금유입 또는 현금유출이 없는 투자활동과 재무활동에 속하는 거래는 현금흐름표에 투자활동 또는 재무활동으로 표시하지 않지만 중요한 경우에는 그 내용을 주석으로 기재한다. 이러한 주석공시 사항의 예는 다음과 같다. (A31)
    (가) 자산의 연불구입
    (나) 비현금자산의 무상 취득
    (다) 금융리스에 의한 자산의 취득
    (라) 주식발행에 의한 기업의 인수
    (마) 채무의 출자전환
    (바) 현물출자
    (사) 자산 또는 부채의 교환

【결론도출근거】

A31. 투자활동 또는 재무활동 중에는 기업의 재무구조에 영향을 주지만 현재의 현금흐름에 직접적인 영향을 주지 않는 경우가 많다. 현금흐름이 없는 거래를 현금

흐름표에 포함시키지 않는 것은 당기에 현금흐름을 수반하지 않는 항목은 현금흐름표에 포함시키지 않는다는 현금흐름표의 작성목적과 일관성이 있다. 그러나, 현금흐름에는 직접적인 영향이 없으나 재무상태에 영향을 주는 중요한 투자활동과 재무활동 거래정보는 미래현금흐름을 예측하거나 잉여현금흐름을 산출하는 데 유용하기 때문에 현금흐름에 대한 보완적인 정보제공을 위하여 주석으로 기재하여야 한다. 무상감자, 무상증자 및 주식배당 등은 자본계정 내의 계정간 대체에 불과하고 재무활동으로 분류하는 의미가 별로 없기 때문에 주석에 기재할 필요가 없다. (문단31)

32. 문단19(가)에 따라 영업활동 현금흐름을 직접법에 의하여 표시하는 경우, 문단22의 항목은 당기순손익에 가감 조정하는 형식으로 주석에 기재한다. (A32)

【결론도출근거】

A32. 당기순이익과 순현금흐름의 차이에 대한 정보는 회계정보이용자가 필요로 하는 정보이므로 문단19(가)에 따라 영업활동 현금흐름을 직접법에 따라 표시하는 경우에도 문단19(나)의 간접법에서의 당기순이익 가감 조정항목에 관한 사항은 재무제표의 주석으로 기재한다. (문단32)

33. 다음의 사항은 주석으로 기재한다.

(가) 현금성자산의 구성 항목별 내용

(나) 법인세납부에 따른 현금유출을 두 가지 이상의 활동으로 나누어 표시하는 경우 법인세납부 총액

(다) 지분법적용피투자회사로부터 현금으로 받은 배당금의 내용

34. 기업합병 또는 사업부문의 인수와 처분의 경우 다음의 사항은 총액으로 주석에 기재한다. (A30)

(가) 합병대가 또는 사업부문의 인수나 처분대가로 지급하거나 수취한 현금 및 총대가에서 현금이 차지하는 비율

(나) 피합병회사가 합병 당시 보유한 현금과, 사업부문의 인수 또는 처분 당시 그 사업부문이 보유한 현금

(다) 피합병회사가 합병 당시 보유한 현금 외의 자산과 부채, 사업부문의 인수 또는 처분 당시 그 사업부문이 보유한 현금 외의 자산과 부채(주요 항목별로 요약)

13. 시행일

35. 이 기준서는 2003년 12월 31일부터 시행한다.

36. 이 기준서는 이 기준서 시행일 이후 최초로 개시하는 회계연도부터 적용한다.

14. 경과조치

37. 이 기준서를 처음으로 적용하는 회계연도의 현금흐름표는 전기분과 비교 표시하지 아니하고 당해 회계연도분만 작성할 수 있다.

38. 다음의 기업회계기준은 이 기준서에 의하여 대체된다.
    (가) 기업회계기준 제80조(현금흐름표)
    (나) 기업회계기준 제81조(현금흐름표의 구분표시)
    (다) 기업회계기준 제82조(영업활동으로 인한 현금흐름)
    (라) 기업회계기준 제83조(영업활동으로 인한 현금흐름의 표시방법)
    (마) 기업회계기준 제84조(투자활동으로 인한 현금흐름)
    (바) 기업회계기준 제85조(재무활동으로 인한 현금흐름)
    (사) 기업회계기준 제86조(기타 작성방법 및 주석사항)

39. 이 기준서의 내용과 이 기준서를 최초로 적용하는 회계연도의 개시일 현재 유효한 다른 기업회계기준의 내용이 상충되는 경우에는 이 기준서를 적용한다.

제4절 • 현금흐름표(공개초안) 양식

다음은 이 기준서의 내용에 따라 작성된 현금흐름표 양식의 예시이다.

1. 직접법

현금흐름표

제×기 20××년×월×일부터 20××년×월×일까지
제×기 20××년×월×일부터 20××년×월×일까지

회사명 : (단위 : 원)

과 목	당 기		전 기	
영업활동 현금흐름		×××		×××
영업활동 현금유입액				
매출처로부터의 현금유입				
기타의 영업활동 현금유입				
영업활동 현금유출액				
종업원, 매입처 및 기타의 재화·용역 제공자에 대한 현금유출				
법인세등의 납부				
기타의 영업활동 현금유출				
투자활동 현금흐름		×××		×××
투자활동 현금유입액				
투자부동산의 처분				
비유동자산에 속하는 지분증권 처분				
유형자산의 처분				
무형자산의 처분				
투자활동 현금유출액				
투자부동산의 취득				
비유동자산에 속하는 지분증권 취득				
유형자산의 취득				
무형자산의 취득				
법인세등의 납부				
재무활동 현금흐름		×××		×××
재무활동 현금유입액				
장·단기 차입				
회사채의 발행				
주식의 발행				
이자 수입				
재무자산의 처분				
재무활동 현금유출액				
차입금의 상환				
유상감자				
미지급채무의 상환				
금융비용·배당금 지급				
재무자산의 취득				
법인세등의 납부				
외화현금의 환산차익(차손)		×××		×××
현금의 증가(감소)		×××		×××
기초의 현금		×××		×××
기말의 현금		×××		×××

2. 간접법

현금흐름표

제×기 20××년×월×일부터 20××년×월×일까지
제×기 20××년×월×일부터 20××년×월×일까지

회사명 : (단위 : 원)

과 목	당 기		전 기	
영업활동 현금흐름		×××		×××
당기순이익				
당기순이익 조정항목				
감가상각비				
유형자산처분차손익				
비유동자산에 속하는 지분증권처분차손익				
투자부동산처분차손익				
지분법손익				
사채상환차손익				
이자수익				
이자비용				
재무자산처분차손익				
외화현금환산차손익				
.....				
매출채권의 감소(증가)				
재고자산의 감소(증가)				
선급비용의 감소(증가)				
매입채무의 증가(감소)				
미지급비용의 증가(감소)				
미지급법인세의 증가(감소)				
퇴직급여충당부채의 증가(감소)				
이연법인세자산·부채 증감액				
투자활동 현금흐름		×××		×××
투자활동 현금유입액				
투자부동산의 처분				
비유동자산에 속하는 지분증권 처분				
유형자산의 처분				
무형자산의 처분				
투자활동 현금유출액				
투자부동산의 취득				
비유동자산에 속하는 지분증권 취득				
유형자산의 취득				
무형자산의 취득				
법인세등의 납부				

재무활동 현금흐름		×××		×××
재무활동 현금유입액				
장・단기 차입				
회사채의 발행				
주식의 발행				
이자 수입				
재무자산의 처분				
재무활동 현금유출액				
차입금의 상환				
유상감자				
미지급채무의 상환				
금융비용・배당금 지급				
재무자산의 취득				
법인세등의 납부				
외화현금의 환산차익(차손)		×××		×××
현금의 증가(감소)		×××		×××
기초의 현금		×××		×××
기말의 현금		×××		×××

제5절 • 현금흐름표에 관한 현행 회계기준

현금흐름표에 관한 우리나라의 현행 회계기준은 금융감독위원회(FSC, 현 금융위원회)가 1998년 4월에 제정하고 한국회계기준원(KAI) 회계기준위원회(KASB)가 2006년 2월에 최종 개정한 「기업회계기준(제6장 현금흐름표)」이다.

1. 「기업회계기준(제6장 현금흐름표)」

제80조(현금흐름표) ① 현금흐름표는 기업의 현금흐름을 나타내는 표로서 현금의 변동내용을 명확하게 보고하기 위하여 당해 회계기간에 속하는 현금의 유입과 유출내용을 적정하게 표시하여야 한다.

② 제1항의 현금이라 함은 제13조제1호에서 규정하는 현금및현금성자산(이하 이 장에서 "현금"이라 한다)을 말한다.

③ 현금흐름표의 양식사례는 별지 제9호 서식 및 별지 제10호 서식과 같다.

제81조(현금흐름표의 구분표시) 현금흐름표는 영업활동으로 인한 현금흐름, 투자활동으로 인한 현금흐름, 재무활동으로 인한 현금흐름으로 구분하여 표시하고, 이에 기초의 현금을 가산하여 기말의 현금을 산출하는 형식으로 표시한다.

제82조(영업활동으로 인한 현금흐름) ① 영업활동이라 함은 일반적으로 제품의 생산과 상품 및 용역의 구매·판매활동을 말하며, 제84조의 투자활동과 제85조의 재무활동에 속하지 아니하는 거래를 모두 포함한다.

② 영업활동으로 인한 현금의 유입에는 제품 등의 판매에 따른 현금유입(매출채권의 회수 포함), 이자수익과 배당금수익, 기타 투자활동과 재무활동에 속하지 아니하는 거래에서 발생된 현금유입이 포함된다.

③ 영업활동으로 인한 현금의 유출에는 원재료, 상품 등의 구입에 따른 현금유출(매입채무의 결제 포함), 기타 상품과 용역의 공급자와 종업원에 대한 현금지출, 미지급법인세(유형자산의 처분에 따른 특별부가세 제외)의 지급, 이자비용, 기타 투자활동과 재무활동에 속하지 아니하는 거래에서 발생된 현금유출이 포함된다.

제83조(영업활동으로 인한 현금흐름의 표시방법) ① 영업활동으로 인한 현금흐름은 직접법 또는 간접법으로 표시한다.

② 제1항의 직접법이라 함은 현금을 수반하여 발생한 수익 또는 비용항목을 총액으로 표시하되, 현금유입액은 원천별로 현금유출액은 용도별로 분류하여 표시하는 방법을 말한다. 이 경우 현금을 수반하여 발생하는 수익·비용항목을 원천별로 구분하여 직접 계산하는 방법 또는 매출과 매출원가에 현금의 유출·유입이 없는 항목과 재고자산·매출채권·매입채무의 증감을 가감하여 계산하는 방법으로 한다.

③ 제1항의 간접법이라 함은 당기순이익(또는 당기순손실)에 현금의 유출이 없는 비용 등을 가산하고 현금의 유입이 없는 수익 등을 차감하며, 영업활동으로 인한 자산·부채의 변동을 가감하여 표시하는 방법을 말하다.

1. 현금의 유출이 없는 비용 등 : 현금의 유출이 없는 비용, 투자활동과 재무활동으로 인한 비용
2. 현금의 유입이 없는 수익 등 : 현금의 유입이 없는 수익, 투자활동과 재무활동으로 인한 수익
3. 영업활동으로 인한 자산·부채의 변동 : 영업활동과 관련하여 발생한 유동자산 및 유동부채의 증가 또는 감소

第84条(투자활동으로 인한 현금흐름) ① 투자활동이라 함은 현금의 대여와 회수활동, 유가증권・투자자산・유형자산 및 무형자산의 취득과 처분활동 등을 말한다.

② 투자활동으로 인한 현금의 유입에는 대여금의 회수, 단기금융상품・유가증권・투자자산・유형자산 및 무형자산의 처분 등이 포함된다.

③ 투자활동으로 인한 현금의 유출에는 현금의 대여, 단기금융상품・유가증권・투자자산・유형자산 및 무형자산의 취득에 따른 현금유출로서 취득 직전 또는 직후의 지급액 등이 포함된다.

第85条(재무활동으로 인한 현금흐름) ①재무활동이라 함은 현금의 차입 및 상환활동, 신주발행이나 배당금의 지급활동 등과 같이 부채 및 자본계정에 영향을 미치는 거래를 말한다.

② 재무활동으로 인한 현금의 유입에는 단기차입금・장기차입금의 차입, 어음・사채의 발행, 주식의 발행 등이 포함된다.

③ 재무활동으로 인한 현금의 유출에는 배당금의 지급, 유상감자, 자기주식의 취득, 차입금의 상환, 자산의 취득에 따른 부채의 지급 등이 포함된다.

第86条(기타 작성방법 및 주석사항) ① 현금흐름표는 다음 각 호의 방법에 따라 작성한다.

1. 현금의 유입과 유출내용에 대하여는 기중 증가 또는 기중 감소를 상계하지 아니하고 각각 총액으로 기재한다. 다만, 거래가 빈번하여 총금액이 크고 단기간에 만기가 도래하는 현금의 유입과 유출항목은 순증감액으로 기재할 수 있다.
2. 사채발행 또는 주식발행으로 인한 현금유입시에는 발행금액으로 기재한다.

② 다음 각 호의 사항을 주석으로 기재한다.

1. 현금의 유입과 유출이 없는 거래
   현물출자로 인한 유형자산의 취득, 유형자산의 연불구입, 무상증자, 무상감자, 주식배당, 전환사채의 전환 등 현금의 유입과 유출이 없는 거래 중 중요한 거래
2. 제83조제2항의 규정에 의한 직접법으로 작성한 경우에는 당기순이익(당기순손실)과 당기순이익(당기순손실)에 가감할 항목에 관한 사항

2. 현금흐름표 양식사례

1] 별지 제9호 서식(직접법)

현 금 흐 름 표

제×기 19××년×월×일부터 19××년×월×일까지
제×기 19××년×월×일부터 19××년×월×일까지

회사명 : (단위 : 원)

과 목	제×(당)기 금 액		제×(전)기 금 액	
Ⅰ. 영업활동으로 인한 현금흐름		×××		×××
가. 매출등수익활동으로부터의 유입액				
나. 매입 및 종업원에 대한 유출액				
다. 이자수익유입액				
라. 배당금수익유입액				
마. 이자비용유출액				
바. 미지급법인세의 지급				
사. …………				
Ⅱ. 투자활동으로 인한 현금흐름		×××		×××
1. 투자활동으로 인한 현금유입액				
가. 단기금융상품의 처분				
나. 유가증권의 처분				
다. 토지의 처분				
라. …………				
2. 투자활동으로 인한 현금유출액				
가. 현금의 단기대여				
나. 단기금융상품의 취득				
다. 유가증권의 취득				
라. 토지의 취득				
마. 개발비의 지급				
바. …………				
Ⅲ. 재무활동으로 인한 현금흐름		×××		×××
1. 재무활동으로 인한 현금유입액				
가. 단기차입금의 차입				
나. 사채의 발행				
다. 보통주의 발행				
라. …………				
2. 재무활동으로 인한 현금유출액				
가. 단기차입금의 상환				
나. 사채의 상환				
다. 유상감자				
라. …………				
Ⅳ. 현금의 증가(감소)(Ⅰ+Ⅱ+Ⅲ)		×××		×××
Ⅴ. 기초의 현금		×××		×××
Ⅵ. 기말의 현금		×××		×××

2] 별지 제10호 서식(간접법)

현 금 흐 름 표

제×기 19××년×월×일부터 19××년×월×일까지
제×기 19××년×월×일부터 19××년×월×일까지

회사명 : (단위 : 원)

과 목	제×(당)기 금 액		제×(전)기 금 액	
Ⅰ. 영업활동으로 인한 현금흐름		×××		×××
1. 당기순이익(손실)				
2. 현금의 유출이 없는 비용등의 가산				
가. 감가상각비				
나. 퇴직급여				
다. …………				
3. 현금의 유입이 없는 수익등의 차감				
가. 사채상환이익				
나. …………				
4. 영업활동으로 인한 자산·부채의 변동				
가. 재고자산의 감소(증가)				
나. 매출채권의 감소(증가)				
다. 이연법인세차의 감소(증가)				
라. 매입채무의 증가(감소)				
마. 미지급법인세의 증가(감소)				
바. 이연법인세대의 증가(감소)				
사. …………				
Ⅱ. 투자활동으로 인한 현금흐름		×××		×××
1. 투자활동으로 인한 현금유입액				
가. 단기금융상품의 처분				
나. 유가증권의 처분				
다. 토지의 처분				
라. …………				
2. 투자활동으로 인한 현금유출액				
가. 현금의 단기대여				
나. 단기금융상품의 취득				
다. 유가증권의 취득				
라. 토지의 취득				
마. 개발비의 지급				
바. …………				
Ⅲ. 재무활동으로 인한 현금흐름		×××		×××
1. 재무활동으로 인한 현금유입액				
가. 단기차입금의 차입				
나. 사채의 발행				
다. 보통주의 발행				
라. …………				
2. 재무활동으로 인한 현금유출액				
가. 단기차입금의 상환				
나. 사채의 상환				
다. 유상감자				
라. …………				
Ⅳ. 현금의 증가(감소)(Ⅰ+Ⅱ+Ⅲ)		×××		×××
Ⅴ. 기초의 현금		×××		×××
Ⅵ. 기말의 현금		×××		×××

제6절 • 기준서(공개초안)와 현행 회계기준의 비교

한국회계기준원(KAI) 회계기준위원회(KASB)가 2003년 7월에 발표한 「기업회계기준서 공개초안 제03-16.2호」 '재무제표의 작성과 표시 II(현금흐름표)'와 금융감독위원회(FSC, 현 금융위원회)가 1998년 4월에 제정하고 한국회계기준원(KAI) 회계기준위원회(KASB)가 2006년 2월에 최종 개정한 「기업회계기준(제6장 현금흐름표)」을 비교하면 다음과 같다.

- 영업활동 현금흐름의 표시방법(간접법의 경우) : 공개초안에서는 당기순이익에 조정항목을 가감하는 형식으로 표시하지만, 기업회계기준에서는 당기순이익에 현금유출이 없는 비용 등을 가산하고, 현금의 유입이 없는 수익 등을 차감하고, 영업활동으로 인한 자산·부채의 변동액을 각각 가감하는 형식으로 표시한다.
- 대손상각비 등 조정항목의 표시방법(간접법의 경우) : 공개초안에서는 순액법으로 표시하는 것을 인정하지만, 기업회계기준에서는 직접적인 언급이 없다.
- 재무자산(대여금, 채무증권, 유동자산에 속하는 지분증권 등)의 취득 및 처분 : 공개초안에서는 재무활동 현금흐름으로 분류하지만, 기업회계기준에서는 투자활동 현금흐름으로 분류한다.
- 금융업의 대출과 예수금 관련 현금흐름 : 공개초안에서는 영업활동 현금흐름으로 분류하지만, 기업회계기준에서는 직접적인 언급은 없으나 일반적으로 대출은 투자활동 현금흐름으로 예금은 재무활동 현금흐름으로 분류한다.
- 외화표시현금에 대한 외화환산차손익 : 공개초안에서는 외화표시현금에 대한 외화환산차손익은 기말 현재의 현금금액에 대한 조정항목으로 별도 표시하지만, 기업회계기준에서는 직접적인 언급이 없다.
- 이자수익과 이자비용 : 공개초안에서는 재무활동 현금흐름으로 분류하지만, 기업회계기준에서는 영업활동 현금흐름으로 분류한다.
- 법인세 등 : 공개초안에서는 원칙적으로 주로 관련된 활동(영업활동) 현금흐름으로 분류하되. 명백하게 구분되는 경우에는 각 활동별 현금흐름으로 구분·표시하지만, 기업회계기준에서는 원칙적으로 영업활동 현금흐름으로 분류한다.
- 무상증자 · 무상감자 · 주식배당 : 공개초안에서는 주석으로 기재하지 않지만, 기업회계기준에서는 주석으로 기재한다.
- 자본화된 금융비용 : 공개초안에서는 재무활동 현금흐름으로 분류하지만, 기업회계

기준에서는 직접적인 언급이 없으나 일반적으로 투자활동 현금흐름으로 분류한다.

- **현금성자산의 구성항목별 내용** : 공개초안에서는 주석으로 기재하지만, 기업회계기준에서는 주석으로 기재하지 않는다.

f i n a n c i a l   s t a t e m e n t s

서비스업은 고객에게 서비스를 제공하여 영리를 추구하는 업종이다. 이들 업종에서는 재고자산이 존재하지 않아 매출원가를 계산할 필요가 없기 때문에 다른 업종(유통업이나 제조업)과 비교해서 재무제표(회계정보)의 작성과정이 가장 단순하다. 이들 업종에 종사하는 서비스기업의 주된 수익은 용역을 제공한 대가인 용역수수료이며, 이를 회계용어로 용역수익(실무에서는 매출이라고 함)이라 한다. 주된 비용은 용역을 제공하기 위하여 발생한 인건비 및 관리비 등이다.

7장

서비스업의 재무제표 작성사례

7 서비스업의 재무제표 작성사례

서비스업은 고객에게 서비스를 제공하여 영리를 추구하는 업종이다. 이들 업종에서는 재고자산이 존재하지 않아 매출원가를 계산할 필요가 없기 때문에 다른 업종(유통업이나 제조업)과 비교해서 재무제표(회계정보)의 작성과정이 가장 단순하다. 이들 업종에 종사하는 서비스기업의 주된 수익은 용역을 제공한 대가인 용역수수료이며, 이를 회계용어로 용역수익(실무에서는 매출이라고 함)이라 한다. 주된 비용은 용역을 제공하기 위하여 발생한 인건비 및 관리비 등이다.

제1절 • 20×1회계연도(제1기) 재무제표 작성과정

※ (주)마산컨설팅(회계연도 : 1월 1일부터 12월 31일까지)은 20×1년 1월 1일에 경영자문을 주된 목적으로 하여 설립되었으며, 20×1회계연도에 발생한 기중 회계적 사건(이하 "거래"라 함)은 다음과 같다.

거래 ⓐ : 1월 1일에 보통주 200주(주당 액면금액: ₩5,000)를 액면금액으로 발행하여 주주로부터 받은 현금 ₩1,000,000으로 영업을 개시하다.

거래 ⓑ : 2년 동안의 사무실임차료 ₩210,000을 현금으로 미리 지급하다.

거래 ⓒ : 사무기기 ₩500,000을 현금으로 구입하다.

거래 ⓓ : ㈜경남에 경영자문용역을 제공하고, 용역수수료 ₩314,100을 외상으로 하다.

거래 ⓔ : 금융기관으로부터 현금 ₩300,000을 5년 동안 차입하다.

거래 ⓕ : 종업원에 대한 급여 ₩520,000을 현금으로 지급하다.

거래 ⓖ : ㈜경남으로부터 거래 ⓓ에 대한 용역수수료(미수용역수익) 중에 ₩200,000을 현금으로 받다.

거래 ⓗ : ㈜창원에 경영자문용역을 제공하고, 용역수수료 ₩590,000을 외상으로 하다.

거래 ⓘ : 여비교통비 ₩235,000을 현금으로 지급하다.

거래 ⓙ : ㈜진해에 경영자문용역을 제공하기로 하고, 용역수수료 ₩7,500을 현금으로 미리 받다.

1. 분 개 : 기중거래를 분개장에 기록

거래번호	차 변		대 변	
ⓐ	현 금	1,000,000	보통주자본금	1,000,000
ⓑ	선급임차료	210,000	현 금	210,000
ⓒ	사무기기	500,000	현 금	500,000
ⓓ	미수용역수익	314,100	용역수익	314,100
ⓔ	현 금	300,000	장기차입금	300,000
ⓕ	급 여	520,000	현 금	520,000
ⓖ	현 금	200,000	미수용역수익	200,000
ⓗ	미수용역수익	590,000	용역수익	590,000
ⓘ	여비교통비	235,000	현 금	235,000
ⓙ	현 금	7,500	선수용역수익	7,500

2. 전 기 : 기중분개를 총계정원장의 해당 계정에 분류

(차)	현	금	(대)
ⓐ 보통주자본금	1,000,000	ⓑ 선급임차료	210,000
ⓔ 장기차입금	300,000	ⓒ 사무기기	500,000
ⓖ 미수용역수익	200,000	ⓕ 급 여	520,000
ⓙ 선수용역수익	7,500	ⓘ 여비교통비	235,000
		잔액(차)	**42,500**

미수용역수익

(차)			(대)
ⓓ 용역수익	314,100	ⓖ 현 금	200,000
ⓗ 용역수익	590,000	**잔액(차)**	**704,100**

선급임차료

(차)			(대)
ⓑ 현 금	210,000	**잔액(차)**	**210,000**

사무기기

(차)			(대)
ⓒ 현 금	500,000	**잔액(차)**	**500,000**

감가상각누계액

(차)			(대)

선수용역수익

(차)			(대)
잔액(대)	**7,500**	ⓙ 현 금	7,500

미지급이자비용

(차)			(대)

장기차입금

(차)			(대)
잔액(대)	**300,000**	ⓔ 현 금	300,000

보통주자본금

(차)			(대)
잔액(대)	**1,000,000**	ⓐ 현 금	1,000,000

미처분이익잉여금

(차)			(대)

용역수익

(차)			(대)
잔액(대)	**904,100**	ⓓ 미수용역수익	314,100
		ⓗ 미수용역수익	590,000

급 여

(차)			(대)
ⓕ 현 금	520,000	**잔액(차)**	**520,000**

(차)	여비교통비		(대)
ⓘ 현 금	235,000	잔액(차)	235,000

(차)	임차료		(대)

(차)	감가상각비		(대)

(차)	이자비용		(대)

3. 수정전 잔액시산표의 작성 : 총계정원장의 각 계정잔액을 요약

수정전잔액시산표

20×1년 12월 31일 현재

회사명 : (주)마산컨설팅 (단위 : 원)

차 변	금 액	대 변	금 액
현 금	42,500	선수용역수익	7,500
미수용역수익	704,100	장기차입금	300,000
선급임차료	210,000	보통주자본금	1,000,000
사무기기	500,000	용역수익	904,100
급 여	520,000		
여비교통비	235,000		
합 계	2,211,600	합 계	2,211,600

※ (주)마산컨설팅의 20×1년 12월 31일(B/S일) 현재 수정사항 및 B/S일 후에 이사회에서 승인한 이익잉여금의 처분내역은 다음과 같다. 단, 법인세효과는 고려하지 않는다.

거래 ① : 선급임차료 중에 당기 임차료는 ₩105,000이다.

거래 ② : 사무기기에 대한 당기 감가상각비는 ₩5,200이다.

거래 ③ : (주)진해로부터 미리 받은 용역수수료(선수용역수익) 중에 당기에 인식하여야 할 용역수수료는 ₩2,500이다.

거래 ④ : (주)김해에게 경영자문용역을 제공하였으나, 기말 현재 아직 받지 못한 용역수수료가 ₩3,000이다.

거래 ⑤ : 장기차입금에 대한 당기 이자비용 ₩7,500이 발생하였으나, 기말 현재 아직 지급하지 않고 있다.

거래 ⑥ : 이사회에서 보통주에 대한 연차배당금으로 현금 ₩10,000(주당 액면배당률: 1%)의 지급과 법정적립금 ₩1,200의 적립을 승인하다.

4. 기말 수정분개 및 전기

1] 수정분개: 기말 수정사항을 분개장에 기록

거래번호	차 변		대 변	
①	임차료	105,000	선급임차료	105,000
②	감가상각비	5,200	감가상각누계액	5,200
③	선수용역수익	2,500	용역수익	2,500
④	미수용역수익	3,000	용역수익	3,000
⑤	이자비용	7,500	미지급이자비용	7,500
⑥	〈분개 없음〉※			

※ 배당 및 잉여금의 처분(기업회계기준서 제6호: '대차대조표일 후 발생한 사건')

8. 대차대조표일 후에 이사회에서 승인한 배당을 포함한 잉여금의 처분은 이익잉여금처분계산서(결손금처리계산서)에 보고하여 주주총회에 제출한다.
9. 이익잉여금처분계산서에 포함된 배당은 대차대조표에 부채로 인식하지 아니하며, 대차대조표에는 이익잉여금처분 전의 재무상태를 표시한다.

2] 전 기: 수정분개를 총계정원장의 해당 계정에 분류

(차)	현	금	(대)
ⓐ 보통주자본금	1,000,000	ⓑ 선급임차료	210,000
ⓔ 장기차입금	300,000	ⓒ 사무기기	500,000
ⓖ 미수용역수익	200,000	ⓕ 급 여	520,000
ⓙ 선수용역수익	7,500	ⓘ 여비교통비	235,000
		잔액(차)	42,500

(차)	미수용역수익		(대)
ⓓ 용역수익	314,100	ⓖ 현 금	200,000
ⓗ 용역수익	590,000	**잔액(차)**	**707,100**
④ 용역수익	3,000		

(차)	선급임차료		(대)
ⓑ 현 금	210,000	① 임차료	105,000
		잔액(차)	**105,000**

(차)	사무기기		(대)
ⓒ 현 금	500,000	**잔액(차)**	**500,000**

(차)	감가상각누계액		(대)
잔액(대)	**5,200**	② 감가상각비	5,200

(차)	선수용역수익		(대)
③ 용역수익	2,500	ⓙ 현 금	7,500
잔액(대)	**5,000**		

(차)	미지급이자비용		(대)
잔액(대)	**7,500**	⑤ 이자비용	7,500

(차)	장기차입금		(대)
잔액(대)	**300,000**	ⓔ 현 금	300,000

(차)	보통주자본금		(대)
잔액(대)	**1,000,000**	ⓐ 현 금	1,000,000

(차)	미처분이익잉여금		(대)

(차)	용역수익		(대)
잔액(대)	**909,600**	ⓓ 미수용역수익	314,100
		ⓗ 미수용역수익	590,000
		③ 선수용역수익	2,500
		④ 미수용역수익	3,000

(차)	급 여		(대)
ⓕ 현 금	520,000	잔액(차)	520,000

(차)	여비교통비		(대)
ⓘ 현 금	235,000	잔액(차)	235,000

(차)	임차료		(대)
① 선급임차료	105,000	잔액(차)	105,000

(차)	감가상각비		(대)
② 감가상각누계액	5,200	잔액(차)	5,200

(차)	이자비용		(대)
⑤ 미지급이자비용	7,500	잔액(차)	7,500

5. 수정후 잔액시산표의 작성 : 총계정원장의 각 계정잔액을 재요약

수정후잔액시산표

20×1년 12월 31일 현재

회사명 : (주)마산컨설팅 (단위 : 원)

차 변	금 액	대 변	금 액
현 금	42,500	선수용역수익	5,000
미수용역수익	707,100	미지급이자비용	7,500
선급임차료	105,000	장기차입금	300,000
사무기기	500,000	감가상각누계액	5,200
급 여	520,000	보통주자본금	1,000,000
여비교통비	235,000	용역수익	909,600
임차료	105,000		
감가상각비	5,200		
이자비용	7,500		
합 계	2,227,300	합 계	2,227,300

6. 재무제표의 작성

기업회계기준서 제21호 '재무제표의 작성과 표시 I'에 따르면 "재무제표는 대차대조표, 손익계산서, 이익잉여금처분계산서(또는 결손금처리계산서), 현금흐름표, 자본변동표로 구성되며, 주석을 포함한다"(문단 8)고 규정하고 있다. 따라서 감사보고서나 사업보고서(재무에 관한 사항)에 첨부되는 재무제표는 일반적으로 대차대조표, 손익계산서, 이익잉여금처분계산서(또는 결손금처리계산서), 자본변동표, 현금흐름표 순으로 작성·공시되고 있다. 그러나 여기서는 계산의 연계성을 부각시키기 위해서 순서를 바꾸어 먼저 손익계산서와 이익잉여금처분계산서(안)를 작성하고, 이어서 대차대조표와 자본변동표, 현금흐름표를 작성한다.

그 이유는 ① 손익계산서에서 당기순손익(=수익+차익-비용-차손)을 계산하고, 이 당기순손익 등을 이용하여 자연스럽게 ② 이익잉여금처분계산서(안)에서 미처분이익잉여금(=전기이월미처분이익잉여금±회계정책변경누적효과±전기오류수정손익-중간배당액±당기순손익)과 차기이월미처분이익잉여금(=미처분이익잉여금+임의적립금등의이입액-이익잉여금처분액)을 계산할 수 있기 때문이다. 그 다음에 미처분이익잉여금 등을 별도의 절차 없이 바로 ③ 대차대조표의 이익잉여금란에 표시할 수 있다. 마지막으로 이들 재무보고서와 추가자료 등을 이용하여 ④ 자본변동표와 현금흐름표를 작성할 수 있기 때문이다.

1] 현행 회계기준에 따른 재무제표의 작성

한국회계기준원(KAI) 회계기준위원회(KASB)가 2006년 2월에 제정한 「기업회계기준서 제21호」 '재무제표의 작성과 표시 I'과 1998년 4월에 제정(최종 개정; 2006년 2월)한 「기업회계기준(제6장 현금흐름표)」에 따라 재무제표를 작성하면 다음과 같다.

손익계산서

제1기 20×1년 1월 1일부터 20×1년 12월 31일까지

회사명 : (주)마산컨설팅 (단위 : 원)

과 목	금 액	
Ⅰ. 영업수익		909,600
용역수익	909,600	
Ⅱ. 영업비용		865,200
급 여	520,000	
여비교통비	235,000	
임차료	105,000	
감가상각비	5,200	
Ⅲ. 영업이익		44,400
Ⅳ. 영업외비용		7,500
이자비용	7,500	
Ⅴ. 법인세비용차감전순이익(당기순이익)		36,900
Ⅵ. 주당이익		
기본주당순이익		185원

기본주당순이익 : ₩36,900(당기순이익)/200주(가중평균유통보통주식수) ≒ ₩185
가중평균유통보통주식수 : (200주 × 365일)/365일 = 200주

이익잉여금처분계산서(안)

제1기 20×1년 1월 1일부터 20×1년 12월 31일까지

처분예정일 20×2년 3월 21일

회사명 : (주)마산컨설팅 (단위 : 원)

구 분	금 액	
Ⅰ. 미처분이익잉여금		36,900
전기이월미처분이익잉여금	–	
당기순이익	36,900	
Ⅱ. 임의적립금 등의 이입액		–
합 계		36,900
Ⅲ. 이익잉여금처분액		11,200
법정적립금	1,200	
배당금		
현금배당	10,000	
주당배당금(률) : 50원(1%)		
Ⅳ. 차기이월미처분이익잉여금		25,700

배당금 : ₩5,000(주당액면금액) × 1%(액면배당률) × 200주(배당을 받을 보통주식수) × 365일 /365일 = ₩10,000

대 차 대 조 표

제1기 20×1년 12월 31일 현재

회사명 : (주)마산컨설팅 (단위 : 원)

과 목	금 액	
자 산		
Ⅰ. 유동자산		854,600
현금및현금성자산	42,500	
미수용역수익	707,100	
선급임차료	105,000	
Ⅱ. 비유동자산		494,800
사무기기	500,000	
감가상각누계액	(-)5,200	
자 산 총 계		1,349,400
부 채		
Ⅰ. 유동부채		12,500
선수용역수익	5,000	
미지급이자비용	7,500	
Ⅱ. 비유동부채		300,000
장기차입금	300,000	
부 채 총 계		312,500
자 본		
Ⅰ. 자본금		1,000,000
보통주자본금	1,000,000	
Ⅱ. 자본잉여금		–
Ⅲ. 자본조정		–
Ⅳ. 기타포괄손익누계액		–
Ⅴ. 이익잉여금		36,900
법정적립금	–	
임의적립금	–	
미처분이익잉여금	36,900	
자 본 총 계		1,036,900
부채 및 자본 총계		1,349,400

[20×1회계연도(제1기) 자본변동표는 생략]

【현금흐름표에 대한 이해】

재무보고의 핵심적인 수단인 재무제표는 일반적으로 대차대조표, 손익계산서, 재무상태의 변동에 관한 보고서(재무상태의 측정기준이 현금흐름인 경우에는 현금흐름표), 자본변동표, 주석 등으로 구성된다. 그리고 재무제표의 내용을 더 잘 이해하는 데 필요한 부속명세서와 기타 설명자료 등도 재무제표의 일부로 포함될 수 있다. 이러한 재무제표는 현재 및 잠재적 재무제표 이용자의 경제적 의사결정에 유용한 정보를 제공하여야 하며, 보다 구체적으로 투자자와 채권자 등이 배당이나 이자 또는 자금회수 등과 관련하여 기업실체로부터 받게 될 미래현금의 크기·시기 및 불확실성을 평가하는 데 유용한 정보를 제공하여야 한다.

■ 현금흐름표의 의미

재무제표는 기업실체의 재무상태, 경영성과 및 재무상태의 변동에 관한 정보를 제공하여야 하며, 이러한 정보들은 당해 기업실체의 미래 현금창출능력을 평가하는 데 유용하다. 일반적으로 재무상태에 관한 정보는 대차대조표에, 경영성과에 관한 정보는 손익계산서에 표시된다. 그리고 재무상태의 변동에 관한 정보는 그 측정기준에 따라 **재무상태변동표(statement of changes in financial position; SCFP)**나 **현금흐름표(statement of cash flows; SCF)** 등을 통하여 제공된다.

기업실체의 재무상태(자산=부채+자본)의 변동에 관한 정보는 일정 회계기간 당해 실체의 영업, 투자 및 재무활동을 평가하는 데 유용하며, 이러한 정보는 재무제표 이용자가 기업실체의 현금창출능력 및 현금흐름의 활용능력을 평가함에 있어 기초적인 자료가 된다. 이때 재무상태의 변동에 관한 정보는 운전자본기준, 현금기준 등으로 다양하게 작성할 수 있다. 여기서 **운전자본(working capital; WC)**이란 유동자산(current assets; CA)에서 유동부채(current liabilities; CL)를 차감한 잔액으로 순운전자본(net working capital)이라고도 한다.

이에 따라 재무상태의 변동에 관한 보고서도 **운전자본기준(working capital basis)** 또는 **현금기준(cash basis)**으로 작성할 수 있다. 재무상태의 변동에 관한 보고서가 운전자본기준으로 작성될 때 이를 운전자본기준 재무상태변동표(SCFP-wc basis)라고 하고, 현금기준으로 작성될 때 이를 현금흐름표(SCF) 또는 현금기준 재무상태변동표(SCFP-cash basis)라고 한다.

• 운전자본기준 재무상태변동표의 의미

운전자본기준 재무상태변동표는 일정 회계기간 재무상태의 변동에 관한 정보를 운전자본기준으로 측정한 재무보고서이다. 즉 일정 회계기간 모든 비운전자본계정(비유동계정)인 비유동자산(non-current assets; NCA) · 비유동부채(non-current liabilities; NCL) · 자본(stockholders' equity; SE)계정의 변동(원인)을 추적 · 분석하여, 이들 계정들이 운전자본계정(유동계정)인 유동자산 · 유동부채계정에 미친 효과(결과)를 반영함으로써 최종적으로 운전자본의 변동(증가 또는 감소)을 나타내는 재무보고서이다. 이를 회계등식을 이용하여 설명하면 다음과 같다.

> **회계등식(일정 시점의 재무상태) : 자산(A) = 부채(L) + 자본(SE)**
>
> 먼저 일정 시점의 운전자본(WC)을 계산하기 위해서 회계등식을 유동계정과 비유동계정으로 구분하면,
>
> 유동자산(CA) + 비유동자산(NCA) = 유동부채(CL) + 비유동부채(NCL) + 자본(SE)
>
> 유동계정 　　 비유동계정
>
> CA − CL = NCL + SE − NCA
>
> WC = NCL + SE − NCA
>
> 최종적으로 일정 회계기간 운전자본의 변동(ΔWC)은 아래와 같이 정리될 수 있다.
>
> ∴ ΔWC = ΔNCL + ΔSE − ΔNCA
>
> (결과) ← (원인: 비유동계정의 변동)

따라서, 운전자본의 변동(ΔWC)은 비유동부채의 변동(ΔNCL)에 자본의 변동(ΔSE)을 가산하고, 비유동자산의 변동(ΔNCA)을 차감하여 산출된다. 일정 회계기간 운전자본의 변동(증가 또는 감소)이라는 결과는 기초 대차대조표에서 계산된 기초 운전자본(기초 유동자산 − 기초 유동부채)과 기말 대차대조표에서 계산된 기말 운전자본(기말 유동자산 − 기말 유동부채)을 비교하면 간단하게 산출될 수 있지만, 운전자본의 변동이 어떠한 원인 또는 과정으로 이루어졌는지를 파악하기 위해서 일정 회계기간 모든 비유동계정인 비유동자산 · 비유동부채 · 자본계정의 변동을 추적 · 분석한 재무보고서가 운전자본기준 재무상태변동표이다.

- **현금흐름표의 의미**

현금흐름표 또는 현금기준 재무상태변동표는 일정 회계기간 재무상태의 변동에 관한 정보를 현금기준으로 측정한 재무보고서이다. 즉 일정 회계기간 모든 비현금계정인 현금을 제외한 자산(현금을 제외한 유동자산 및 비유동자산) · 부채(유동부채

및 비유동부채)·자본계정의 변동(원인)을 추적·분석하여, 이들 계정들이 현금계정에 미친 효과(결과)를 반영함으로써 최종적으로 현금의 변동(증가 또는 감소)을 나타내는 재무보고서이다. 이를 회계등식을 이용하여 기술하면 다음과 같다.

> **회계등식(일정 시점의 재무상태) : 자산(A) = 부채(L) + 자본(SE)**
>
> 먼저 일정 시점의 현금(cash; C)을 계산하기 위해서 회계등식을 재구분하면,
>
> 현금(C) + 현금을 제외한 자산(A^{-C}) = 부채(L) + 자본(SE)
> 현금계정 비현금계정
> $C = L + SE - A^{-C}$
>
> 최종적으로 일정 회계기간 현금의 변동(ΔC)은 아래와 같이 정리될 수 있다.
>
> $\therefore \underline{\Delta C} = \underline{\Delta L + \Delta SE - \Delta A^{-C}}$
> (결과) ← (원인: 비현금계정의 변동)
>
> 그리고 위 등식을 유동계정과 비유동계정으로 세분하면,
>
> $\therefore \underline{\Delta C} = \underline{\Delta CL + \Delta NCL + \Delta SE - \Delta CA^{-C} - \Delta NCA}$
> (결과) ← (원인: 비현금계정의 변동)

따라서, 현금의 변동(ΔC)은 부채의 변동(ΔL)에 자본의 변동(ΔSE)을 가산하고, 현금을 제외한 자산의 변동(ΔA^{-C})을 차감하여 산출된다. 이를 유동계정과 비유동계정으로 세분하면, 현금의 변동(ΔC)은 유동부채의 변동(ΔCL), 비유동부채의 변동(ΔNCL), 자본의 변동(ΔSE)을 가산하고, 현금을 제외한 유동자산의 변동(ΔCA^{-C}), 비유동자산의 변동(ΔNCA)을 차감하여 산출된다. 일정 회계기간 현금의 변동(증가 또는 감소)이라는 결과는 기초 대차대조표의 기초 현금과 기말 대차디조표의 기말 현금을 비교하면 간단하게 산출될 수 있지만, 현금의 변동이 어떠한 원인 또는 과정으로 이루어졌는지를 파악하기 위해서 일정 회계기간 모든 비현금계정인 현금을 제외한 유동자산·유동부채·비유동자산·비유동부채·자본계정의 변동을 추적·분석한 재무보고서가 현금흐름표 또는 현금기준 재무상태변동표이다. 즉 현금흐름표는 운전자본기준 재무상태변동표에 현금을 제외한 유동자산과 유동부채의 변동을 추가한 재무보고서라고 할 수 있다.

■ 현금흐름정보의 유용성

운전자본기준 재무상태변동표는 재고자산이나 매출채권 등을 포함하는 운전자본을 영업활동의 필수적인 요소로 보는 관점이었으며, 이들이 순환되는 과정에서 이익이 창출되고 지급능력이 확보하게 된다는 측면에서 나름대로 타당성을 지니고 있었다. 그러나 오늘날과 같은 급변하는 경쟁적 기업환경에서 재고자산의 증가(⇐판매부진)는 원가부담을 가져오며 매출채권의 증가(⇐회수지연)는 금융비용을 가중시키기 때문에, 이들 유동자산의 증가로 인한 운전자본의 증가는 가용자금을 증가시키는 요인이 아니라 오히려 가용자금을 압박하는 요인으로 작용하게 된다.

기업실체의 운전자본은 상당히 만족할만한 수준임에도 불구하고 운전자본의 많은 부분이 재고자산이나 매출채권에 묶여 현금으로 회수되지 않음으로 인해서 유동성과 재무건전성이 부족하게 되어 결국은 부도가 발생하게 된다. 또한 실제로는 수익성이 상당히 높음에도 불구하고 현금부족으로 인해서 어려움을 겪을 수도 있고, 그 정도가 심해서 지급불능이나 도산상태에까지 이르게 되는 경우도 있다. 유동성과 재무건전성은 기업실체가 약정기일에 채무약정을 이행할 수 있는 능력이 있는지 여부를 예측하는 데 유용한 정보이다. 유동성(liquidity)은 단기적으로 도래하는 채무약정을 이행할 수 있는 능력을 의미하며, 재무건전성(financial flexibility)은 장기적으로 도래하는 채무약정을 이행할 수 있는 능력을 의미한다. 기업실체가 이러한 채무약정을 이행하는 데 필요한 것은 재고자산이나 매출채권 등을 포함하는 운전자본이 아니라 이들 재고자산이나 매출채권 등이 현금화된 후에 최종적으로 보유하는 현금자원이다.

그리고 유동자산에서 유동부채를 차감한 운전자본은 대차대조표의 항목을 인위적으로 분류하여 만든 자금개념으로, 실제로 다루거나 접할 수 있는 실물이 아니기 때문에 이해하기가 어렵다는 문제점도 있다. 이와 같은 이유로 자금개념으로서의 운전자본은 점차 유용성을 상실하게 되었으며, 또한 발생주의회계에 바탕을 둔 경영성과의 측정수치(이익=수익−비용)를 보완하기 위해서 현금을 새로운 자금개념으로 정의한 현금흐름표 또는 현금기준 재무상태변동표가 기본 재무제표로 등장하게 된 것이다.

간단한 사례(₩60에 매입한 재고자산을 ₩100에 판매한 경우)를 이용하여, [표 7-1]에서 보는 바와 같이 발생주의회계에 바탕을 둔 이익흐름과 운전자본흐름 및 현금흐름(현금주의회계에 바탕을 둔 이익흐름)간의 차이를 살펴봄으로써, 발생주의회계에 바탕을 둔 손익계산서를 보완하기 위해서 현금흐름표가 작성되어야 하는 이유, 나아가서 운전자본기준보다 현금기준이 더 유용한 이유를 설명하고자 한다.

[표 7-1] 이익흐름, 운전자본흐름, 현금흐름간의 차이

	이익흐름	운전자본흐름	현금흐름
Ⓐ	₩100(수익) - ₩60(비용) = ₩40(NI↑)	₩100(현금) - ₩60(매입채무) = ₩40(WC↑)	₩100(수입) - ₩0(지출) = ₩100(C↑)
Ⓑ	₩100(수익) - ₩60(비용) = ₩40(NI↑)	₩100(현금) - ₩60(현금) = ₩40(WC↑)	₩100(수입) - ₩60(지출) = ₩40(C↑)
Ⓒ	₩100(수익) - ₩60(비용) = ₩40(NI↑)	₩100(매출채권) - ₩60(매입채무) = ₩40(WC↑)	₩0(수입) - ₩0(지출) = ₩0(C×)
Ⓓ	₩100(수익) - ₩60(비용) = ₩40(NI↑)	₩100(매출채권) - ₩60(현금) = ₩40(WC↑)	₩0(수입) - ₩60(지출) = - ₩60(C↓)

Ⓐ 외상으로 매입해서 현금으로 판매한 경우
Ⓑ 현금으로 매입해서 현금으로 판매한 경우
Ⓒ 외상으로 매입해서 외상으로 판매한 경우
Ⓓ 현금으로 매입해서 외상으로 판매한 경우

[표 7-1]에서 보는 바와 같이 이익과 운전자본은 Ⓐ · Ⓑ · Ⓒ · Ⓓ 어떠한 경우라도 똑 같이 ₩40이 증가하지만, 현금은 Ⓐ의 경우에는 ₩100이 증가하고 Ⓑ의 경우에는 ₩40이 증가하지만, Ⓒ의 경우에는 변동이 없고 Ⓓ의 경우에는 오히려 ₩60이 감소한다. 따라서 이익흐름과 운전자본흐름은 특수한 경우(장기성 매출채권이나 장기성 매입채무가 발생한 경우)를 제외하고는 일치하게 되어 운전자본에 대한 정보는 추가적인 정보효과가 없지만, 이익흐름과 현금흐름은 일반적으로 일치하지 않아 현금흐름에 대한 정보는 추가적인 정보효과가 있다고 볼 수 있다.

■ 현금흐름표의 기본구조

기업회계기준에 따르면, "현금흐름표는 기업의 현금흐름을 나타내는 표로서 현금의 변동내용을 명확하게 보고하기 위하여 당해 회계기간에 속하는 현금의 유입과 유출내용을 적정하게 표시하여야 한다."라고 규정하고 있다. 이는 현금흐름표에서 현금흐름을 크게 두 가지로 파악하여 표시하도록 규정한 것이다.

첫째로, 현금의 변동내용을 명확하게 보고하기 위하여, 기업의 경영활동의 분류에 따라 현금흐름표는 영업활동 현금흐름, 투자활동 현금흐름, 재무활동 현금흐름의 세 가지로 구분하여 표시하여야 한다. 둘째로, 당해 회계기간에 속하는 현금의 유입과 유출내용을 적정하게 표시하기 위하여, 현금의 유출입 여부에 따라 현금흐름표는 각 경영활동별로 현금유입액과 현금유출액의 두 가지로 구분하여 표시하여야 한다. 따라서 위의 두 분류가 결합된 양식이 현금흐름표의 기본구조라고 할 스 있다.

이러한 현금흐름표의 기본구조는 [표 7-2]와 같이 앞에서 설명한 회계등식을 이용하여 도출된 것이다.

[표 7-2] 회계등식을 이용한 현금흐름표의 기본구조

결과	⇐	원인(현금의 변동내용)								
현금의 변동		비현금계정의 변동								
ΔC	=	ΔCL	+	ΔNCL	+	ΔSE	−	ΔCA^{-c}	−	ΔNCA
현금의 유입(C⇑)	⇐	↑		↑		↑		↓		↓
현금의 유출(C⇓)	⇐	↓		↓		↓		↑		↑

[표 7-2]에서 보는 바와 같이 현금의 유입(C⇑)이라는 결과는 유동부채의 증가(CL↑), 비유동부채의 증가(NCL↑), 자본의 증가(SE↑), 현금을 제외한 유동자산의 감소(CA^{-c}↓), 비유동자산의 감소(NCA↓)와 같은 원인으로 나타나고, 현금의 유출(C⇓)이라는 결과는 유동부채의 감소(CL↓), 비유동부채의 감소(NCL↓), 자본의 감소(SE↓), 현금을 제외한 유동자산의 증가(CA^{-c}↑), 비유동자산의 증가(NCA↑)와 같은 원인으로 나타난다.

현금의 변동을 단순히 현금의 유입과 현금의 유출로만 구분하여 현금흐름표에 표시한다면, 재무제표 이용자들은 기업의 경영활동별로 현금흐름의 실태를 제대로 파악하기 어렵게 된다. 현금흐름이 기업의 여러 가지 다른 경영활동에서 발생되는 상황을 고려하면, 현금흐름의 실태를 그 근원에 따라 구분·표시한 정보를 제공할 필요가 있다. 기업의 경영활동은 재화의 생산·판매, 용역의 제공과 같은 영업활동(operating activities), 생산설비의 취득과 같이 영업활동의 기초가 되는 투자활동(investing activities), 그리고 이를 자금 측면에서 지원하는 재무활동(financing activities)으로 나눌 수가 있다. 따라서 기업의 경영활동을 영업활동·투자활동·재무활동으로 나누어 일정 회계기간의 현금흐름을 분류하고, 이들 활동에 대해 각각 현금유입액과 현금유출액을 대비시켜 현금흐름표를 작성하여야 한다.

▪ 영업활동 현금흐름의 표시방법

현금흐름표에서 첫 번째로 보고되는 것은 영업활동 현금흐름이다. 영업활동 현금흐름은 기업이 내부에서 스스로 창출한 자금으로서, 외부자금의 조달에 의존하지 않고 투자활동과 재무활동에 사용할 수 있는 현금을 어느 정도 획득하였는지를 나타내는 지표가 되므로 매우 중요하다. 이러한 영업활동 현금흐름은 직접법(direct method) 또는 간접법(indirect method)으로 표시할 수 있다.

이러한 직접법과 간접법의 기본원리는 순이익을 측정하는 방법 중에 하나인 거래접근법(또는 손익법)을 이용하여 설명할 수 있다.

> **거래접근법(일정 기간의 경영성과) : 총수익(R) − 총비용(E) = 순이익(NI)**
>
> 먼저 총수익과 총비용을 현금의 수반 여부에 따라 구분하면,
>
> **현금의 유입이 있는 수익(현금수익: C↑R) + 현금의 유입이 없는 수익(비현금수익: C↑̸R) − 현금의 유출이 있는 비용(현금비용: C↓E) − 현금의 유출이 없는 비용(비현금비용: C↓̸E) = 순이익(NI)**
>
> 최종적으로 위 등식은 현금흐름의 관점에서 아래와 같이 정리될 수 있다.
>
> | 직접법 | | 간접법 |
> |---|---|---|
> | C↑R − C↓E ±(추가항목) | = | NI + C↓̸E − C↑̸R ±(추가항목) |

• 간접법

간접법 또는 순이익조정법은 당기순손익에 당기순손익 조정항목인 ① 현금의 유출이 없는 비용(C↓̸E) 등을 가산하고 ② 현금의 유입이 없는 수익(C↑̸R) 등을 차감하며, ③ 영업활동으로 인한 자산·부채의 변동을 가감하여 표시하는 방법을 말한다. ① 현금의 유출이 없는 비용 등에는 현금의 유출이 없는 비용(차손)과 투자활동과 재무활동(영업활동과 무관한 활동)으로 인한 차손이 포함되고, ② 현금의 유입이 없는 수익 등에는 현금의 유입이 없는 수익(차익), 투자활동과 재무활동(영업활동과 무관한 활동)으로 인한 차익이 포함된다. 그리고 ③ 영업활동으로 인한 자산·부채의 변동에는 영업활동과 관련하여 발생한 자산 및 부채의 증가 또는 감소가 포함된다.

• 직접법

직접법은 현금을 수반하여 발생한 수익(현금의 유입이 있는 수익: C↑R) 또는 비용(현금의 유출이 있는 비용: C↓E)항목을 총액으로 표시하되, 현금유입액은 원천별(매출처로부터의 현금유입·기타의 영업활동 현금유입 등)로, 현금유출액은 용도별(매입처 및 종업원 등에 대한 현금유출·법인세 등의 납부·기타의 영업활동 현금유출 등)로 분류하여 표시하는 방법을 말한다. 이러한 직접법은 (1) 손익계산서상의 매출과 매출원가에 현금의 유출·유입이 없는 항목과 재고자산·매출채권·매입채무의

증감을 가감하여 계산하는 방법(계정조정법)과 (2) 현금을 수반하여 발생하는 수익·비용항목을 원천별로 구분하여 직접 계산하는 방법(장부직접법)이 있다.

계정조정법은 손익계산서상의 수익·비용항목에 현금의 유입·유출이 없는 수익·비용과 당해 항목에 관련된 영업활동으로 인한 자산·부채의 변동을 조정하여 계산하는 방법이고, 장부직접법은 기업의 회계장부(회계상의 기초자료: 총계정원장의 현금및현금성자산계정)로부터 직접 중요한 수익·비용항목의 현금유입액과 현금유출액을 추출·계산하는 방법이다.

즉 계정조정법은 간접법과 마찬가지로 이미 작성되어 있는 대차대조표나 손익계산서 등을 분석하면 가능한 방법이고, 장부직접법은 대차대조표나 손익계산서를 작성할 경우와 마찬가지로 회계상의 기초자료를 바탕으로 하여야만 가능한 방법이다. 다만, 계정조정법과 간접법의 차이는 출발점이 다를 뿐이다. 계정조정법에서는 손익계산서의 중간단계인 매출 또는 매출원가 등에서 출발하여 현금의 유입·유출이 없는 수익·비용과 당해 항목에 관련된 영업활동으로 인한 자산·부채의 변동을 조정하여 계산하는 방법이지만, 간접법에서는 손익계산서의 최종단계인 당기순손익에서 출발하여 현금의 유입·유출이 없는 수익·비용 등과 당해 항목에 관련된 영업활동으로 인한 자산·부채의 변동을 조정하여 계산하는 방법이다.

따라서 계정조정법은 형식은 직접법의 범주에 포함되지만 그 실질은 간접법의 범주에 포함된다고 할 수 있다. 한편, 장부직접법으로 작성된 현금흐름표는 대차대조표나 손익계산서와 같은 지위에 있게 되는 것이고, 계정조정법이나 간접법으로 작성된 현금흐름표는 대차대조표나 손익계산서에 종속되는 지위에 있게 된다.

이러한 현금흐름표는 한 회계기간의 현금흐름을 기업의 경영활동별로 구분하여 표시한 재무보고서이기 때문에, 현금흐름표는 총계정원장의 현금및현금성자산계정(현금계정)을 분류·요약한 재무보고서라고 볼 수 있다. 특히, 장부직접법으로 작성된 현금흐름표는 총계정원장의 현금계정을 영업활동 현금흐름(영업현금), 투자활동 현금흐름(투자현금), 재무활동 현금흐름(재무현금)으로 분류·요약한 재무보고서에 불과한 것이다. 따라서 각 활동별 현금유입은 현금계정의 차변에 그리고 각 활동별 현금유출은 현금계정의 대변에 보고된다. 왜냐 하면 현금및현금성자산은 자산계정이므로 현금유입은 자산의 증가를 가져오고 현금유출은 자산의 감소를 가져오기 때문이다. 다음의 현금계정은 현금흐름을 현행 회계기준인 「기업회계기준(제6장 현금흐름표)」에 따라 분류한 것이다.

(차변)			현금및현금성자산		(대변)
기초 현금잔액	**1,000,000**	(설립 자본금)	ⓑ 선급임차료	210,000	(영업현금 유출)
〈 ⓐ 자본금	1,000,000 〉		ⓒ 사무기기	500,000	(투자현금 유출)
ⓔ 장기차입금	300,000	(재무현금 유입)	ⓕ 급 여	520,000	(영업현금 유출)
ⓖ 미수용역수익	200,000	(영업현금 유입)	ⓘ 여비교통비	235,000	(영업현금 유출)
ⓙ 선수용역수익	7,500	(영업현금 유입)	**기말 현금잔액**	**42,500**	(차기이월액)
	1,507,500			1,507,500	

Ⅰ. **영업현금** : －₩210,000(ⓑ)－₩520,000(ⓕ)＋₩200,000(ⓖ)－₩235,000(ⓘ)＋₩7,500(ⓙ)
＝－₩757,500

Ⅱ. **투자현금** : －₩500,000(ⓒ)＝－₩500,000

Ⅲ. **재무현금** : ₩300,000(ⓔ)＝₩300,000

【Ⅳ. 비현금계정을 이용하여 일정기간 현금흐름의 증감 : 원인 분석(Ⅰ＋Ⅱ＋Ⅲ)】

Ⅳ. 현금의 감소(₩957,500) ⇐ Ⅰ. 영업현금(－₩757,500)＋Ⅱ. 투자현금(－₩500,000)
＋Ⅲ. 재무현금(₩300,000)

【Ⅳ. 현금계정을 이용하여 일정기간 현금흐름의 증감 : 결과 확인(Ⅴ : Ⅵ)】

Ⅳ. 현금의 감소(₩957,500) ⇐ Ⅴ. 기초의 현금(₩1,000,000) 〉 Ⅵ. 기말의 현금(₩42,500)

일정 회계기간(20×1년 1월1일~20×1년 12월 31일) 현금의 변동이라는 **결과**(Ⅳ. 현금의 감소 ₩957,000)는 Ⅴ.기초의 현금(₩1,000,000)과 Ⅵ.기말의 현금(₩42,500)을 비교하면 간단하게 산출・확인할 수 있지만, 현금의 변동이 어떠한 **원인** 또는 **과정**으로 이루어졌는지를 파악하기 위해서 일정 회계기간 모든 비현금계정인 현금을 제외한 유동자산・유동부채・비유동자산・비유동부채・자본계정의 변동을 추적・분석하여, 이를 Ⅰ.영업활동 현금흐름(－₩757,500)・Ⅱ.투자활동 현금흐름(－₩500,000)・Ⅲ.재무활동 현금흐름(₩300,000)으로 구분・표시한 재무보고서가 **현금흐름표** 또는 **현금기준 재무상태변동표**이다.

현 금 흐 름 표(직접법)

제1기 20×1년 1월 1일부터 20×1년 12월 31일까지

회사명 : (주)마산컨설팅 (단위 : 원)

과 목	금 액	
Ⅰ. 영업활동 현금흐름		(-)757,500
영업활동 현금유입액		
매출처로부터의 현금유입	207,500[1)]	
영업활동 현금유출액		
매입처 및 종업원에 대한 현금유출	(-)965,000[2)]	
이자 등에 따른 현금흐름		
이자 등 금융비용 지급	0[3)]	
Ⅱ. 투자활동 현금흐름		(-)500,000
투자활동 현금유출액		
사무기기의 취득	(-)500,000	
Ⅲ. 재무활동 현금흐름		300,000
재무활동 현금유입액		
장기차입금의 차입	300,000	
Ⅳ. 현금의 감소(Ⅰ+Ⅱ+Ⅲ)		(-)957,500
Ⅴ. 기초의 현금		1,000,000
Ⅵ. 기말의 현금		42,500

1) 매출처로부터의 현금유입

(1) **계정조정법** : ₩909,600(발생주의 용역수익) − ₩707,100(미수용역수익의 증가) + ₩5,000(선수용역수익의 증가) = ₩207,500(현금주의 용역수익)

(2) **장부직접법** : ₩200,000(미수용역수익의 회수: 분개 ⓖ) + ₩7,500(선수용역수익의 수령: 분개 ⓙ) = ₩207,500

2) 매입처 및 종업원에 대한 현금유출

(1) **계정조정법** : ₩865,200(발생주의 영업비용) − ₩5,200(감가상각비) + ₩105,000(선급임차료의 증가) = ₩965,000(현금주의 영업비용)

(2) **장부직접법** : ₩210,000(선급임차료의 지급: 분개 ⓑ) + ₩520,000(급여의 지급: 분개 ⓕ) + ₩235,000(여비교통비의 지급: 분개 ⓘ) = ₩965,000

3) 이자 등 금융비용 지급

(1) **계정조정법** : ₩7,500(발생주의 이자비용) − ₩7,500(미지급이자비용의 증가)

=₩0(현금주의 이자비용)

(2) **장부직접법 :** ₩0(관련된 거래가 없다)

현 금 흐 름 표(간접법)

제1기 20×1년 1월 1일부터 20×1년 12월 31일까지

회사명 : (주)마산컨설팅 (단위 : 원)

과 목	금 액	
Ⅰ. 영업활동 현금흐름		(-)757,500
당기순이익	36,900	
당기순이익 조정항목		
감가상각비	5,200	
미수용역수익의 증가	(-)707,100	
선급임차료의 증가	(-)105,000	
선수용역수익의 증가	5,000	
미지급이자비용의 증가	7,500	
Ⅱ. 투자활동 현금흐름		(-)500,000
투자활동 현금유출액		
사무기기의 취득	(-)500,000	
Ⅲ. 재무활동 현금흐름		300,000
재무활동 현금유입액		
장기차입금의 차입	300,000	
Ⅳ. 현금의 감소(Ⅰ+Ⅱ+Ⅲ)		(-)975,500
Ⅴ. 기초의 현금		1,000,000
Ⅵ. 기말의 현금		42,500

위의 현금흐름표에서 보는 바와 같이 당기순이익은 ₩36,900이 발생하였지만, 영업활동 현금흐름은 ₩757,500이 감소하였다. 이는 **발생주의**를 인식기준으로 하면 ₩36,900의 당기순이익이 발생하였지만, **현금주의**를 인식기준으로 하면 오히려 ₩757,500의 당기순손실이 발생하였다는 것이다. 즉 영업활동으로 인하여 현금이 증가하였다면 현금주의를 인식기준으로 한 당기순이익이 발생하였다는 것이고, 영업활동으로 인하여 현금이 감소하였다면 현금주의를 인식기준으로 한 당기순손실이 발생하였다는 것이다. 따라서 영업활동 현금흐름은 현금주의를 인식기준으로 한 당기순손익과 같다고 볼 수 있다.

2] 공개초안에 따른 현금흐름표의 작성

한국회계기준원(KAI) 회계기준위원회(KASB)가 2003년 7월에 발표한 「기업회계기준서 공개초안 제03-16.2호」 '재무제표의 작성과 표시Ⅱ(현금흐름표)'에 따라 현금흐름표를 작성하면 다음과 같다.

현 금 흐 름 표(직접법)

제1기 20×1년 1월 1일부터 20×1년 12월 31일까지

회사명 : (주)마산컨설팅 (단위 : 원)

과 목	금 액	
Ⅰ. 영업활동 현금흐름		(-)757,500
영업활동 현금유입액		
매출처로부터의 현금유입	207,500	
영업활동 현금유출액		
매입처 및 종업원에 대한 현금유출	(-)965,000	
Ⅱ. 투자활동 현금흐름		(-)500,000
투자활동 현금유출액		
사무기기의 취득	(-)500,000	
Ⅲ. 재무활동 현금흐름		300,000
재무활동 현금유입액		
장기차입금의 차입	300,000	
Ⅳ. 현금의 감소(Ⅰ+Ⅱ+Ⅲ)		(-)957,500
Ⅴ. 기초의 현금		1,000,000
Ⅵ. 기말의 현금		42,500

현 금 흐 름 표(간접법)

제1기 20×1년 1월 1일부터 20×1년 12월 31일까지

회사명 : (주)마산컨설팅 (단위 : 원)

과 목	금 액	
Ⅰ. 영업활동 현금흐름		(-)757,500
당기순이익	36,900	
당기순이익 조정항목		
감가상각비	5,200	
이자비용	7,500	
미수용역수익의 증가	(-)707,100	
선급임차료의 증가	(-)105,000	
선수용역수익의 증가	5,000	

7. 장부의 마감분개 및 전기

장부의 마감(closing the books)이란 회계연도 말에 수익계정과 비용계정의 잔액을 집합손익계정을 매개수단으로 하여 미처분이익잉여금계정으로 대체함으로써 수익계정과 비용계정의 잔액을 '0'으로 만들어 폐쇄시키는 것이다. 이렇게 함으로써 자산계정, 부채계정 및 자본계정만 총계정원장에 열려있게 된다. 회계장부는 분개장과 총계정원장으로 구분되며, 분개장은 기중에 발생한 회계적 사건(거래)이 끝난 일자에서 일단 마감을 하고, 그리고 기말에 수정사항에 대한 분개와 손익계산서계정에 대한 마감분개를 한 다음에 최종적으로 마감된다.

마감대상이 되는 주된 장부는 총계정원장이다. 총계정원장은 대차대조표계정과 손익계산서계정으로 구성되어 있으므로 회계장부의 마감을 계정의 마감이라고도 한다. 이러한 계정들은 먼저 손익계산서계정을 마감하고 이어서 대차대조표계정을 마감한다.

1] 손익계산서계정의 마감

손익계산서계정의 마감 과정은 마감분개 및 전기라는 수단을 통하여 이루어진다. 마감분개(closing entries)는 회계기간 중에 실제 발생한 회계적 사건을 기록하기 위한 것이 아니고 회계연도 말의 결산시에 계정간 대체를 기록하기 위하여 사용되는 절차이다. 그러나 생략할 수 없는 필수적인 단계로서 실제 발생한 회계적 사건과 마찬가치로 분개장에 기록하고 총계정원장의 해당 계정에 전기하는 절차를 거치게 된다.

명목계정 또는 임시계정이라 불리는 손익계산서계정(수익・비용계정)은 특정 회계연도에만 존재하는 계정으로, 결산기말에 마감되어 다음 회계연도(차기)로 이월되지 않고 당해 회계연도(당기)에만 일시적으로 존재하는 계정이다. 이러한 손익계산서계정은 일정기간마다 그 기간에 발생한 수익과 비용을 집계해서 당해 기간에 귀속시킴으로써 경영성과를 평가할 수 있도록 하기 위하여 마감이 필요한 것이다. 따라서 총계정원장에 추가로 집합손익계정을 설정하여, 모든 수익계정의 잔액을 집합손익계정의 대변에 대체시키고, 모든 비용계정의 잔액을 집합손익계정의 차변에 대체시키는 마감분개 및 전기를 한다. 그리고 집합손익계정의 잔액(대변에 잔액이 발생하면 당기순이익, 차변에 잔액이 발생하면 당기순손실)을 자본계정인 미처분이익잉여금계정으로 대체시키는 마감분개 및 전기를 한다.

마감분개 및 전기

거래번호	차 변		대 변	
㉠	용역수익	909,600	집합손익	909,600
㉡	집합손익	520,000	급 여	520,000
	집합손익	235,000	여비교통비	235,000
	집합손익	105,000	임차료	105,000
	집합손익	5,200	감가상각비	5,200
	집합손익	7,500	이자비용	7,500
㉢	집합손익	36,900	미처분이익잉여금	36,900

총계정원장 : 일부 계정

미처분이익잉여금

(차)			(대)
		㉢ 집합손익	**36,900**

용역수익

(차)			(대)
㉠ 집합손익	**909,600**	ⓓ 미수용역수익	314,100
		ⓗ 미수용역수익	590,000
		③ 선수용역수익	2,500
		④ 미수용역수익	3,000
	909,600		909,600

급 여

(차)			(대)
ⓕ 현 금	520,000	㉡ 집합손익	**520,000**
	520,000		520,000

집합손익

(차)			(대)
㉡ 급 여	520,000	㉠ 용역수익	909,600
㉡ 여비교통비	235,000		
㉡ 임차료	105,000		
㉡ 감가상각비	5,200		
㉡ 이자비용	7,500		
㉢ 미처분이익잉여금	**36,900**		
	909,600		909,600

2] 대차대조표계정의 마감

실질계정 또는 영구계정으로 불리는 대차대조표계정(자산 · 부채 · 자본계정)은 당해 회계연도(당기)뿐만 아니라 다음 회계연도(차기)에도 관련되어 실제로 존재하는 계정으로, 매 결산기말에 잔액이 남아 있으면 다음 회계연도로 계속 이월되어 영구히 존재하게 되는 계정이다. 따라서 대차대조표계정의 마감은 일반적으로 이월기입의 형태로 이루어진다. 이월기입이란 자산 · 부채 · 자본계정의 잔액을 다음 회계연도로 이월시키는 기입이다. 이들 계정은 당해 회계연도에 유효한 계정일 뿐만 아니라 다음 회계연도에도 유효한 계정이므로, 이들 계정의 잔액을 다음 회계연도의 영업개시일에 기초가 되는 잔액으로 이월시킨다.

자산계정은 차변에 잔액이 남게 되므로, 이 잔액을 자산계정의 대변에 차기이월(次期移越)로 기록하여 차변합계금액과 대변합계금액을 일치시킨다. 반면 자산에 대한 차감계정(예를 들면, 감가상각누계액계정)은 대변에 잔액이 남게 되므로, 이 잔액을 자산에 대한 차감계정의 차변에 차기이월로 기록하여 차변합계금액과 대변합계금액을 일치시킨다. 또한 부채계정과 자본계정은 대변에 잔액이 남게 되므로, 이 잔액을 부채계정과 자본계정의 차변에 차기이월로 기록하여 차변합계금액과 대변합계금액을 일치시킨다. 반면 부채에 대한 차감계정(예를 들면, 사채할인발행차금계정)과 자본에 대한 차감계정(예를 들면, 자기주식계정)은 차변에 잔액이 남게 되므로, 이 잔액을 부채에 대한 차감계정과 자본에 대한 차감계정의 대변에 차기이월로 기록하여 차변합계금액과 대변합계금액을 일치시킨다. 마지막으로 다음 회계연도의 영업개시일에는 차기이월이 기록된 반대편에 이월된 잔액을 전기이월(前期移越)로 기록한다.

총계정원장 : 일부 계정

(차)		현 금	(대)
ⓐ 자본금	1,000,000	ⓑ 선급임차료	210,000
ⓔ 장기차입금	300,000	ⓒ 사무기기	500,000
ⓖ 미수용역수익	200,000	ⓕ 급 여	520,000
ⓙ 선수용역수익	7,500	ⓘ 여비교통비	235,000
		차기이월	**42,500**
	1,507,500		1,507,500
전기이월	42,500		

(차)	감가상각누계액		(대)
차기이월	**5,200**	② 감가상각비	5,200
	5,200		5,200
		전기이월	5,200

(차)	선수용역수익		(대)
③ 용역수익	2,500	ⓙ 현 금	7,500
차기이월	**5,000**		
	7,500		7,500
		전기이월	5,000

(차)	미처분이익잉여금		(대)
차기이월	**36,900**	**ⓒ 집합손익**	**36,900**
	36,900		36,900
		전기이월	36,900

8. 마감후(이월) 잔액시산표의 작성

마감후 잔액시산표에는 실질계정인 자산 · 부채 · 자본계정만이 기재되고 명목계정인 수익 · 비용계정은 제외된다. 왜냐 하면, 모든 수익 · 비용계정은 이미 집합손익계정으로 대체되었고, 수익 · 비용의 차이인 당기순손익은 자본계정인 미처분이익잉여금계정으로 대체되어 대차대조표계정이 되었기 때문이다. 따라서 마감후 잔액시산표는 대차대조표와 동일한 것이라고 할 수 있으므로 작성되지 않는 경우가 많다. 즉 마감후 잔액시산표의 작성은 선택적이다.

마감후 잔액시산표는 손익계산서계정이 적절하게 집합손익계정에 대체되었는지, 즉 마감분개가 적절히 이루어졌는지를 검토하기 위해서 작성되는 것이다. 당기순손익이 미처분이익잉여금계정에 대체되어 마감후 잔액시산표를 작성한다면 복식부기의 원리(대차평형의 원리)에 따라 대차(貸借)가 당연히 일치되어야 할 것이다. 한편, 마감후 잔액시산표가 다음 회계연도의 영업개시일인 20×2년 1월 1일을 시점으로 하여 작성하게 되면 이른바 이월 잔액시산표가 되는 것이다.

마감후(이월)잔액시산표

20×1년 12월 31일 현재

회사명 : (주)마산컨설팅 (단위 : 원)

차 변	금 액	대 변	금 액
현 금	42,500	선수용역수익	5,000
미수용역수익	707,100	미지급이자비용	7,500
선급임차료	105,000	장기차입금	300,000
사무기기	500,000	감가상각누계액	5,200
		보통주자본금	1,000,000
		미처분이익잉여금	36,900
합 계	1,354,600	합 계	1,354,600

제2절 • 20×2회계연도(제2기) 재무제표 작성과정

※ (주)마산컨설팅의 20×2회계연도에 발생한 기중거래는 다음과 같다.

거래 ㉮ : 20×2년 3월 21일에 열린 주주총회에서 제1기 이익잉여금처분계산서(안)의 처분내역(현금배당 ₩10,000, 법정적립금 ₩1,200)이 수정 없이 그대로 결의 · 확정되다.

거래 ⓐ : ㈜경남과 ㈜김해로부터 전기에 경영자문용역을 제공하고 받지 못한 용역수수료(미수용역수익) ₩114,100과 ₩3,000을 현금으로 받다.

거래 ⓑ : 장기차입금에 대한 전기 이자비용(미지급이자비용) ₩7,500을 현금으로 지급하다.

거래 ⓒ : ㈜창원으로부터 전기에 경영자문용역을 제공하고 받지 못한 용역수수료(미수용역수익) ₩590,000을 현금으로 받다.

거래 ⓓ : 미지급배당금 ₩10,000을 현금으로 지급하다.

거래 ⓔ : ㈜진해에 경영자문용역을 제공하고, 전기에 미리 받은 용역수수료(선수용역수익) ₩5,000을 제외한 나머지 ₩695,000은 외상으로 하다.

거래 ⓕ : 이사회에서 보통주에 대한 중간배당금으로 현금 ₩15,000(주당 액면배당률: 1.5%)을 결의하고, 이를 바로 현금으로 지급하다.

거래 ⓖ : 10월 1일에 보통주 100주(주당 액면금액: ₩5,000)를 주당 ₩7,000으로 할증발행하다. 그리고 주식발행비 ₩14,000을 현금으로 지급하다.

거래 ⓗ : ㈜진주에 현금 ₩250,000을 1년 동안 대여하다.

거래 ⓘ : 단기간 내의 매매차익을 목적으로 시장성 있는 주식을 ₩400,000에 취득하다.

거래 ⓙ : 장기차입금에 대한 당기 이자비용 ₩30,000을 현금으로 지급하다.

1. 분 개 : 기중거래를 분개장에 기록

거래번호	차 변		대 변	
㉮	미처분이익잉여금	11,200	미지급배당금 법정적립금	10,000 1,200
ⓐ	현 금	117,100	미수용역수익	117,100
ⓑ	미지급이자비용	7,500	현 금	7,500
ⓒ	현 금	590,000	미수용역수익	590,000
ⓓ	미지급배당금	10,000	현 금	10,000
ⓔ	선수용역수익 미수용역수익	5,000 695,000	용역수익	700,000
ⓕ	미처분이익잉여금 중간배당금	15,000 15,000	중간배당금 현 금	15,000 15,000
ⓖ	현 금	686,000	보통주자본금 주식발행초과금	500,000 186,000
ⓗ	단기대여금	250,000	현 금	250,000
ⓘ	단기매매증권	400,000	현 금	400,000
ⓙ	이자비용	30,000	현 금	30,000

2. 전 기 : 기중분개를 총계정원장의 해당 계정에 분류

(차)	현	금	(대)
전기이월	42,500	ⓑ 미지급이자비용	7,500
ⓐ 미수용역수익	117,100	ⓓ 미지급배당금	10,000
ⓒ 미수용역수익	590,000	ⓕ 중간배당금	15,000
ⓖ 자본금	500,000	ⓗ 단기대여금	250,000
ⓖ 주식발행초과금	186,000	ⓘ 단기매매증권	400,000
		ⓙ 이자비용	30,000
		잔액(차)	**723,100**

(차)	미수용역수익		(대)
전기이월	707,100	ⓐ 현 금	117,100
ⓔ 용역수익	695,000	ⓒ 현 금	590,000
		잔액(차)	**695,000**

선수용역수익

(차)		(대)	
ⓔ 선수용역수익	5,000	전기이월	5,000
잔액(대)	**0**		

미지급이자비용

(차)		(대)	
ⓑ 현 금	7,500	전기이월	7,500
잔액(대)	**0**		

보통주자본금

(차)		(대)	
잔액(대)	**1,500,000**	전기이월	1,000,000
		ⓖ 현 금	500,000

법정적립금

(차)		(대)	
잔액(대)	**1,200**	㉮ 미처분이익잉여금	1,200

미처분이익잉여금

(차)		(대)	
㉮ 미지급배당금	10,000	전기이월	36,900
㉮ 법정적립금	1,200		
ⓕ 중간배당금	15,000		
잔액(대)	**10,700**		

용역수익

(차)		(대)	
잔액(대)	**700,000**	ⓔ 선수용역수익	5,000
		ⓔ 미수용역수익	695,000

이자비용

(차)		(대)	
ⓙ 현 금	30,000	**잔액(차)**	**30,000**

3. 수정전 잔액시산표의 작성 : 총계정원장의 각 계정잔액을 요약

수정전잔액시산표

20×2년 12월 31일 현재

회사명 : (주)마산컨설팅 (단위 : 원)

차 변	금 액	대 변	금 액
현 금	723,100	장기차입금	300,000
단기매매증권	400,000	감가상각누계액	5,200
미수용역수익	695,000	보통주자본금	1,500,000
단기대여금	250,000	주식발행초과금	186,000
선급임차료	105,000	법정적립금	1,200
사무기기	500,000	미처분이익잉여금	10,700
이자비용	30,000	용역수익	700,000
합 계	2,703,100	합 계	2,703,100

※ (주)마산컨설팅의 20×2년 12월 31일(B/S일) 현재 수정사항 및 B/S일 후에 이사회에서 승인한 이익잉여금의 처분내역은 다음과 같다. 단, 법인세효과는 고려하지 않는다.

거래 ① : 선급임차료 중에 당기 임차료는 ₩105,000이다.

거래 ② : 사무기기에 대한 당기 감가상각비는 ₩20,800이다.

거래 ③ : 종업원에 대한 당기 급여 ₩370,000이 발생하였으나, 기말 현재 아직 지급하지 않고 있다.

거래 ④ : 단기대여금에 대한 당기 이자수익 ₩2,500이 발생하였으나, 기말 현재 아직 받지 못하고 있다.

거래 ⑤ : 기말 현재 단기매매증권(시장성 있는 주식)의 공정가치는 ₩444,000이다.

거래 ⑥ : 이사회에서 보통주에 대한 연차배당금으로 현금 ₩67,500(주당 액면배당률: 6%)의 지급 및 법정적립금 ₩11,100과 임의적립금 ₩6,900의 적립을 승인하다.

4. 기말 수정분개 및 전기

1] 수정분개: 기말 수정사항을 분개장에 기록

거래번호	차 변		대 변	
①	임차료	105,000	선급임차료	105,000
②	감가상각비	20,800	감가상각누계액	20,800
③	급 여	370,000	미지급급여	370,000
④	미수이자수익	2,500	이자수익	2,500
⑤	단기매매증권	44,000	단기매매증권평가이익	44,000
⑥	〈분개 없음〉			

2] 전 기: 수정분개를 총계정원장의 해당 계정에 분류

단기매매증권

(차)		(대)	
ⓘ 현 금	400,000	**잔액(차)**	**444,000**
⑤ 단기매매증권평가이익	44,000		

감가상각누계액

(차)		(대)	
잔액(대)	**26,000**	전기이월	5,200
		② 감가상각비	20,800

5. 수정후 잔액시산표의 작성 : 총계정원장의 각 계정잔액을 재요약

수정후잔액시산표

20×2년 12월 31일 현재

회사명 : (주)마산컨설팅 (단위 : 원)

차 변	금 액	대 변	금 액
현 금	723,100	미지급급여	370,000
단기매매증권	444,000	장기차입금	300,000
미수용역수익	695,000	감가상각누계액	26,000
단기대여금	250,000	보통주자본금	1,500,000
미수이자수익	2,500	주식발행초과금	186,000
사무기기	500,000	법정적립금	1,200
급 여	370,000	미처분이익잉여금	10,700
임차료	105,000	용역수익	700,000
감가상각비	20,800	이자수익	2,500
이자비용	30,000	단기매매증권평가이익	44,000
합 계	3,140,400	합 계	3,140,400

6. 재무제표의 작성

1] 현행 회계기준에 따른 재무제표의 작성

한국회계기준원(KAI) 회계기준위원회(KASB)가 2006년 2월에 제정한 「기업회계기준서 제21호」 '재무제표의 작성과 표시 I'과 1998년 4월에 제정(최종 개정; 2006년 2월)한 「기업회계기준(제6장 현금흐름표)」에 따라 재무제표를 작성하면 다음과 같다.

손익계산서

제2기 20×2년 1월 1일부터 20×2년 12월 31일까지

회사명 : (주)마산컨설팅 (단위 : 원)

과 목	금 액	
I. 영업수익		700,000
용역수익	700,000	
II. 영업비용		495,800
급 여	370,000	
임차료	105,000	
감가상각비	20,800	
III. 영업이익		204,200
IV. 영업외수익		46,500
이자수익	2,500	
단기매매증권평가이익	44,000	
V. 영업외비용		30,000
이자비용	30,000	
VI. 법인세비용차감전순이익(당기순이익)		220,700
VII. 주당이익		
기본주당순이익		981원

기본주당순이익 : ₩220,700(당기순이익)/225주(가중평균유통보통주식수) ≒ ₩981
가중평균유통보통주식수 : (200주 × 273일 + 300주 × 92일)/365일 ≒ 225주

이익잉여금처분계산서(안)

제2기 20×2년 1월 1일부터 20×2년 12월 31일까지

처분예정일 20×3년 3월 20일

회사명 : (주)마산컨설팅 (단위 : 원)

구 분	금 액	
Ⅰ. 미처분이익잉여금		231,400
전기이월미처분이익잉여금	25,700	
중간배당액	(-)15,000	
당기순이익	220,700	
Ⅱ. 임의적립금 등의 이입액		–
합 계		231,400
Ⅲ. 이익잉여금처분액		85,500
법정적립금	11,100	
임의적립금	6,900	
배당금※		
현금배당	67,500	
주당배당금(률) : 300원(6%)		
Ⅳ. 차기이월미처분이익잉여금		145,900

※ 이익배당은 출자일수비례배당의 원칙에 따라 구주의 경우에는 당연히 회계연도 개시일을 배당기산일로 하지만, 회계연도의 중간에 신주를 발행한 경우에는 주금납일기일을 배당기산일로 하여야 한다.

배당금(구주) : ₩5,000(주당액면금액)×6%(액면배당률)×200주(배당을 받을 보통주식수)×365일/365일 = ₩60,000

배당금(신주) : ₩5,000(주당액면금액)×6%(액면배당률)×100주(배당을 받을 보통주식수)×92일/365일 ≒ ₩7,500

상법 제462조의3(중간배당)에서는 연 1회의 결산기를 정한 회사는 영업연도 중 1회에 한하여 이사회의 결의로 일정한 날을 정하여 그 날의 주주에 대하여 금전으로 이익을 배당할 수 있도록 규정하고 있는데, 이러한 배당을 중간배당이라고 한다. 따라서 중간배당은 주주총회의 결의를 필요로 하지 않으며, 현금배당만 할 수 있고 주식배당은 불가능하다. 또한 중간배당은 당해 연도의 경영성과에 대한 배당이 아니라 과거 연도의 이익잉여금에 대한 배당으로 보아야 한다. 이에 따라 중간배당은 연차배당(또는 기말배당)과 달리 이익잉여금처분계산서(안)에는 미처분이익잉여금란의 전기이월미처분이익잉여금에서 차감하는 형식으로 표시한다. 그러나 연차배당의 재원은 당해 회계연도의 배당가능이익이므로 이익잉여금처분계산서(안)에는 이익잉여금처분액란에서 차감하는 형식으로 표시한다.

대차대조표

제2기 20×2년 12월 31일 현재

회사명 : (주)마산컨설팅 (단위 : 원)

과 목	금 액	
자 산		
Ⅰ. 유동자산		2,114,600
현금및현금성자산	723,100	
단기매매증권	444,000	
미수용역수익	695,000	
단기대여금	250,000	
미수이자수익	2,500	
Ⅱ. 비유동자산		474,000
사무기기	500,000	
감가상각누계액	(-)26,000	
자 산 총 계		2,588,600
부 채		
Ⅰ. 유동부채		370,000
미지급급여	370,000	
Ⅱ. 비유동부채		300,000
장기차입금	300,000	
부 채 총 계		670,000
자 본		
Ⅰ. 자본금		1,500,000
보통주자본금	1,500,000	
Ⅱ. 자본잉여금		186,000
주식발행초과금	186,000	
Ⅲ. 자본조정		—
Ⅳ. 기타포괄손익누계액		—
Ⅴ. 이익잉여금		232,600
법정적립금	1,200	
임의적립금	—	
미처분이익잉여금	231,400	
자 본 총 계		1,918,600
부 채 및 자 본 총 계		2,588,600

자 본 변 동 표

제2기 20×2년 1월 1일부터 20×2년 12월 31일까지

회사명 : (주)마산컨설팅 (단위 : 원)

구 분	금 액	
Ⅰ. 자본금		1,500,000
기초(보고금액)	1,000,000	
유상증자	500,000	
기 말	1,500,000	
Ⅱ. 자본잉여금		186,000
기초(보고금액)	0	
유상증자	186,000	
기 말	186,000	
Ⅲ. 자본조정		–
Ⅳ. 기타포괄손익누계액		–
Ⅴ. 이익잉여금		232,600
기초(보고금액)	36,900	
회계정책변경 누적효과	–	
전기오류수정	–	
수정후 이익잉여금	36,900	
연차배당	(-)10,000	
처분후 이익잉여금	26,900	
중간배당	(-)15,000	
당기순이익	220,700	
기 말	232,600	
자본 총계		1,918,600

현 금 흐 름 표(직접법)

제2기 20×2년 1월 1일부터 20×2년 12월 31일까지

회사명 : (주)마산컨설팅 (단위 : 원)

과 목	금 액	
Ⅰ. 영업활동 현금흐름		669,600
영업활동 현금유입액		
매출처로부터의 현금유입	707,100[1)]	
영업활동 현금유출액		
매입처 및 종업원에 대한 현금유출	0[2)]	
이자 등에 따른 현금흐름		
이자와 배당에 다른 현금유입	0[3)]	
이자 등 금융비용 지급	(-)37,500[4)]	
Ⅱ. 투자활동 현금흐름		(-)650,000
투자활동 현금유출액		
현금의 단기대여	(-)250,000	

단기매매증권의 취득	(-)400,000	
Ⅲ. 재무활동 현금흐름		661,000
재무활동 현금유입액		
보통주의 발행	686,000	
재무활동 현금유출액		
전기 연차배당금의 지급	(-)10,000	
중간배당금의 지급	(-)15,000	
Ⅳ. 현금의 증가(Ⅰ + Ⅱ + Ⅲ)		680,600
Ⅴ. 기초의 현금		42,500
Ⅵ. 기말의 현금		723,100

1) 매출처로부터의 현금유입

(1) **계정조정법 :** ₩700,000(발생주의 용역수익) + ₩12,100(미수용역수익의 감소) − ₩5,000(선수용역수익의 감소) = ₩707,100(현금주의 용역수익)

(2) **장부직접법 :** ₩117,100(미수용역수익의 회수: 분개 ⓐ) + ₩590,000(미수용역수익의 회수: 분개 ⓒ) = ₩707,100

2) 매입처 및 종업원에 대한 현금유출

(1) **계정조정법 :** ₩495,800(발생주의 영업비용) − ₩20,800(감가상각비) − ₩370,000(미지급급여의 증가) − ₩105,000(선급임차료의 감소) = ₩0(현금주의 영업비용)

(2) **장부직접법 :** ₩0(관련된 거래가 없다)

3) 이자와 배당에 따른 현금유입

(1) **계정조정법 :** ₩2,500(발생주의 이자수익) − ₩2,500(미수이자수익의 증가) = ₩0(현금주의 이자수익)

(2) **장부직접법 :** ₩0(관련된 거래가 없다)

4) 이자 등 금융비용 지급

(1) **계정조정법 :** ₩30,000(발생주의 이자비용) + ₩7,500(미지급이자비용의 감소) = ₩37,500(현금주의 이자비용)

(2) **장부직접법 :** ₩7,500(미지급이자비용의 지급: 분개 ⓑ) + ₩30,000(이자비용의 지급: 분개 ⓙ) = ₩37,500

다음의 현금계정은 현금흐름을 현행 회계기준인 「기업회계기준(제6장 현금흐름표)」에 따라 분류한 것이다.

(차변)			현금및현금성자산		(대변)
기초 현금잔액	**42,500**	(전기이월액)	ⓑ 미지급이자비용	7,500	(영업현금 유출)
ⓐ 미수용역수익	117,100	(영업현금 유입)	ⓓ 미지급배당금	10,000	(재무현금 유출)
ⓒ 미수용역수익	590,000	(영업현금 유입)	ⓕ 중간배당금	15,000	(재무현금 유출)
ⓖ 자본금	500,000	(재무현금 유입)	ⓗ 단기대여금	250,000	(투자현금 유출)
ⓖ 주식발행초과금	186,000	(재무현금 유입)	ⓘ 단기매매증권	400,000	(투자현금 유출)
			ⓙ 이자비용	30,000	(영업현금 유출)
			기말 현금잔액	**723,100**	(차기이월액)
	1,435,600			1,435,600	

Ⅰ. 영업현금 : ₩117,100(ⓐ) − ₩7,500(ⓑ) + ₩590,000(ⓒ) − ₩30,000(ⓙ) = ₩669,600

Ⅱ. 투자현금 : − ₩250,000(ⓗ) − ₩400,000(ⓘ) = − ₩650,000

Ⅲ. 재무현금 : ₩500,000(ⓖ) + ₩186,000(ⓖ) − ₩10,000(ⓓ) − ₩15,000(ⓕ) = ₩661,000

【Ⅳ. 비현금계정을 이용하여 일정기간 현금흐름의 증감 : 원인 분석(Ⅰ + Ⅱ + Ⅲ)】

Ⅳ. 현금의 증가(₩680,600) ⇐ Ⅰ. 영업현금(₩669,600) + Ⅱ. 투자현금(− ₩650,000) + Ⅲ. 재무현금(₩661,000)

【Ⅳ. 현금계정을 이용하여 일정기간 현금흐름의 증감 : 결과 확인(Ⅴ : Ⅵ)】

Ⅳ. 현금의 증가(₩680,600) ⇐ Ⅴ. 기초의 현금(₩42,500) 〈 Ⅵ. 기말의 현금(₩723,100)

현 금 흐 름 표(간접법)

제2기 20×2년 1월 1일부터 20×2년 12월 31일까지

회사명 : (주)마산컨설팅 (단위 : 원)

과 목	금 액	
Ⅰ. 영업활동 현금흐름		669,600
당기순이익	220,700	
당기순이익 조정항목		
감가상각비	20,800	
단기매매증권평가이익	(−)44,000	
미수용역수익의 감소	12,100	
선급임차료의 감소	105,000	

미수이자수익의 증가	(-)2,500	
선수용역수익의 감소	(-)5,000	
미지급급여의 증가	370,000	
미지급이자비용의 감소	(-)7,500	
Ⅱ. 투자활동 현금흐름		(-)650,000
투자활동 현금유출액		
현금의 단기대여	(-)250,000	
단기매매증권의 취득	(-)400,000	
Ⅲ. 재무활동 현금흐름		661,000
재무활동 현금유입액		
보통주의 발행	686,000	
재무활동 현금유출액		
전기 연차배당금의 지급	(-)10,000	
중간배당금의 지급	(-)15,000	
Ⅳ. 현금의 증가(Ⅰ+Ⅱ+Ⅲ)		680,600
Ⅴ. 기초의 현금		42,500
Ⅵ. 기말의 현금		723,100

2] 공개초안에 따른 현금흐름표의 작성

한국회계기준원(KAI) 회계기준위원회(KASB)가 2003년 7월에 발표한 「기업회계기준서 공개초안 제03-16.2호」 '재무제표의 작성과 표시Ⅱ(현금흐름표)'에 따라 현금흐름표를 작성하면 다음과 같다.

현 금 흐 름 표(직접법)

제2기 20×2년 1월 1일부터 20×2년 12월 31일까지

회사명 : (주)마산컨설팅 (단위 : 원)

과 목	금 액	
Ⅰ. 영업활동 현금흐름		707,100
영업활동 현금유입액		
매출처로부터의 현금유입	707,100	
영업활동 현금유출액		
매입처 및 종업원에 대한 현금유출	0	
Ⅱ. 투자활동 현금흐름		–
Ⅲ. 재무활동 현금흐름		(-)26,500
재무활동 현금유입액		
보통주의 발행	686,000	
재무활동 현금유출액		
현금의 단기대여	(-)250,000	

단기매매증권의 취득	(-)400,000	
이자 등 금융비용의 지급	(-)37,500	
전기 연차배당금의 지급	(-)10,000	
중간배당금의 지급	(-)15,000	
Ⅳ. 현금의 증가(Ⅰ+Ⅱ+Ⅲ)		680,600
Ⅴ. 기초의 현금		42,500
Ⅵ. 기말의 현금		723,100

다음의 현금계정은 현금흐름을「기업회계기준서 공개초안 제03-16.2호」'재무제표의 작성과 표시Ⅱ(현금흐름표)'에 따라 분류한 것이다.

현금및현금성자산

(차변)			(대변)		
기초 현금잔액	**42,500**	(전기이월액)	ⓑ 미지급이자비용	7,500	(재무현금 유출)
ⓐ 미수용역수익	117,100	(영업현금 유입)	ⓓ 미지급배당금	10,000	(재무현금 유출)
ⓒ 미수용역수익	590,000	(영업현금 유입)	ⓕ 중간배당금	15,000	(재무현금 유출)
ⓖ 자본금	500,000	(재무현금 유입)	ⓗ 단기대여금	250,000	(재무현금 유출)
ⓖ 주식발행초과금	186,000	(재무현금 유입)	ⓘ 단기매매증권	400,000	(재무현금 유출)
			ⓙ 이자비용	30,000	(재무현금 유출)
			기말 현금잔액	**723,100**	(차기이월액)
	1,435,600			1,435,600	

Ⅰ. 영업현금 : ₩117,100(ⓐ) + ₩590,000(ⓒ) = ₩707,100

Ⅱ. 투자현금 : ₩0

Ⅲ. 재무현금 : ₩500,000(ⓖ) + ₩186,000(ⓖ) − ₩7,500(ⓑ) − ₩10,000(ⓓ) − ₩15,000(ⓕ)
− ₩250,000(ⓗ) − ₩400,000(ⓘ) − ₩30,000(ⓙ) = − ₩26,500

【Ⅳ. 비현금계정을 이용하여 일정기간 현금흐름의 증감 : 원인 분석(Ⅰ+Ⅱ+Ⅲ)】

Ⅳ. 현금의 증가(₩680,600) ⇐ Ⅰ. 영업현금(₩707,100) + Ⅱ. 투자현금(₩0) + Ⅲ. 재무현금(−₩26,500)

【Ⅳ. 현금계정을 이용하여 일정기간 현금흐름의 증감 : 결과 확인(Ⅴ : Ⅵ)】

Ⅳ. 현금의 증가(₩680,600) ⇐ Ⅴ. 기초의 현금(₩42,500) 〈 Ⅵ. 기말의 현금(₩723,100)

현 금 흐 름 표(간접법)

제2기 20×2년 1월 1일부터 20×2년 12월 31일까지

회사명 : (주)마산컨설팅 (단위 : 원)

과 목	금 액	
Ⅰ. 영업활동 현금흐름		707,100
당기순이익	220,700	
당기순이익 조정항목		
감가상각비	20,800	
이자수익	(−)2,500	
이자비용	30,000	
단기매매증권평가이익	(−)44,000	
미수용역수익의 감소	12,100	
선급임차료의 감소	105,000	
선수용역수익의 감소	(−)5,000	
미지급급여의 증가	370,000	

7. 장부의 마감분개 및 전기

1] 손익계산서계정의 마감

마감분개 및 전기

거래번호	차 변		대 변	
㉠	용역수익	700,000	집합손익	700,000
	이자수익	2,500	집합손익	2,500
	단기매매증권평가이익	44,000	집합손익	44,000
㉡	집합손익	370,000	급 여	370,000
	집합손익	105,000	임차료	105,000
	집합손익	20,800	감가상각비	20,800
	집합손익	30,000	이자비용	30,000
㉢	집합손익	220,700	미처분이익잉여금	220,700

총계정원장 : 일부 계정

(차) 미처분이익잉여금 (대)

차변		대변	
㉮ 미지급배당금	10,000	전기이월	36,900
㉮ 법정적립금	1,200	**ⓒ 집합손익**	**220,700**
ⓕ 중간배당금	15,000		

(차) 용역수익 (대)

차변	금액	대변	금액
㉠ 집합손익	**700,000**	ⓔ 선수용역수익	5,000
		ⓔ 미수용역수익	695,000
	700,000		700,000

(차) 급 여 (대)

차변	금액	대변	금액
③ 미지급급여	370,000	**㉡ 집합손익**	**370,000**
	370,000		370,000

(차) 집합손익 (대)

차변	금액	대변	금액
㉡ 급 여	370,000	㉠ 용역수익	700,000
㉡ 임차료	105,000	㉠ 이자수익	2,500
㉡ 감가상각비	20,800	㉠ 단기매매증권평가이익	44,000
㉡ 이자비용	30,000		
㉢ 미처분이익잉여금	**220,700**		
	746,500		746,500

2] 대차대조표계정의 마감

총계정원장 : 일부 계정

(차) 현 금 (대)

차변	금액	대변	금액
전기이월	42,500	ⓑ 미지급이자비용	7,500
ⓐ 미수용역수익	117,100	ⓓ 미지급배당금	10,000
ⓒ 미수용역수익	590,000	ⓕ 중간배당금	15,000
ⓖ 자본금	500,000	ⓗ 단기대여금	250,000
ⓖ 주식발행초과금	186,000	ⓘ 단기매매증권	400,000
		ⓙ 이자비용	30,000
		차기이월	**723,100**
	1,435,600		1,435,600
전기이월	723,100		

(차) 미처분이익잉여금 (대)

차변	금액	대변	금액
㉮ 미지급배당금	10,000	전기이월	36,900
㉮ 법정적립금	1,200	**㉢ 집합손익**	**220,700**
ⓕ 중간배당금	15,000		
차기이월	**231,400**		
	257,600		257,600
		전기이월	231,400

8. 마감후(이월) 잔액시산표의 작성

마감후(이월)잔액시산표

20×2년 12월 31일 현재

회사명 : (주)마산컨설팅 (단위 : 원)

차 변	금 액	대 변	금 액
현 금	723,100	미지급급여	370,000
단기매매증권	444,000	장기차입금	300,000
미수용역수익	695,000	감가상각누계액	26,000
단기대여금	250,000	보통주자본금	1,500,000
미수이자수익	2,500	주식발행초과금	186,000
사무기기	500,000	법정적립금	1,200
		미처분이익잉여금	231,400
합 계	2,614,600	합 계	2,614,600

제3절 • 20×3회계연도(제3기) 재무제표 작성과정

※ (주)마산컨설팅의 20×3회계연도에 발생한 기중거래는 다음과 같다.

거래 ⓐ : 미지급급여 ₩370,000을 현금으로 지급하다.

거래 ⓑ : (주)진해로부터 전기에 경영자문용역을 제공하고 받지 못한 용역수수료(미수용역수익) 중에 ₩495,000을 현금으로 받다.

거래 ⓒ : 20×3년 3월 20일에 열린 주주총회에서 제2기 이익잉여금처분계산서(안)의 처분내역 중에 주당 액면배당률은 6%에서 8%로 변경되어 결의 · 확정되고, 나머지 처분내역(법정적립금 ₩11,100과 임의적립금 ₩6,900)은 수정 없이 그대로 결의 · 확정되다.

거래 ⓓ : 미지급배당금 ₩90,000을 현금으로 지급하다.

거래 ⓔ : (주)부산에 경영자문용역을 제공하고, 용역수수료 ₩200,000을 외상으로 하다.

거래 ⓕ : 단기매매증권(장부금액: ₩444,000)을 ₩466,000에 처분하고 그 대금은 나중에 받기로 하다.

거래 ⓖ : (주)양산에 현금 ₩150,000을 3년 동안 대여하고, 이에 대한 이자수익 ₩18,000을 미리 현금으로 받다.

거래 ⓗ : 9월 1일에 자기주식 50주를 ₩340,000에 취득하다.

거래 ⓘ : 단기대여금에 대한 원금 ₩250,000과 전기 이자수익(미수이자수익) ₩2,500 및 당기 이자수익 ₩27,500을 모두 현금으로 받다.

거래 ⓙ : 12월 31일에 액면금액이 ₩100,000인 사채(액면이자율: 연10%, 이자지급: 매년 말 후급, 만기: 3년)를 ₩97,560에 할인발행하다. 그리고 사채발행비 ₩2,360을 현금으로 지급하다.

1. 분 개 : 기중거래를 분개장에 기록

거래번호	차 변		대 변	
ⓐ	미지급급여	370,000	현 금	370,000
ⓑ	현 금	495,000	미수용역수익	495,000
ⓒ	미처분이익잉여금	108,000	미지급배당금 법정적립금 임의적립금	90,000※ 11,100 6,900
ⓓ	미지급배당금	90,000	현 금	90,000
ⓔ	미수용역수익	200,000	용역수익	200,000
ⓕ	미수금	466,000	단기매매증권 단기매매증권처분이익	444,000 22,000
ⓖ	장기대여금 현 금	150,000 18,000	현 금 선수이자수익	150,000 18,000
ⓗ	자기주식	340,000	현 금	340,000
ⓘ	현 금	280,000	단기대여금 미수이자수익 이자수익	250,000 2,500 27,500
ⓙ	현 금 사채할인발행차금	95,200 4,800	사 채	100,000

※ 배당금(구주) : ₩5,000 × 8%(액면배당률) × 200주 × 365일/365일 = ₩80,000
배당금(신주) : ₩5,000 × 8%(액면배당률) × 100주 × 92일/365일 ≒ ₩10,000

2. 전 기 : 기중분개를 총계정원장의 해당 계정에 분류

현 금

(차)		(대)	
전기이월	723,100	ⓐ 미지급급여	370,000
ⓑ 미수용역수익	495,000	ⓓ 미지급배당금	90,000
ⓖ 선수이자수익	18,000	ⓖ 장기대여금	150,000
ⓘ 단기대여금	250,000	ⓗ 자기주식	340,000
ⓘ 미수이자수익	2,500	**잔액(차)**	**661,300**
ⓘ 이자수익	27,500		
ⓙ 사 채	95,200		

사채할인발행차금

(차)		(대)	
ⓙ 사 채	4,800	**잔액(차)**	**4,800**

(차)	미처분이익잉여금		(대)
ⓒ 미지급배당금	90,000	전기이월	231,400
ⓒ 법정적립금	11,100		
ⓒ 임의적립금	6,900		
잔액(대)	**123,400**		

(차)	자기주식		(대)
ⓗ 현 금	340,000	**잔액(차)**	**340,000**

3. 수정전 잔액시산표의 작성 : 총계정원장의 각 계정잔액을 요약

수정전잔액시산표

20×3년 12월 31일 현재

회사명 : (주)마산컨설팅 (단위 : 원)

차 변	금 액	대 변	금 액
현 금	661,300	선수이자수익	18,000
미수용역수익	400,000	사 채	100,000
미수금	466,000	장기차입금	300,000
장기대여금	150,000	감가상각누계액	26,000
사무기기	500,000	보통주자본금	1,500,000
사채할인발행차금	4,800	주식발행초과금	186,000
자기주식	340,000	법정적립금	12,300
		임의적립금	6,900
		미처분이익잉여금	123,400
		용역수익	200,000
		이자수익	27,500
		단기매매증권처분이익	22,000
합 계	2,522,100	합 계	2,522,100

※ (주)마산컨설팅의 20×3년 12월 31일(B/S일) 현재 수정사항 및 B/S일 후에 이사회에서 승인한 결손금의 처리내역은 다음과 같다. 단, 법인세효과는 고려하지 않는다.

거래 ① : 당기 임차료 ₩97,000이 발생하였으나, 기말 현재 아직 지급하지 않고 있다.

거래 ② : 사무기기에 대한 당기 감가상각비는 ₩20,800이다.

거래 ③ : 종업원에 대한 당기 급여 ₩247,200이 발생하였으나, 기말 현재 아직 지급하지 않고 있다.

거래 ④ : (주)양산으로부터 미리 받은 이자수익(선수이자수익) 중에 당기에 인식하여야 할 이자수익은 ₩10,500이다.

거래 ⑤ : 장기차입금에 대한 당기 이자비용 ₩30,000이 발생하였으나, 기말 현재 아직 지급하지 않고 있다.

거래 ⑥ : 미수용역수익에 대한 대손액으로 ₩5,000을 추정하다.

거래 ⑦ : 이사회에서 당기순손실(결손금)을 보전 · 처리하기 위하여 임의적립금 ₩6,900의 이입을 승인하다.

4. 기말 수정분개 및 전기

1] 수정분개: 기말 수정사항을 분개장에 기록

거래번호	차 변		대 변	
①	임차료	97,000	미지급임차료	97,000
②	감가상각비	20,800	감가상각누계액	20,800
③	급 여	247,200	미지급급여	247,200
④	선수이자수익	10,500	이자수익	10,500
⑤	이자비용	30,000	미지급이자비용	30,000
⑥	대손상각비	5,000	대손충당금	5,000
⑦	〈분개 없음〉			

2] 전 기: 수정분개를 총계정원장의 해당 계정에 분류

(차) 대손충당금 (대)

잔액(대)	5,000	⑥ 대손상각비	5,000

(차) 선수이자수익 (대)

④ 이자수익	10,500	ⓖ 현 금	18,000
잔액(대)	7,500		

5. 수정후 잔액시산표의 작성 : 총계정원장의 각 계정잔액을 재요약

수정후잔액시산표

20×3년 12월 31일 현재

회사명 : (주)마산컨설팅 (단위 : 원)

차 변	금 액	대 변	금 액
현 금	661,300	미지급급여	247,200
미수용역수익	400,000	미지급임차료	97,000
미수금	466,000	미지급이자비용	30,000
장기대여금	150,000	선수이자수익	7,500
사무기기	500,000	사 채	100,000
사채할인발행차금	4,800	장기차입금	300,000
자기주식	340,000	대손충당금	5,000
급 여	247,200	감가상각누계액	46,800
임차료	97,000	보통주자본금	1,500,000
감가상각비	20,800	주식발행초과금	186,000
대손상각비	5,000	법정적립금	12,300
이자비용	30,000	임의적립금	6,900
		미처분이익잉여금	123,400
		용역수익	200,000
		이자수익	38,000
		단기매매증권처분이익	22,000
합 계	2,922,100	합 계	2,922,100

6. 재무제표의 작성

1] 현행 회계기준에 따른 재무제표의 작성

한국회계기준원(KAI) 회계기준위원회(KASB)가 2006년 2월에 제정한 「기업회계기준서 제21호」 '재무제표의 작성과 표시 I '과 1998년 4월에 제정(최종 개정; 2006년 2월)한 「기업회계기준(제6장 현금흐름표)」에 따라 재무제표를 작성하면 다음과 같다.

손 익 계 산 서

제3기 20×3년 1월 1일부터 20×3년 12월 31일까지

회사명 : (주)마산컨설팅 (단위 : 원)

과 목	금 액	
Ⅰ. 영업수익		200,000
용역수익	200,000	
Ⅱ. 영업비용		370,000
급 여	247,200	
임차료	97,000	
감가상각비	20,800	
대손상각비	5,000	
Ⅲ. 영업손실		170,000
Ⅳ. 영업외수익		60,000
이자수익	38,000	
단기매매증권처분이익	22,000	
Ⅴ. 영업외비용		30,000
이자비용	30,000	
Ⅵ. 법인세비용차감전순손실(당기순손실)		140,000
Ⅶ. 주당손실		
기본주당순손실		495원

기본주당순손실 : ₩140,000(당기순손실)/283주(가중평균유통보통주식수)≒₩495
가중평균유통보통주식수 : (300주×243일+250주×122일)/365일≒283주

결손금처리계산서(안)

제3기 20×3년 1월 1일부터 20×3년 12월 31일까지
처리예정일 20×4년 3월 25일

회사명 : (주)마산컨설팅 (단위 : 원)

구 분	금 액	
Ⅰ. 미처리결손금		16,600
전기이월미처분이익잉여금	123,400※	
당기순손실	(−)140,000	
Ⅱ. 결손금처리액		6,900
임의적립금이입액	6,900	
Ⅲ. 차기이월미처리결손금		9,700

※ ₩145,900(제2기 차기이월미처분이익잉여금)−₩22,500(주총변경: 6%⇒8%)=₩123,400

대 차 대 조 표

제3기 20×3년 12월 31일 현재

회사명 : (주)마산컨설팅 (단위 : 원)

과 목	금 액	
자 산		
Ⅰ. 유동자산		1,522,300
현금및현금성자산	661,300	
미수용역수익	400,000	
대손충당금	(-)5,000	
미수금	466,000	
Ⅱ. 비유동자산		603,200
장기대여금	150,000	
사무기기	500,000	
감가상각누계액	(-)46,800	
자 산 총 계		2,125,500
부 채		
Ⅰ. 유동부채		381,700
선수이자수익	7,500	
미지급급여	247,200	
미지급임차료	97,000	
미지급이자비용	30,000	
Ⅱ. 비유동부채		395,200
사 채	100,000	
사채할인발행차금	(-)4,800	
장기차입금	300,000	
부 채 총 계		776,900
자 본		
Ⅰ. 자본금		1,500,000
보통주자본금	1,500,000	
Ⅱ. 자본잉여금		186,000
주식발행초과금	186,000	
Ⅲ. 자본조정		(-)340,000
자기주식	(-)340,000	
Ⅳ. 기타포괄손익누계액		—
Ⅴ. 이익잉여금		2,600
법정적립금	12,300	
임의적립금	6,900	
미처리결손금	(-)16,600	
자 본 총 계		1,348,600
부채 및 자본 총계		2,125,500

자본변동표

제3기 20×3년 1월 1일부터 20×3년 12월 31일까지

회사명 : (주)마산컨설팅 (단위 : 원)

구 분	금 액	
Ⅰ. 자본금		1,500,000
기초(보고금액)	1,500,000	
유상증자	—	
기 말	1,500,000	
Ⅱ. 자본잉여금		186,000
기초(보고금액)	186,000	
유상증자	—	
기 말	186,000	
Ⅲ. 자본조정		(-)340,000
기초(보고금액)	0	
자기주식취득	(-)340,000	
기 말	(-)340,000	
Ⅳ. 기타포괄손익누계액		—
Ⅴ. 이익잉여금		2,600
기초(보고금액)	232,600	
회계정책변경 누적효과	—	
전기오류수정	—	
수정후 이익잉여금	232,600	
연차배당	(-)90,000	
처분후 이익잉여금	142,600	
중간배당	—	
당기순손실	(-)140,000	
기 말	2,600	
자본 총계		1,348,600

현금흐름표(직접법)

제3기 20×3년 1월 1일부터 20×3년 12월 31일까지

회사명 : (주)마산컨설팅 (단위 : 원)

과 목	금 액	
Ⅰ. 영업활동 현금흐름		173,000
영업활동 현금유입액		
매출처로부터의 현금유입	495,000[1)]	
영업활동 현금유출액		
매입처 및 종업원에 대한 현금유출	(-)370,000[2)]	
이자 등에 따른 현금흐름		
이자와 배당에 따른 현금유입	48,000[3)]	
이자 등 금융비용 지급	0[4)]	
Ⅱ. 투자활동 현금흐름		100,000
투자활동 현금유입액		
단기대여금의 회수	250,000	
투자활동 현금유출액		
현금의 장기대여	(-)150,000	
Ⅲ. 재무활동 현금흐름		(-)334,800
재무활동 현금유입액		
사채의 발행	95,200	
재무활동 현금유출액		
전기 연차배당금의 지급	(-)90,000	
자기주식의 취득	(-)340,000	
Ⅳ. 현금의 감소(Ⅰ+Ⅱ+Ⅲ)		(-)61,800
Ⅴ. 기초의 현금		723,100
Ⅵ. 기말의 현금		661,300

현금흐름과 관련된 주석공시
- 장부금액이 ₩444,000인 단기매매증권을 ₩466,000에 외상으로 처분

1) 매출처로부터의 현금유입

(1) **계정조정법 :** ₩200,000(발생주의 용역수익) + ₩295,000(미수용역수익의 감소) = ₩495,000(현금주의 용역수익)

(2) **장부직접법 :** ₩495,000(미수용역수익의 회수: 분개 ⓑ) = ₩495,000

2) 매입처 및 종업원에 대한 현금유출

(1) **계정조정법 :** ₩370,000(발생주의 영업비용) − ₩20,800(감가상각비) − ₩5,000(대손상각비) + ₩122,800(미지급급여의 감소) − ₩97,000(미지급임차료의 증가) = ₩370,000(현금주의 영업비용)

(2) **장부직접법 :** ₩370,000(미지급급여의 지급: 분개 ⓐ) = ₩370,000

3) 이자와 배당에 따른 현금유입

(1) **계정조정법** : ₩38,000(발생주의 이자수익) + ₩2,500(미수이자수익의 감소) + ₩7,500(선수이자수익의 증가) = ₩48,000(현금주의 이자수익)

(2) **장부직접법** : ₩18,000(선수이자수익의 수령: 분개 ⓖ) + ₩2,500(미수이자수익의 회수: 분개 ⓘ) + ₩27,500(이자수익의 수령: 분개 ⓘ) = ₩48,000

4) 이자 등 금융비용 지급

(1) **계정조정법** : ₩30,000(발생주의 이자비용) − ₩30,000(미지급이자비용의 증가) = ₩0(현금주의 이자비용)

(2) **장부직접법** : ₩0(관련된 거래가 없다)

다음의 현금계정은 현금흐름을 현행 회계기준인 「기업회계기준(제6장 현금흐름표)」에 따라 분류한 것이다.

(차변) **현금및현금성자산** **(대변)**

차변	금액	구분	대변	금액	구분
기초 현금잔액	**723,100**	(전기이월액)	ⓐ 미지급급여	370,000	(영업현금 유출)
ⓑ 미수용역수익	495,000	(영업현금 유입)	ⓓ 미지급배당금	90,000	(재무현금 유출)
ⓖ 선수이자수익	18,000	(영업현금 유입)	ⓖ 장기대여금	150,000	(투자현금 유출)
ⓘ 단기대여금	250,000	(투자현금 유입)	ⓗ 자기주식	340,000	(재무현금 유출)
ⓘ 미수이자수익	2,500	(영업현금 유입)	**기말 현금잔액**	**661,300**	(차기이월액)
ⓘ 이자수익	27,500	(영업현금 유입)			
ⓙ 사채	95,200	(재무현금 유입)			
	1,611,300			1,611,300	

Ⅰ. 영업현금 : − ₩370,000(ⓐ) + ₩495,000(ⓑ) + ₩18,000(ⓖ) + ₩2,500(ⓘ) + ₩27,500(ⓘ) = ₩173,000

Ⅱ. 투자현금 : − ₩150,000(ⓖ) + ₩250,000(ⓘ) = ₩100,000

Ⅲ. 재무현금 : − ₩90,000(ⓓ) − ₩340,000(ⓗ) + ₩95,200(ⓙ) = − ₩334,800

【Ⅳ. 비현금계정을 이용하여 일정기간 현금흐름의 증감 : 원인 분석(Ⅰ + Ⅱ + Ⅲ)】

Ⅳ. 현금의 감소(₩61,800) ⇐ Ⅰ. 영업현금(₩173,000) + Ⅱ. 투자현금(₩100,000) + Ⅲ. 재무현금(− ₩334,800)

【Ⅳ. 현금계정을 이용하여 일정기간 현금흐름의 증감 : 결과 확인(Ⅴ : Ⅵ)】

Ⅳ. 현금의 감소(₩61,800) ⇐ Ⅴ. 기초의 현금(₩723,100) 〉 Ⅵ. 기말의 현금(₩661,300)

현금흐름표(간접법)

제3기 20×3년 1월 1일부터 20×3년 12월 31일까지

회사명 : (주)마산컨설팅 (단위 : 원)

과 목	금 액	
Ⅰ. 영업활동 현금흐름		173,000
당기순손실	(-)140,000	
당기순이익 조정항목		
감가상각비	20,800	
단기매매증권처분이익	(-)22,000	
미수용역수익의 감소[1]	300,000	
미수이자수익의 감소	2,500	
미지급급여의 감소	(-)122,800	
미지급임차료의 증가	97,000	
미지급이자비용의 증가	30,000	
선수이자수익의 증가	7,500	
Ⅱ. 투자활동 현금흐름		100,000
투자활동 현금유입액		
단기대여금의 회수	250,000	
투자활동 현금유출액		
현금의 장기대여	(-)150,000	
Ⅲ. 재무활동 현금흐름		(-)334,800
재무활동 현금유입액		
사채의 발행	95,200	
재무활동 현금유출액		
전기 연차배당금의 지급	(-)90,000	
자기주식의 취득	(-)340,000	
Ⅳ. 현금의 감소(Ⅰ+Ⅱ+Ⅲ)		(-)61,800
Ⅴ. 기초의 현금		723,100
Ⅵ. 기말의 현금		661,300

현금흐름과 관련된 주석공시
- 장부금액이 ₩444,000인 단기매매증권을 ₩466,000에 외상으로 처분

1) 대손상각비과 미수용역수익(매출채권)

간접법을 적용하여 영업활동 현금흐름을 표시하는 경우, 대손상각비와 퇴직급여 등은 현금유출이 없는 비용이므로 별도로 당기순이익에 가산 조정항목으로 표시하자는 견해가 있는가 하면, 관련 자산(예: 매출채권)과 부채(예: 퇴직급여충당부채)의

변동액에 직접 반영하여 순액으로 표시하자는 견해도 있다. 대손상각비와 퇴직급여 등을 별도항목으로 표시하자는 견해는 실제 금융분석실무에서 이러한 비현금유출비용을 따로 구분하여 사용하고 있어 이용자에게 정보를 제공하는 의미가 있다는 것이다. 한편, 별도항목으로 표시하지 말고 관련 자산과 부채의 변동액에 직접 반영하자는 견해는 간접법에서 동일한 당기순이익 조정항목이므로 구분할 의미가 크지 않다는 것이다. 회계기준위원회는 실무의 작성편의 등을 고려하여 후자의 표시방법을 인정하였다(기업회계기준서 공개초안 제03-16.2호 '재무제표의 작성과 표시 II' 결론도출근거 A33).

■ **전자의 표시방법(총액표시) :**
대손상각비 ₩5,000과 미수용역수익의 감소 ₩295,000을 모두 표시
미수용역수익 : 기초총액 ₩695,000 > 기말총액 ₩400,000

■ **후자의 표시방법(순액표시) :**
미수용역수익의 감소 ₩300,0000만을 표시
미수용역수익 : 기초순액 ₩695,000 > 기말순액 ₩395,000(=400,000−5,000)

앞의 현금흐름표에서 보는 바와 같이 당기순손실은 ₩140,000이 발생하였지만, 영업활동 현금흐름은 ₩173,000이 증가하였다. 이는 발생주의를 인식기준으로 하면 ₩140,000의 당기순손실이 발생하였지만, 현금주의를 인식기준으로 하면 오히려 ₩173,000의 당기순이익이 발생하였다는 것이다.

2] 공개초안에 따른 현금흐름표의 작성

한국회계기준원(KAI) 회계기준위원회(KASB)가 2003년 7월에 발표한 「기업회계기준서 공개초안 제03-16.2호」 '재무제표의 작성과 표시 II(현금흐름표)'에 따라 현금흐름표를 작성하면 다음과 같다.

현 금 흐 름 표(직접법)

제3기 20×3년 1월 1일부터 20×3년 12월 31일까지

회사명 : (주)마산컨설팅 (단위 : 원)

과 목	금 액	
Ⅰ. 영업활동 현금흐름		125,000
영업활동 현금유입액		
매출처로부터의 현금유입	495,000	
영업활동 현금유출액		
매입처 및 종업원에 대한 현금유출	(-)370,000	
Ⅱ. 투자활동 현금흐름		—
Ⅲ. 재무활동 현금흐름		(-)186,800
재무활동 현금유입액		
사채의 발행	95,200	
이자 수입	48,000	
단기대여금의 회수	250,000	
재무활동 현금유출액		
현금의 장기대여	(-)150,000	
전기 연차배당금의 지급	(-)90,000	
자기주식의 취득	(-)340,000	
Ⅳ. 현금의 감소(Ⅰ+Ⅱ+Ⅲ)		(-)61,800
Ⅴ. 기초의 현금		723,100
Ⅵ. 기말의 현금		661,300

현금흐름과 관련된 주석공시
- 장부금액이 ₩444,000인 단기매매증권을 ₩466,000에 외상으로 처분

다음의 현금계정은 현금흐름을 「기업회계기준서 공개초안 제03-16.2호」 '재무제표의 작성과 표시Ⅱ(현금흐름표)'에 따라 분류한 것이다.

현금및현금성자산

(차변)			(대변)		
기초 현금잔액	**723,100**	(전기이월액)	ⓐ 미지급급여	370,000	(영업현금 유출)
ⓑ 미수용역수익	495,000	(영업현금 유입)	ⓓ 미지급배당금	90,000	(재무현금 유출)
ⓖ 선수이자수익	18,000	(재무현금 유입)	ⓖ 장기대여금	150,000	(재무현금 유출)
ⓘ 단기대여금	250,000	(재무현금 유입)	ⓗ 자기주식	340,000	(재무현금 유출)
ⓘ 미수이자수익	2,500	(재무현금 유입)	**기말 현금잔액**	**661,300**	(차기이월액)
ⓘ 이자수익	27,500	(재무현금 유입)			
ⓙ 사채	95,200	(재무현금 유입)			
	1,611,300			1,611,300	

Ⅰ. 영업현금 : －₩370,000(ⓐ)＋₩495,000(ⓑ)＝₩125,000

Ⅱ. 투자현금 : ₩0

Ⅲ. 재무현금 : －₩90,000(ⓓ)＋₩18,000(ⓖ)－₩150,000(ⓖ)＋₩250,000(ⓘ)
－₩340,000(ⓗ)＋₩2,500(ⓘ)＋₩27,500(ⓘ)＋₩95,200(ⓙ)
＝－₩186,800

【Ⅳ. 비현금계정을 이용하여 일정기간 현금흐름의 증감 : 원인 분석(Ⅰ＋Ⅱ＋Ⅲ)】

Ⅳ. 현금의 감소(₩61,800) ⇐ Ⅰ. 영업현금(₩125,000)＋Ⅱ. 투자현금(₩0)＋Ⅲ. 재무현금(－₩186,800)

【Ⅳ. 현금계정을 이용하여 일정기간 현금흐름의 증감 : 결과 확인(Ⅴ : Ⅵ)】

Ⅳ. 현금의 감소(₩61,800) ⇐ Ⅴ. 기초의 현금(₩723,100) 〉 Ⅵ. 기말의 현금(₩661,300)

현 금 흐 름 표(간접법)

제3기 20×3년 1월 1일부터 20×3년 12월 31일까지

회사명 : (주)마산컨설팅 (단위 : 원)

과 목	금 액	
Ⅰ. 영업활동 현금흐름		125,000
당기순손실	(－)140,000	
당기순이익 조정항목		
감가상각비	20,800	
이자수익	(－)38,000	
이자비용	30,000	
단기매매증권처분이익	(－)22,000	
미수용역수익의 감소	300,000	
미지급급여의 감소	(－)122,800	
미지급임차료의 증가	97,000	

7. 장부의 마감분개 및 전기

1] 손익계산서계정의 마감

마감분개 및 전기

거래번호	차 변		대 변	
㉠	용역수익	200,000	집합손익	200,000
	이자수익	38,000	집합손익	38,000
	단기매매증권처분이익	22,000	집합손익	22,000
㉡	집합손익	247,200	급 여	247,200
	집합손익	97,000	임차료	97,000
	집합손익	20,800	감가상각비	20,800
	집합손익	5,000	대손상각비	5,000
	집합손익	30,000	이자비용	30,000
㉢	미처분이익잉여금	140,000	집합손익	140,000

총계정원장 : 일부 계정

(차) 미처분이익잉여금 (대)

차변		대변	
ⓒ 미지급배당금	90,000	전기이월	231,400
ⓒ 법정적립금	11,100		
ⓒ 임의적립금	6,900		
㉢ 집합손익	**140,000**		

(차) 집합손익 (대)

차변		대변	
㉡ 급 여	247,200	㉠ 용역수익	200,000
㉡ 임차료	97,000	㉠ 이자수익	38,000
㉡ 감가상각비	20,800	㉠ 단기매매증권처분이익	22,000
㉡ 대손상각비	5,000	**㉢ 미처분이익잉여금**	**140,000**
㉡ 이자비용	30,000		
	400,000		400,000

2] 대차대조표계정의 마감

총계정원장 : 일부 계정

현 금

(차)		(대)	
전기이월	723,100	ⓐ 미지급급여	370,000
ⓑ 미수용역수익	495,000	ⓓ 미지급배당금	90,000
ⓖ 선수이자수익	18,000	ⓖ 장기대여금	150,000
ⓘ 단기대여금	250,000	ⓗ 자기주식	340,000
ⓘ 미수이자수익	2,500	**차기이월**	**661,300**
ⓘ 이자수익	27,500		
ⓙ 사 채	95,200		
	1,611,300		1,611,300
전기이월	661,300		

대손충당금

(차)		(대)	
차기이월	**5,000**	⑥ 대손상각비	5,000
	5,000		5,000
		전기이월	5,000

사채할인발행차금

(차)		(대)	
ⓙ 사 채	4,800	차기이월	**4,800**
	4,800		4,800
전기이월	4,800		

미처분이익잉여금

(차)		(대)	
ⓒ 미지급배당금	90,000	전기이월	231,400
ⓒ 법정적립금	11,100	**차기이월**	**16,600**
ⓒ 임의적립금	6,900		
ⓒ 집합손익	**140,000**		
	248,000		248,000
전기이월※	16,600		

자기주식

(차)		(대)	
ⓗ 현 금	340,000	**차기이월**	**340,000**
	340,000		340,000
전기이월	340,000		

※ 장부가 최종적으로 마감된 이후에도 자본계정인 미처분이익잉여금계정이 차변에 잔액을 갖게 되면, 이는 자본의 차감항목인 미처리결손금이 발생하였다는 것이다.

8. 마감후(이월) 잔액시산표의 작성

마감후(이월)잔액시산표

20×3년 12월 31일 현재

회사명 : (주)마산컨설팅 (단위 : 원)

차 변	금 액	대 변	금 액
현 금	661,300	미지급급여	247,200
미수용역수익	400,000	미지급임차료	97,000
미수금	466,000	미지급이자비용	30,000
장기대여금	150,000	선수이자수익	7,500
사무기기	500,000	사 채	100,000
사채할인발행차금	4,800	장기차입금	300,000
자기주식	340,000	대손충당금	5,000
미처분이익잉여금	16,600	감가상각누계액	46,800
		보통주자본금	1,500,000
		주식발행초과금	186,000
		법정적립금	12,300
		임의적립금	6,900
합 계	2,538,700	합 계	2,538,700

f i n a n c i a l   s t a t e m e n t s

유통업(상업, 매매업 또는 판매업)은 외부에서 상품을 구매해서 고객에게 판매하여 영리를 추구하는 업종이다. 이들 업종에서는 서비스업의 경우와 달리 상품이라는 재고자산이 존재하므로 매출원가를 계산할 필요가 있기 때문에 서비스업과 비교해서 재무제표(회계정보)의 작성과정이 약간 복잡하다. 이들 업종에 종사하는 유통업의 주된 수익은 상품을 판매한 대가인 매출액이며, 주된 비용은 판매된 상품의 매입원가인 매출원가 및 판매비와 관리비 등이다.

8 장

유통업의 재무제표 작성사례

8 유통업의 재무제표 작성사례

유통업(상업, 매매업 또는 판매업)은 외부에서 상품을 구매해서 고객에게 판매하여 영리를 추구하는 업종이다. 이들 업종에서는 서비스업의 경우와 달리 상품이라는 재고자산이 존재하므로 매출원가를 계산할 필요가 있기 때문에 서비스업과 비교해서 재무제표(회계정보)의 작성과정이 약간 복잡하다. 이들 업종에 종사하는 유통업의 주된 수익은 상품을 판매한 대가인 매출액이며, 주된 비용은 판매된 상품의 매입원가인 매출원가 및 판매비와 관리비 등이다.

한편 제품을 자체적으로 생산해서 고객에게 판매하여 영리를 추구하는 제조업은 제품 이외에도 재공품과 원재료와 같은 재고자산이 존재하고, 추가로 제조원가를 계산할 필요가 있기 때문에 다른 업종(서비스업이나 유통업)과 비교해서 재무제표(회계정보)의 작성과정이 매우 복잡하다. 즉 제조업은 구매활동·생산활동·판매활동이 복합적으로 이루어지기 때문에 서비스업이나 유통업보다 재무제표의 작성과정이 복잡하다.

제1절 • 20×6회계연도(전기: 제10기)의 회계자료

1. 회사의 개요 및 전기 대차대조표

(주)경남백화점(이하 "회사"라 함)은 19×7년 1월 1일에 도·소매업을 주된 목적으로 하여 설립되었으며, 회사가 발행할 주식의 총수는 10,000주이며, 1주의 액면금

액은 ₩100이다. 회사의 설립시 자본금은 ₩300,000이었으며 그 후 여러 차례의 증자를 통하여 20×6년 12월 31일 현재의 자본금은 ₩450,000이다.

20×6년 12월 31일 현재 회사는 주로 백화점 및 대형마트 영업을 하고 있으며, 경상남도 마산시 월영동에 본점을 두고 있다. 회사는 20×3년 5월 20일 한국증권거래소에 주식을 상장하였으며, 20×6년 12월 31일 현재 대주주인 홍길동 회장 외 2인이 회사 발행주식의 27.65%를 보유하고 있다. 제10기(20×6년 12월 31일로 종료되는 회계연도)의 대차대조표는 다음과 같다.

대 차 대 조 표

제10기 20×6년 12월 31일 현재

회사명 : ㈜경남백화점 (단위 : 원)

과 목	금 액	
자 산		
Ⅰ. 유동자산		752,800
현금및현금성자산	212,800	
단기매매증권	21,000	
매출채권	344,000	
대손충당금	(−)36,000	
선급임차료	14,000	
재고자산	199,000	
재고자산평가충당금	(−)2,000	
Ⅱ. 비유동자산		397,200
매도가능증권	80,000	
장기대여금	50,000	
대손충당금	(−)3,000	
토 지	106,200	
건 물	205,000	
감가상각누계액	(−)41,000	
자 산 총 계		1,150,000
부 채		
Ⅰ. 유동부채		312,618
매입채무	240,000	
상품권선수금	36,418	
미지급법인세	31,400	
미지급배당금	4,800	
Ⅱ. 비유동부채		187,382
사 채	100,000	

사채할인발행차금	(-)3,378	
외화장기차입금	40,000	
퇴직급여충당부채	82,000	
퇴직보험예치금	(-)31,240	
부 채 총 계		500,000
자 본		
Ⅰ. 자본금		450,000
보통주자본금	450,000	
Ⅱ. 자본잉여금		5,000
주식발행초과금	4,500	
자기주식처분이익	500	
Ⅲ. 자본조정		(-)4,600
자기주식	(-)4,600	
Ⅳ. 기타포괄손익누계액		6,000
매도가능증권평가이익	6,000	
Ⅴ. 이익잉여금		193,600
법정적립금	55,900	
임의적립금	38,700	
미처분이익잉여금	99,000	
자 본 총 계		650,000
부채 및 자본 총계		1,150,000

2. 회사의 중요한 회계정책

회사의 재무제표는 대한민국에서 일반적으로 인정된 회계처리기준에 따라 작성하고 있으며, 재무제표의 작성에 적용되는 중요한 회계정책의 내용은 다음과 같다.

(a) **회계기준**

한국회계기준원(KAI)의 회계기준위원회(KASB)는 기존의 회계기준을 전면적으로 개정하여 기업회계기준서 제1호부터 제25호까지를 당기말 현재까지 제정하였다. 동 기업회계기준서 중에서 제1호 내지 제20호(제11호는 제외)는 당기 이전에 의무적으로 적용하고 있으며, 제11호 및 제21호 내지 제25호는 당기부터 의무적으로 적용하고 있다. 당기에 시행된 기업회계기준서 중에서 회사가 신규로 적용한 회계기준은 아래와 같다.

- 기업회계기준서 제11호 '중단사업'
- 기업회계기준서 제21호 '재무제표 작성과 표시 I'
- 기업회계기준서 제22호 '주식기준보상'
- 기업회계기준서 제23호 '주당이익'

기업회계기준서 제21호에 따라 자본변동표를 기본 재무제표에 포함하며, 기존 자본조정항목을 자본조정과 기타포괄손익누계액으로 분류한다. 또한, 당기순이익에 주기로 기재되던 주당순이익을 손익계산서 본문에 표시하며, 포괄손익계산서를 손익계산서의 주석으로 작성한다. 상기 기준서의 신규 적용으로 인하여 회사의 당기 및 전기말 현재 순자산과 순이익에 미치는 영향은 없다.

(b) 수익의 인식기준

상품의 판매로 인한 수익은 아래 조건이 모두 충족될 때 인식하고 있다.

- 재화의 소유에 따른 위험과 효익이 대부분 구매자에게 이전한 경우
- 판매한 재화에 대하여 소유권이 있을 때 통상적으로 행사하는 정도의 관리나 효과적인 통제를 할 수 없는 경우
- 수익금액 및 거래와 관련하여 발생했거나 발생할 거래원가와 관련비용을 신뢰성 있게 측정가능한 경우
- 경제적 효익의 유입가능성이 매우 높은 경우

회사는 특정 매입거래에 대하여 당기말 현재 재고자산을 상계제거하고 특정 매입원가를 차감한 순액만을 특정 매입관련 수익으로 인식하고 있다. 또한, 이자수익은 유효이자율법을 적용한 발생기준에 따라 인식하고, 배당금수익은 배당금을 받을 권리와 금액이 확정된 시점에 인식하고 있다.

(c) 현금및현금성자산

회사는 통화 및 타인발행수표 등 통화대용증권과 당좌예금, 보통예금 및 큰 거래비용 없이 현금으로 전환이 용이하고 이자율 변동에 따른 가치변동의 위험이 중요하지 않은 금융상품으로서 취득 당시 만기일이 3개월 이내인 것을 현금및현금성자산으로 처리하고 있다. 한편, 현금흐름표의 현금은 대차대조표의 현금및현금성자산이다.

(d) 대손상각비 및 대손충당금

회사는 대차대조표일 현재 매출채권과 기타채권 잔액에 대하여 개별분석과 과거의

대손경험률에 의한 회수가능성이 없거나 회수가 의문시되는 대손추산액을 대손충당금으로 설정하고 있다.

(e) 재고자산

재고자산의 수량은 계속기록법과 정기적으로 실시하는 실지재고조사에 의하여 확정되며, 백화점의 매장상품은 매출가격환원법, 대형마트의 매장상품과 기타의 재고자산은 총평균법을 적용하여 산정한 원가로 평가하고 있다. 또한, 재고자산의 시가가 취득원가보다 하락한 경우에는 시가(상품의 시가는 순실현가능가치, 원재료의 시가는 현행대체원가)를 대차대조표 금액으로 하고 있으며, 이로 인하여 발생하는 재고자산평가손실은 매출원가에 가산하고 있다. 다만, 재고자산평가손실을 초래했던 상황이 해소되어 새로운 시가가 장부금액보다 상승한 경우에는 최초의 장부금액을 초과하지 않는 범위 내에서 평가손실을 환입하고 있으며, 재고자산평가손실의 환입은 매출원가에서 차감하고 있다.

(f) 유가증권

유가증권은 취득을 위하여 제공한 대가의 시장가격에 취득부대비용을 포함한 금액을 취득원가로 하고 있으며, 제공한 대가의 시장가격이 없는 경우에는 취득한 유가증권의 시장가격을 취득원가로 하고 있다. 한편, 제공한 대가와 취득한 유가증권 모두가 시장가격이 없는 경우에는 공정가치를 추정하여 취득원가로 계상하고 있다.

회사는 취득한 유가증권을 만기보유증권, 단기매매증권, 매도가능증권, 지분법적용투자주식으로 분류하여 회계처리하고 있다. 만기가 확정된 채무증권으로서 상환금액이 확정되었거나 확정이 가능한 채무증권을 만기까지 보유할 적극적인 의도와 능력이 있는 경우에는 만기보유증권으로 분류하고 있으며, 주로 단기간 내의 매매차익을 목적으로 취득한 유가증권으로서 매수와 매도가 적극적이고 빈번하게 이루어지는 경우에는 단기매매증권으로 분류하고 있다. 또한, 단기매매증권이나 만기보유증권으로 분류되지 아니하는 유가증권은 매도가능증권으로 분류하고 있으며, 유가증권 중에 중대한 영향력을 행사할 수 있는 지분증권은 지분법적용투자주식으로 분류하고 있다.

한편, 회사는 단기매매증권을 유동자산으로 분류하고 있으며, 매도가능증권과 만기보유증권은 투자자산으로 분류하되, 다만 대차대조표일로부터 1년 내에 만기가 도래하거나 또는 매도 등에 의하여 처분할 것이 확실한 매도가능증권과 대차대조표일로부터 1년 내에 만기가 도래하는 만기보유증권은 유동자산으로 분류하고 있다.

단기매매증권과 매도가능증권은 공정가치(fair value)로 평가하고 있으며, 만기보유증권은 상각후원가(amortized costs)로 평가하고 있다. 시장성 있는 유가증권은 시장가격을 공정가치로 보며 시장가격은 대차대조표일 현재의 종가로 하고 있다. 매도가능증권 중에 시장성이 없는 지분증권의 공정가치를 신뢰성 있게 측정할 수 있는 경우를 제외하고는 취득원가(acquisition costs)로 평가하고 있다. 공정가치 평가에 따라 발생하는 단기매매증권에 대한 미실현보유손익(단기매매증권평가손익)은 당기손익으로 처리하고 있으며, 매도가능증권에 대한 미실현보유손익(매도가능증권평가손익)은 기타포괄손익누계액으로 처리하고, 매도가능증권평가손익의 누적금액은 매도가능증권을 처분하거나 손상차손(impairment loss)을 인식하는 시점에 일괄하여 당기손익으로 처리하고 있다.

유가증권으로부터 회수할 수 있을 것으로 추정되는 금액(회수가능액)이 채무증권의 상각후원가 또는 지분증권의 취득원가보다 작고 손상차손이 발생하였다는 객관적인 증거가 있는 경우에는 감액이 불필요하다는 명백한 반증이 없는 한, 손상차손을 인식하여 당기손익으로 처리하고 있다. 또한, 손상차손을 인식한 이후 손상차손이 회복된 경우에는 회복된 금액을 당기이익으로 인식하되, 회복 후 장부금액이 당초에 손상차손을 인식하지 않았다면 회복일 현재의 상각후원가가 되었을 금액을 초과하지 않도록 하고 있다.

(9) 지분법적용투자주식

회사는 중대한 영향력을 행사할 수 있는 피투자회사(이하 "지분법피투자회사")에 대한 지분증권과 참여자간의 합의계약에 의하여 경제활동에 대한 공동지배를 목적으로 하는 공동지배대상기업에 대하여는 지분법(equity method)을 적용하여 평가한 금액을 대차대조표 금액으로 하고 있다. 회사는 지분법 적용시 지분법피투자회사의 순자산 변동액 중 당사의 지분율에 해당하는 금액(이하 "지분변동액")은 지분법피투자회사의 순자산가액 변동의 원천에 따라 회계처리하고 있다.

지분법피투자회사의 지분변동액이 지분법피투자회사의 당기순손익으로 인하여 발생한 경우에는 당기손익(지분법손익)으로, 중대한 오류 또는 회계정책의 변경에 의한 전기이월미처분이익잉여금의 증감으로 인한 경우에는 전기이월미처분이익잉여금의 증감으로, 이를 제외한 자본의 증감으로 인하여 발생한 경우에는 기타포괄손익누계액(지분법자본변동)의 증감으로 처리하고 있다. 한편, 지분법피투자회사가 현금배당금의 지급을 결의하는 경우 배당결의 시점에 회사가 수취하게 될 배당금을 지분법적용투자주식에서 직접 차감하고 있다.

(h) 유형자산의 평가 및 감가상각

유형자산의 취득원가는 당해 자산의 제작원가 또는 매입원가에 취득부대비용을 가산한 금액으로 계상하고 있으며, 취득원가에서 감가상각누계액을 차감하는 형식으로 표시하고 있다. 교환·현물출자·증여·기타 무상으로 취득한 자산의 금액은 공정가치를 취득원가로 하고 있다. 또한 회사는 유형자산의 제조·매입·건설·개발에 사용된 차입금에 대한 이자비용 또는 기타 이와 유사한 금융비용은 기간비용(period expenses)으로 회계처리하고 있다. 유형자산의 내용연수를 연장시키거나 가치를 실질적으로 증가시키는 지출(자본적 지출)은 당해 자산의 취득원가에 가산하며, 원상을 회복시키거나 능률유지를 위한 지출(수익적 지출)은 기간비용으로 처리하고 있다. 한편 유형자산의 감가상각은 경제적 내용연수에 따라 정액법으로 계산하고 있으며, 20×6년 12월 31일 현재의 대차대조표에 표시된 건물은 아래와 같다.

취 득 일	20×5. 1. 1.	취 득 원 가	₩205,000
추정잔존가치	₩0	추정내용연수	10년

(i) 무형자산의 평가

무형자산의 취득원가는 당해 자산의 매입원가에 취득부대비용을 가산한 금액으로 계상하고 있으며, 경제적 내용연수를 적용하여 정액법으로 계산한 상각액을 직접 차감한 미상각 잔액으로 표시하고 있다.

(j) 자산의 손상

회사는 대차대조표의 자산 중 진부화, 물리적 손상 및 시장가치의 급격한 하락 등의 원인으로 인하여 당해 자산의 회수가능액(recoverable amount)이 장부금액에 미달하고 그 미달액이 중요한 경우에는 이를 장부금액에서 차감하여 회수가능액으로 조정하고, 장부금액과 회수가능액의 차액은 손상차손의 과목으로 하여 당기손실로 처리하고 있다. 다만, 감액한 자산의 회수가능액이 차기 이후에 장부금액을 초과하는 경우에는 당해 자산이 손상차손되지 않았을 경우의 장부금액을 한도로 하여 그 초과액을 동 자산에 대한 손상차손환입의 과목으로 하여 당기이익으로 처리하고 있다. 한편, 감액된 영업권은 추후에 환입시키지 않는다.

(k) 리스거래의 회계처리

회사는 리스자산의 소유에 따른 위험과 효익이 회사로 이전되는 정도에 따라 금융리스와 운용리스로 분류하여 회계처리하고 있다. 회사는 ㉮ 리스기간 종료시 또는 그 이전에 리스자산의 소유권이 회사에게 이전되는 경우, ㉯ 리스실행일 현재 회사가 염가매수선택권을 가지고 있고, 이를 행사할 것이 확실시 되는 경우, ㉰ 리스자산의 소유권이 이전되지 않을지라도 리스기간이 리스자산 내용연수의 75% 이상인 경우, ㉱ 리스실행일 현재 최소리스료를 내재이자율로 할인한 현재가치가 리스자산 공정가치의 90% 이상을 차지하는 경우, ㉲ 회사만이 중요한 변경 없이 사용할 수 있는 특수한 용도의 리스자산인 경우에는 당해 리스계약을 금융리스(finance lease)로, 그 이외의 리스계약은 운용리스(operating lease)로 처리하고 있다.

한편, 회사는 운용리스에 대해서는 보증잔존가치를 제외한 최소리스료를 리스기간에 걸쳐 균등하게 배분된 금액을 비용으로 인식하고 있으며, 운용리스관련 조정리스료는 동 리스료가 발생한 기간의 비용으로 처리하고 있다. 금융리스에 대해서는 리스실행일에 최소리스료를 리스제공자의 내재이자율(만약 이를 알 수 없다면 회사의 증분차입이자율)로 할인한 현재가치와 리스자산의 공정가치 중에 작은 금액을 금융리스자산과 금융리스부채로 각각 인식하고 있으며, 또한 회사가 지급한 리스개설직접원가는 금융리스자산으로 인식될 금액에 포함하고 있다. 금융리스자산의 감가상각은 회사가 소유한 다른 유사자산의 감가상각과 일관성 있게 회계처리하고 있으며, 보증잔존가치를 제외한 매기의 최소리스료는 이자비용과 금융리스부채의 상환액으로 배분하며 이자비용은 유효이자율법으로 계산하고 있다. 금융리스관련 조정리스료는 동 리스료가 발생한 기간의 비용으로 처리하고 있으나, 다만 그 금액이 중요한 경우에는 잔여리스기간에 걸쳐 원금과 이자 부분으로 나누어 처리하고 있다.

(l) 상품권

회사는 상품권과 관련된 매출수익은 상품권을 회수한 시점, 즉 상품 등을 제공하거나 판매한 시점에서 인식하며 상품권을 발행・판매한 시점에서는 부채계정인 상품권선수금으로 처리하고 있다.

(m) 사채발행차금

사채발행금액(사채발행수수료 및 사채발행과 관련하여 직접 발생한 기타비용을 차감한 후의 금액)과 액면금액의 차액은 사채발행차금으로 하여 당해 사채의 액면금액에서 가감하는 형식으로 표시하고 있으며, 동 사채발행차금은 사채발행시부터 최종상환시까지의 기간에 걸쳐 유효이자율법을 적용하여 상각하고 동 상각액은 이자비용에 가감하여 처리하고 있다. 한편 20×6년 12월 31일 현재의 대차대조표에 표시된 사채할인발행차금은 아래의 내용에 따라 유효이자율법으로 상각을 하고 있다.

발행일	20×6. 1. 1.	액면금액	₩100,000	액면이자율	10%
이자지급일	매년 12. 31.	만기일	20×8. 12. 31.	시장이자율	11%
발행금액	₩95,198	사채발행비	₩2,359	유효이자율	12%

(n) 퇴직급여충당부채

회사는 대차대조표일 현재 1년 이상 근속한 모든 임직원이 일시에 퇴직할 경우에 지급하여야 할 퇴직금추계액 전액을 퇴직급여충당부채로 계상하고 있다. 종업원의 퇴직금 수급권을 보장하는 퇴직보험(종업원퇴직보험)에 가입한 예치금은 퇴직보험예치금의 과목으로 하여 퇴직급여충당부채에서 차감하는 형식으로 표시하되, 퇴직보험예치금이 퇴직급여충당부채를 초과하는 경우 당해 초과액은 투자자산으로 처리하고 있다.

(o) 충당부채와 우발부채

회사는 과거사건이나 거래의 결과로 존재하는 현재 의무의 이행을 위하여 자원이 유출될 가능성이 매우 높고, 동 손실의 금액을 신뢰성 있게 추정할 수 있는 경우에 그 손실금액을 충당부채(provision)로 계상하고 있다. 또한, 회사는 과거사건은 발생하였으나 불확실한 미래사건의 발생여부에 의해서 존재여부가 확인되는 잠재적인 의무가 있는 경우 또는 과거사건이나 거래의 결과 현재의무가 존재하나 자원이 유출될 가능성이 매우 높지 않거나 당해 의무를 이행하여야 할 금액을 신뢰성 있게 추정할 수 없는 경우에는 우발부채(contingent liability)로 주석으로 기재하고 있다. 20×6년 12월 31일 현재 우발부채의 잔액은 없다.

(p) 외화거래 및 외화자산과 외화부채의 환산

회사는 모든 외화거래를 거래 당시의 환율에 의하여 원화로 환산・기록하고 있으며, 이들 거래의 결과로 발생하는 외환차손익은 거래 당시의 손익으로 인식하고 있다.

대차대조표일 현재의 화폐성 외화자산과 화폐성 외화부채는 동 일자의 서울외국환중개주식회사(SMBS)가 고시하는 기준환율로 환산하며, 이로 인한 외화환산손익은 당기손익으로 처리하고 있다.

(q) 파생상품

회사는 파생상품을 당해 계약에 따라 발생된 권리와 의무를 자산·부채로 계상하고 있으며, 공정가치로 평가한 금액을 대차대조표 금액으로 하고 있다. 파생상품에서 발생한 손익은 발생시점에 당기손익으로 인식하고 있다. 다만, 현금흐름 위험회피를 목적으로 하는 파생상품의 평가손익 중에 위험회피에 효과적인 부분은 기타포괄손익누계액으로 계상하고 있다.

(r) 법인세비용과 이연법인세

법인세비용(tax expenses)은 법인세법 등의 법령에 의하여 당해 사업연도의 법인세부담액에 이연법인세 변동액을 가감하여 계상하고 있다. 회사는 자산·부채의 장부금액과 세무기준액의 차이인 일시적 차이 중에서 미래기간의 과세소득을 증가시키는 가산할 일시적 차이에 대한 법인세효과는 법인세관련 기업회계기준서상의 예외항목에 해당하지 않는 경우에는 전액 이연법인세부채(deferred tax liability)로 인식하고 있으며, 미래기간의 과세소득을 감소시키는 차감할 일시적 차이 및 결손금 등에 대한 법인세효과는 향후 과세소득의 발생이 거의 확실하여 미래의 법인세 절감효과가 실현될 수 있을 것으로 기대되는 경우에 이연법인세자산(deferred tax asset)으로 인식하고 있다. 이러한 이연법인세자산(부채)는 관련된 자산(부채)항목의 대차대조표상 분류에 따라 대차대조표에 당좌자산(유동부채) 또는 기타비유동자산(비유동부채)으로 분류하고 있다. 또한, 자본계정에 직접 가감되는 항목과 관련된 법인세부담액과 이연법인세는 자본계정에 직접 가감하고 있다.

(s) 회계변경

변경된 새로운 회계정책은 소급적용하여 그 누적효과를 전기이월이익잉여금에 반영하고 있으며, 회계추정의 변경은 전진적으로 처리하여 그 효과를 당기와 당기 이후의 기간에 반영하고 있다. 한편, 당기에 발견한 전기 또는 그 이전 기간의 오류는 당기 손익계산서에 전기오류수정손익(영업외손익)으로 보고하고 있다. 다만, 전기 또는 그 이전 기간에 발생한 중대한 오류의 수정은 전기이월이익잉여금에 반영하고 관련

계정잔액을 수정하고 있으며, 비교재무제표를 작성하는 경우에 중대한 오류의 영향을 받는 회계기간의 재무제표항목은 재작성하고 있다.

(t) 자기주식

회사가 이미 발행한 주식을 주주로부터 취득한 경우에는 이를 자기주식(treasury stock)의 과목으로 하여 자본조정(capital adjustments)으로 처리하고 있다. 20×6년 12월 31일 현재 회사가 보유 중인 자기주식(주식수: 50주, 취득원가: ₩4,600)은 20×5년 12월 27일에 주주로부터 1주당 ₩92에 취득하였으며, 앞으로도 자기주식을 계속하여 보유할 예정이다.

(u) 주당순이익의 산정기준

주당순이익(earnings per share; EPS)은 보통주 1주에 대한 당기순이익을 계산한 것으로서, 보통주 당기순이익을 가중평균한 유통보통주식수로 나누어 산정하고 있다.

제2절 • 20×7회계연도(당기: 제11기) 재무제표 작성과정

1. 20×7회계연도에 발생한 기중거래의 요약

㉮ 20×7년 3월 21일에 열린 주주총회에서 제10기 이익잉여금처분계산서(안)의 처분내역(현금배당 ₩35,600, 법정적립금 ₩9,300, 임의적립금 ₩6,800)이 수정 없이 그대로 결의・확정되다.

ⓐ 현금매출액 : ₩600,000

ⓑ 외상매출액 : ₩210,000

ⓒ 상품권 회수액 : ₩160,000

ⓓ 현금매입액 : ₩500,000

ⓔ 외상매입액 : ₩159,000

ⓕ 매출채권 회수액 : ₩280,500

ⓖ 매출채권에 대한 대손처리액 : ₩3,200

ⓗ 매입채무 결제액 : ₩130,600

ⓘ 상품권 발행액 : ₩143,000

ⓙ 급여 지급액 : ₩110,000

ⓚ 퇴직보험료 납입액 : ₩600(여기에는 보험회사의 사업비 1%가 포함되어 있다.)

ⓛ 퇴직금 지급액 : ₩440(여기에는 보험회사로부터 수령한 퇴직보험예치금 ₩210이 포함되어 있다.)

ⓜ 퇴직보험예치금에 대한 이자수익과 특별배당금의 수령액 : ₩310(동 금액은 바로 납입할 퇴직보험료로 대체되었다.)

ⓝ 임차료 지급액 : ₩19,600(선급임차료 ₩14,000은 기초에 임차료계정으로 대체되었으며, 당기임차료 지급액 ₩19,600은 지급시점에서 바로 임차료계정으로 처리되었다.)

ⓞ 미지급법인세 지급액 : ₩31,400

ⓟ 기부금 납부액 : ₩110

ⓠ 매도가능증권(피투자회사에 중대한 영향력은 행사할 수 없지만 시장성 있는 투자주식)에 대한 배당금 수령액 : ₩4,300

ⓡ 미지급배당금 지급액 : ₩40,000

ⓢ 단기매매증권의 처분 : 처분금액 ₩11,200(처분된 단기매매증권의 장부금액: ₩10,000)

ⓣ 만기보유증권(만기까지 보유할 적극적인 의도와 능력이 있는 경우의 채무증권)의 취득 및 이자의 수령(이자수익의 계상) : 취득원가 ₩95,198(채무증권의 발행일 및 취득일: 20×7년 1월 1일, 액면금액: ₩100,000, 액면이자율: 10%, 만기일: 20×9년 12월 31일, 이자수령일: 매년 12월 31일, 취득일 현재의 유효이자율: 12%), 이자수령액 ₩10,000

ⓤ 신사채의 할증발행 : 사채발행금액 ₩205,066(신사채의 발행일 및 매출일: 20×7년 7월 1일, 액면금액: ₩200,000, 액면이자율: 10%, 만기일: 2×10년 6월 30, 이자지급일: 매년 6월 30일, 발행일 현재의 시장이자율: 8%, 시장이자율로 계산된 신사채의 현재가치: ₩210,302, 사채발행비: ₩5,236, 발행일 현재의 유효이자율: 9%)

ⓥ 보통주의 할인발행 : 주식발행금액 ₩44,000(발행일: 20×7년 7월 1일, 주당액면금액: ₩100, 발행주식수: 500주, 주당발행금액: ₩90, 신주발행비: ₩1,000)

ⓦ 토지의 취득 : 취득원가 ₩33,000

ⓧ 건물의 일부처분 및 처분된 건물에 대한 감가상각비의 계상 : 처분금액 ₩52,100(처분일: 20×7년 12월 31일, 처분된 건물의 취득원가: ₩82,000, 처분된 건물의 감가상각비: ₩8,200, 처분된 건물의 감가상각누계액: ₩24,600)

ⓨ 외화장기차입금의 일부상환 및 이자의 지급(이자비용의 계상) : 상환금액 ₩19,400(상환된 외화장기차입금의 장부금액: ₩18,700), 이자지급액 ₩1,940

ⓩ 할인발행된 구사채의 조기상환 및 이자의 지급(이자비용의 계상) : 상환금액 ₩95,000(상환일: 20×7년 12월 31일, 상환된 구사채의 액면금액: ₩100,000, 상환일 현재의 미상각된 사채할인발행차금: ₩1,783), 이자지급액 ₩10,000

2. 기중거래에 대한 분개

거래번호	차 변		대 변	
㉮	미처분이익잉여금	51,700	미지급배당금 법정적립금 임의적립금	35,600 9,300 6,800
ⓐ	현금및현금성자산	600,000	매 출	600,000
ⓑ	매출채권	210,000	매 출	210,000
ⓒ	상품권선수금	160,000	매 출	160,000
ⓓ	매 입	500,000	현금및현금성자산	500,000
ⓔ	매 입	159,000	매입채무	159,000
ⓕ	현금및현금성자산	280,500	매출채권	280,500
ⓖ	대손충당금	3,200	매출채권	3,200
ⓗ	매입채무	130,600	현금및현금성자산	130,600
ⓘ	현금및현금성자산	143,000	상품권선수금	143,000
ⓙ	급 여	110,000	현금및현금성자산	110,000
ⓚ	퇴직보험예치금 지급수수료(사업비)	594 6	현금및현금성자산	600
ⓛ	퇴직급여충당부채	440	현금및현금성자산 퇴직보험예치금	230 210
ⓜ	퇴직보험예치금	310	이자수익	310
ⓝ	임차료 임차료	14,000 19,600	선급임차료 현금및현금성자산	14,000 19,600
ⓞ	미지급법인세	31,400	현금및현금성자산	31,400
ⓟ	기부금	110	현금및현금성자산	110

	차변	금액	대변	금액
ⓠ	현금및현금성자산	4,300	배당금수익	4,300
ⓡ	미지급배당금	40,000	현금및현금성자산	40,000
ⓢ	현금및현금성자산	11,200	단기매매증권 단기매매증권처분이익	10,000 1,200
ⓣ	만기보유증권 현금및현금성자산 만기보유증권	95,198 10,000 1,424	현금및현금성자산 이자수익	95,198 11,424
ⓤ	현금및현금성자산	205,066	사 채 사채할증발행차금	200,000 5,066
ⓥ	현금및현금성자산 주식할인발행차금 주식발행초과금	44,000 6,000 4,500	보통주자본금 주식할인발행차금	50,000 4,500
ⓦ	토 지	33,000	현금및현금성자산	33,000
ⓧ	감가상각비 현금및현금성자산 감가상각누계액 유형자산처분손실	8,200 52,100 24,600 5,300	감가상각누계액 건 물	8,200 82,000
ⓨ	외화장기차입금 외환차손 이자비용	18,700 700 1,940	현금및현금성자산 현금및현금성자산	19,400 1,940
ⓩ	이자비용 사 채	11,595 100,000	현금및현금성자산 사채할인발행차금 현금및현금성자산 사채할인발행차금 사채상환이익	10,000 1,595 95,000 1,783 3,217

3. 수정전 잔액시산표의 작성

수정전잔액시산표

20×7년 12월 31일 현재

회사명 : ㈜경남백화점 (단위 : 원)

차 변	금 액	대 변	금 액
현금및현금성자산	475,888	매입채무	268,400
단기매매증권	11,000	상품권선수금	19,418
매출채권	270,300	미지급법인세	—
선급임차료	—	미지급배당금	400
재고자산(기초)	199,000	사 채	200,000
매도가능증권	80,000	사채할증발행차금	5,066

만기보유증권	96,622	외화장기차입금	21,300
장기대여금	50,000	퇴직급여충당부채	81,560
토 지	139,200	대손충당금(매출채권)	32,800
건 물	123,000	재고자산평가충당금	2,000
퇴직보험예치금	31,934	대손충당금(장기대여금)	3,000
주식할인발행차금	1,500	감가상각누계액	24,600
자기주식	4,600	보통주자본금	500,000
매 입	659,000	주식발행초과금	—
급 여	110,000	자기주식처분이익	500
임차료	33,600	매도가능증권평가이익	6,000
지급수수료	6	법정적립금	65,200
감가상각비	8,200	임의적립금	45,500
이자비용	13,535	미처분이익잉여금	47,300
외환차손	700	매 출	970,000
유형자산처분손실	5,300	이자수익	11,734
기부금	110	배당금수익	4,300
		단기매매증권처분이익	1,200
		사채상환이익	3,217
합 계	2,313,495	합 계	2,313,495

4. 기말 수정사항 및 이익잉여금의 처분내역(안)

※ (주)경남백화점의 20×7년 12월 31일(B/S일) 현재 수정사항 및 B/S일 후에 이사회에서 승인한 이익잉여금의 처분내역은 다음과 같다. 단, 법인세효과는 고려하지 않는다.

① 기말 현재 단기매매증권의 공정가치 : ₩13,600

② 매출채권에 대한 대손추산액 : ₩29,120

③ 기말 현재 임차료 미경과액 : ₩17,400

④ 기말 현재 재고자산액 : ₩211,000(장부재고액과 실지재고액은 같으나, 기말 현재 재고자산의 순실현가능가치는 ₩207,400이다.)

⑤ 기말 현재 매도가능증권의 공정가치 : ₩86,900

⑥ 장기대여금에 대한 이자수익 및 미수이자수익의 계상 : ₩3,500

⑦ 장기대여금에 대한 대손추산액 : ₩3,300

⑧ 건물에 대한 감가상각비 : ₩20,500

⑨ 할증발행된 신사채의 이자비용 및 미지급이자비용의 계상 : 이자비용 ₩9,228

(사채할증발행차금 상각액: ₩772 제외), 미지급이자비용 ₩10,000

⑩ 기말 현재 외화장기차입금의 원화환산액 : ₩19,500

⑪ 기말 현재 모든 임직원의 퇴직금추계액 : ₩90,000

⑫ 당기 법인세부담액 : ₩43,612(기말 이연법인세자산: ₩2,100, 기말 이연법인세부채: ₩10,400)

⑬ 이익잉여금의 처분내역(안) :

현금배당금(주당 배당률: 8%)	₩37,600	법정적립금	₩8,200
임의적립금	7,000	주식할인발행차금상각액	500

5. 기말 수정분개

거래번호	차 변		대 변	
①	단기매매증권	2,600	단기매매증권평가이익	2,600
②	대손충당금(매출채권)	3,680	대손충당금환입	3,680
③	선급임차료	17,400	임차료	17,400
④	매출원가 매출원가 재고자산(기말) 매출원가(재고자산평가손실)	199,000 659,000 211,000 1,600	재고자산(기초) 매 입 매출원가 재고자산평가충당금	199,000 659,000 211,000 1,600
⑤	매도가능증권	6,900	매도가능증권평가이익	6,900
⑥	미수이자수익	3,500	이자수익	3,500
⑦	기타의 대손상각비	300	대손충당금(장기대여금)	300
⑧	감가상각비	20,500	감가상각누계액	20,500
⑨	이자비용 사채할증발행차금	9,228 772	미지급이자비용	10,000
⑩	외화장기차입금	1,800	외화환산이익	1,800
⑪	퇴직급여	8,440	퇴직급여충당부채	8,440
⑫	법인세비용 이연법인세자산	49,912 2,100	미지급법인세 이연법인세부채	43,612 10,400
⑬	〈분개 없음〉			

6. 수정후 잔액시산표의 작성

수정후잔액시산표

20×7년 12월 31일 현재

회사명 : ㈜경남백화점 (단위 : 원)

차 변	금 액	대 변	금 액
현금및현금성자산	475,888	매입채무	268,400
단기매매증권	13,600	상품권선수금	19,418
매출채권	270,300	미지급법인세	41,612
선급임차료	17,400	미지급배당금	400
미수이자수익	3,500	미지급이자비용	10,000
재고자산(기말)	211,000	사 채	200,000
이연법인세자산	2,100	사채할증발행차금	4,294
매도가능증권	86,900	외화장기차입금	19,500
만기보유증권	96,622	퇴직급여충당부채	90,000
장기대여금	50,000	이연법인세부채	10,400
토 지	139,200	대손충당금(매출채권)	29,120
건 물	123,000	재고자산평가충당금	3,600
퇴직보험예치금	31,934	대손충당금(장기대여금)	3,300
주식할인발행차금	1,500	감가상각누계액	45,100
자기주식	4,600	보통주자본금	500,000
매출원가	648,600	주식발행초과금	–
급 여	110,000	자기주식처분이익	500
퇴직급여	8,440	매도가능증권평가이익	12,900
임차료	16,200	법정적립금	65,200
지급수수료	6	임의적립금	45,500
감가상각비	28,700	미처분이익잉여금	47,300
이자비용	22,763	매 출	970,000
기타의 대손상각비	300	이자수익	15,234
외환차손	700	배당금수익	4,300
유형자산처분손실	5,300	단기매매증권처분이익	1,200
기부금	110	단기매매증권평가이익	2,600
법인세비용	49,912	외화환산이익	1,800
		대손충당금환입	3,680
		사채상환이익	3,217
합 계	2,418,575	합 계	2,418,575

7. 재무제표의 작성

1] 현행 회계기준에 따른 재무제표의 작성

한국회계기준원(KAI) 회계기준위원회(KASB)가 2006년 2월에 제정한 「기업회계기준서 제21호」 '재무제표의 작성과 표시 I'과 1998년 4월에 제정(최종 개정; 2006년 2월)한 「기업회계기준(제6장 현금흐름표)」에 따라 재무제표를 작성하면 다음과 같다.

손익계산서

제11기 20×7년 1월 1일부터 20×7년 12월 31일까지

회사명 : (주)경남백화점 (단위 : 원)

과 목	금 액	
Ⅰ. 매출액		970,000
Ⅱ. 매출원가		648,600
기초상품재고액(순액)	197,000	
당기매입액	659,000	
기말상품재고액(순액)	(-)207,400	
Ⅲ. 매출총이익		321,400
Ⅳ. 판매비와 관리비		163,346
급 여	110,000	
퇴직급여	8,440	
임차료	16,200	
지급수수료	6	
감가상각비	28,700	
Ⅴ. 영업이익		158,054
Ⅵ. 영업외수익		32,031
이자수익	15,234	
배당금수익	4,300	
단기매매증권처분이익	1,200	
단기매매증권평가이익	2,600	
외화환산이익	1,800	
대손충당금환입	3,680	
사채상환이익	3,217	
Ⅶ. 영업외비용		29,173
이자비용	22,763	
기타의 대손상각비	300	
외환차손	700	
유형자산처분손실	5,300	
기부금	110	
Ⅷ. 법인세비용차감전순이익		160,912
Ⅸ. 법인세비용		49,912
Ⅹ. 당기순이익		111,000
Ⅺ. 주당손익		
기본주당순이익		24원

기본주당순이익 : ₩111,000(당기순이익)/4,702주(가중평균유통보통주식수) ≒ ₩24
가중평균유통보통주식수 : (4,450주 × 181일 + 4,950주 × 184일)/365일 ≒ 4,702주

■ 포괄손익계산서

기업회계기준서 제21호 '재무제표의 작성과 표시 I'에 따르면 당기순손익에 기타포괄손익을 가감하여 산출한 포괄손익의 내용을 주석으로 기재하여야 한다(문단 76). 포괄손익(comprehensive income)은 일정 기간 동안 주주와의 자본거래를 제외한 모든 거래나 사건에서 인식한 자본의 변동을 말한다. 포괄손익을 보고하는 목적은 주주와의 자본거래를 제외한 인식된 거래와 기타 경제적 사건으로 인하여 발생한 모든 순자산의 변동을 측정하기 위한 것인데, 이러한 순자산의 변동 중 일부는 손익계산서에 표시되고 일부는 대차대조표의 자본의 별도 구성항목으로 표시된다. 이론적으로 포괄손익을 표시하는 방법은 다음과 같이 크게 세 가지로 구분할 수 있다.

(1) **손익 및 포괄손익계산서(statement of income and comprehensive income)를 작성하는 방법** : 기존의 손익계산서를 확장하여 기존의 당기순손익뿐만 아니라 기타포괄손익을 가감하여 그 합계인 포괄손익을 표시하는 방법이다.

(2) **손익계산서(statement of income)와 포괄손익계산서(statement of comprehensive income)를 별도로 작성하는 방법** : 기존의 손익계산서 외에 별도의 재무성과보고서를 새로이 도입하여 여기에서 포괄손익을 표시하는 방법이다. 포괄손익계산서는 손익계산서상의 당기순손익에서 출발하여 기타포괄손익을 가감하여 포괄손익을 산출하게 된다.

(3) **자본변동표(statement of changes in equity)를 이용하는 방법** : 자본변동표의 구조를 개편하여 당기순손익과 기타포괄손익의 합계인 포괄손익을 별도로 표시하는 방법이다. 포괄손익을 별도 항목으로 두고 이익잉여금과 기타포괄손익으로 구분하여 기타포괄손익에는 해당 항목의 변동내용을 집계한다.

우리나라의 경우 포괄손익의 개념이 이제까지 도입되지 않아 도입 초기에는 국제회계기준이나 미국의 재무회계기준에서 요구하는 것처럼 별도의 재무보고서를 작성하거나 손익계산서나 자본변동표에서 포괄손익을 나타내는 것은 실무적으로 혼란이 예상되므로 포괄손익계산서를 손익계산서의 주석으로 공시하도록 하였다. 포괄손익에 대한 개념이 정착되고 난 후에는 포괄손익계산서를 별도의 재무보고서로 작성하거나 손익계산서를 확장하여 포괄손익을 나타낼 수 있을 것이다.

포괄손익계산서

제11기 20×7년 1월 1일부터 20×7년 12월 31일까지

회사명 : ㈜경남백화점 (단위 : 원)

구 분	금 액	
Ⅰ. 당기순이익		110,000
Ⅱ. 회계정책변경누적효과[1)]		—
Ⅲ. 기타포괄손익		6,900
매도가능증권평가이익	6,900	
해외사업환산손익	—	
현금흐름위험회피 파생상품평가손익	—	
Ⅳ. 포괄이익		116,900

1) 회계정책변경누적효과

기업회계기준서 제1호 '회계변경과 오류수정'에 따르면 회계정책의 변경에 대해서는 원칙적으로 소급적용하여 전기 또는 그 이전의 재무제표를 재작성하고, 회계정책변경의 누적효과를 합리적으로 결정하기 어려운 경우에는 회계변경을 전진적으로 처리하여 그 효과를 당기와 당기 이후의 기간에 반영한다. 따라서 회계정책변경의 누적효과는 당기순손익에 반영되는 것이 아니라 각 회계연도의 순손익에 반영되므로 포괄손익계산서에서 별도의 항목으로 나타나지 않는다. 그러나 기업회계기준서 제1호에 의한 회계정책의 변경이 아니고 다른 기준서에 의하여 회계정책의 변경에 대하여 소급적용하지 않고 회계정책변경의 누적효과를 기초이익잉여금에 일시에 반영하는 경우(예: 기업회계기준서 제5호 '유형자산' 문단 51)에는 회계정책 변경의 누적효과를 포괄손익계산서에 별도의 항목으로 나타내고 당기의 포괄손익에 포함시킨다(기업회계기준서 제21호 '재무제표의 작성과 표시 Ⅰ' 결론도출근거 A56 참조).

이익잉여금처분계산서(안)

제11기 20×7년 1월 1일부터 20×7년 12월 31일까지
처분예정일 20×8년 3월 24일

회사명 : ㈜경남백화점 (단위 : 원)

구 분	금 액	
Ⅰ. 미처분이익잉여금		158,300
전기이월미처분이익잉여금	47,300	
당기순이익	111,000	

Ⅱ. 임의적립금 등의 이입액		—
합　　계		158,300
Ⅲ. 이익잉여금처분액		53,300
법정적립금	8,200	
주식할인발행차금상각액	500	
배당금	37,600	
현금배당		
주당배당금(률) : 8원(8%)		
임의적립금	7,000	
Ⅳ. 차기이월미처분이익잉여금		105,000

배당금(구주) : ₩100(주당 액면금액)×8%(액면배당률)×4,450주(배당을 받을 보통주식수)×365일/365일＝₩35,600

배당금(신주) : ₩100(주당 액면금액)×8%(액면배당률)×500주(배당을 받을 보통주식수)×184일/365일≒₩2,000

대 차 대 조 표

제11기 20×7년 12월 31일 현재

회사명 : ㈜경남백화점 (단위 : 원)

과　　　목	금　　액	
자 산		
Ⅰ. 유동자산		961,068
현금및현금성자산	475,888	
단기매매증권	13,600	
매출채권	270,300	
대손충당금	(－)29,120	
선급임차료	17,400	
미수이자수익	3,500	
이연법인세자산	2,100	
재고자산	211,000	
재고자산평가충당금	(－)3,600	
Ⅱ. 비유동자산		447,322
매도가능증권	86,900	
만기보유증권	96,622	
장기대여금	50,000	
대손충당금	(－)3,300	
토 지	139,200	
건 물	123,000	
감가상각누계액	(－)45,100	
자 산　총 계		1,408,390
부 채		
Ⅰ. 유동부채		339,830
매입채무	268,400	
상품권선수금	19,418	
미지급법인세	41,612	

미지급배당금	400	
미지급이자비용	10,000	
Ⅱ. 비유동부채		292,260
사 채	200,000	
사채할증발행차금	4,294	
외화장기차입금	19,500	
퇴직급여충당부채	90,000	
퇴직보험예치금	(-)31,934	
이연법인세부채	10,400	
부 채 총 계		632,090
자 본		
Ⅰ. 자본금		500,000
보통주자본금	500,000	
Ⅱ. 자본잉여금		500
자기주식처분이익	500	
Ⅲ. 자본조정		(-)6,100
주식할인발행차금	(-)1,500	
자기주식	(-)4,600	
Ⅳ. 기타포괄손익누계액		12,900
매도가능증권평가이익	12,900	
Ⅴ. 이익잉여금		269,000
법정적립금	65,200	
임의적립금	45,500	
미처분이익잉여금	158,300	
자 본 총 계		776,300
부채 및 자본 총계		1,408,390

자 본 변 동 표

제11기 20×7년 1월 1일부터 20×7년 12월 31일까지

회사명 : ㈜경남백화점 (단위 : 원)

구 분	자 본 금	자본잉여금	자본조정	기타포괄손익누계액	이익잉여금	총 계
20×7. 1. 1(보고금액)	450,000	5,000	(4,600)	6,000	193,600	650,000
회계정책변경 누적효과					—	—
전기오류수정손익					—	—
수정후 이익잉여금					193,600	650,000
연차배당					(35,600)	(35,600)
기타 이익잉여금처분액					—	—
처분후 이익잉여금					158,000	614,400
중간배당					—	—
유상증자	50,000	(4,500)	(1,500)			44,000
당기순이익					111,000	111,000
자기주식 취득						—
매도가능증권평가손익				6,900		6,900
해외사업환산손익				—		—
20×7.12.31(당기말)	500,000	500	(6,100)	12,900	269,000	776,300

현 금 흐 름 표(직접법)

제11기 20×7년 1월 1일부터 20×7년 12월 31일까지

회사명 : ㈜경남백화점 (단위 : 원)

과 목	금 액	
Ⅰ. 영업활동으로 인한 현금흐름		233,320
1. 매출 등 수익활동으로부터의 유입액	1,023,500[1)]	
2. 매입 및 종업원에 대한 유출액	(-)761,030[2)]	
3. 이자수익 유입액	10,000[3)]	
4. 배당금수익 유입액	4,300[4)]	
5. 이자비용 유출액	(-)11,940[5)]	
6. 법인세비용 유출액	(-)31,400[6)]	
7. 기부금 납부액	(-)110	
Ⅱ. 투자활동으로 인한 현금흐름		(-)64,898
1. 투자활동으로 인한 현금유입액		
단기매매증권의 처분	11,200	
건물의 처분	52,100	
2. 투자활동으로 인한 현금유출액		
만기보유증권의 취득	(-)95,198	
토지의 취득	(-)33,000	
Ⅲ. 재무활동으로 인한 현금흐름		94,666
1. 재무활동으로 인한 현금유입액		
신사채의 발행	205,066	
보통주의 발행	44,000	
2. 재무활동으로 인한 현금유출액		
외화장기차입금의 상환	(-)19,400	
구사채의 상환	(-)95,000	
배당금의 지급	(-)40,000	
Ⅳ. 현금의 증가(Ⅰ+Ⅱ+Ⅲ)		263,088
Ⅴ. 기초의 현금		212,800
Ⅵ. 기말의 현금		475,888

1) 매출 등 수익활동으로부터의 유입액 〈발생주의 매출액 ⇒ 현금주의 매출액〉

(1) 계정조정법 :

₩970,000(손익계산서상의 매출액: 발생주의 매출액)+₩73,700(매출채권의 감소)−₩3,200(실제 대손발생액)−₩17,000(상품권선수금의 감소)=₩1,023,500(현금주의 매출액)

(2) 장부직접법 :

₩600,000(현금매출액: 분개 ⓐ)+₩280,500(매출채권 회수액 : 분개 ⓕ)+₩143,000(상품권 발행액: 분개 ⓘ)=₩1,023,500(현금주의 매출액)

2) 매입 및 종업원에 대한 유출액 〈발생주의 매출원가 및 판매비와 관리비 ⇒ 현금주의 매출원가 및 판매비와 관리비〉

(1) 계정조정법 :

₩645,000(손익계산서상의 매출원가: 발생주의 매출원가)＋₩163,346(손익계산서상의 판매비와 관리비: 발생주의 판매비와 관리비)＋₩14,000(재고자산의 증가)－₩28,400(매입채무의 증가)－₩8,440(퇴직급여)－₩28,700(감가상각비)＋₩3,400(선급임차료의 증가)＋₩594(퇴직보험료 납입액)＋₩230(퇴직금 지급액)＝₩761,030(㉮＋㉯＋㉰: 현금주의 매출원가 및 판매비와 관리비)

㉮ 매입으로 인한 유출액 〈발생주의 매출원가 ⇒ 현금주의 매출원가〉

₩645,000(손익계산서상의 매출원가: 발생주의 매출원가)＋₩14,000(재고자산의 증가)－₩28,400(매입채무의 증가)＝₩630,600(현금주의 매출원가)

또는 ₩659,000(당기매입액)－₩28,400(매입채무의 증가)＝₩630,600(현금주의 매출원가)

㉯ 종업원에 대한 유출액 〈발생주의 급여 및 퇴직급여 ⇒ 현금주의 급여 및 퇴직급여〉

₩118,440(손익계산서상의 급여 및 퇴직급여: 발생주의 급여 및 퇴직급여)－₩8,440(퇴직급여)＋₩594(퇴직보험료 납입액)＋₩230(퇴직금 지급액)＝₩110,824(현금주의 급여 및 퇴직급여)

또는 ₩118,440(손익계산서상의 급여 및 퇴직급여: 발생주의 급여 및 퇴직급여)－₩7,306(퇴직급여충당부채의 증가)－₩310(이자수익을 퇴직보험료로의 대체・납부액)＝₩110,824(현금주의 급여 및 퇴직급여)

₩7,306(퇴직급여충당부채의 증가)＝(₩90,000－₩31,934)－(₩82,000－₩31,240)

㉰ 판매비와 관리비(인건비 제외) 유출액 〈발생주의 판매비와 관리비 ⇒ 현금주의 판매비와 관리비〉

₩44,906(손익계산서상의 판매비와 관리비: 발생주의 판매비와 관리비)－₩28,700(감가상각비)＋₩3,400(선급임차료의 증가)＝₩19,606(현금주의 판매비와 관리비)

(2) 장부직접법 :

₩500,000(현금매입액: 분개 ⓓ)+₩130,600(매입채무 결제액: 분개 ⓗ)+₩110,000(급여 지급액: 분개 ⓙ)+₩594(퇴직보험료 납입액: 분개 ⓚ)+₩6(지급수수료 지급액: 분개 ⓚ)+₩230(퇴직금 지급액: 분개 ⓛ)+₩19,600(임차료 지급액: 분개 ⓝ)=₩761,030(㉮+㉯+㉰: 현금주의 매출원가 및 판매비와 관리비)

㉮ 매입으로 인한 유출액

₩500,000(현금매입액)+₩130,600(매입채무 결제액)=₩630,600(현금주의 매출원가)

㉯ 종업원에 대한 유출액

₩110,000(급여 지급액)+₩594(퇴직보험료 납입액)+₩230(퇴직금 지급액)=₩110,824(현금주의 급여 및 퇴직급여)

㉰ 판매비와 관리비(인건비 제외) 유출액

₩19,600(임차료 지급액)+₩6(지급수수료 지급액)=₩19,606(현금주의 판매비와 관리비)

3) 이자수익 유입액 〈발생주의 이자수익 ⇒ 현금주의 이자수익〉

(1) 계정조정법 :

₩15,234(손익계산서상의 이자수익: 발생주의 이자수익)−₩3,500(미수이자수익의 증가)−₩310(퇴직보험료 대체액)−₩1,424(만기보유증권할인액 상각액)=₩10,000(현금주의 이자수익)

(2) 장부직접법 :

₩10,000(이자수익 수령액: 분개 ⓣ)=₩10,000(현금주의 이자수익)

4) 배당금수익 유입액 〈발생주의 배당금수익 ⇒ 현금주의 배당금수익〉

(1) 계정조정법 :

₩4,300(손익계산서상의 배당금수익: 발생주의 배당금수익)=₩4,300(현금주의 배당금수익)

(2) 장부직접법 :

₩4,300(배당금수익 수령액: 분개 ⓠ)=₩4,300(현금주의 배당금수익)

5) 이자비용 유출액 〈발생주의 이자비용 ⇒ 현금주의 이자비용〉

(1) 계정조정법 :

₩22,763(손익계산서상의 이자비용: 발생주의 이자비용)－₩10,000(미지급이자비용의 증가)－₩1,595(사채할인발행차금 상각액)＋₩772(사채할증발행차금 상각액)＝₩11,940(현금주의 이자비용)

(2) 장부직접법 :

₩1,940(이자비용 지급액: 분개 ⓨ)＋₩10,000(이자비용 지급액: 분개 ⓩ)＝₩11,940(현금주의 이자비용)

6) 법인세비용 유출액 〈발생주의 법인세비용 ⇒ 현금주의 법인세비용〉

(1) 계정조정법 :

₩49,912(손익계산서상의 법인세비용: 발생주의 법인세비용)－₩10,212(미지급법인세의 증가)＋₩2,100(이연법인세자산의 증가)－₩10,400(이연법인세부채의 증가)＝₩31,400(현금주의 법인세비용)

(2) 장부직접법 :

₩31,400(미지급법인세 지급액: 분개 ⓞ)＝₩31,400(현금주의 법인세비용)

이러한 현금흐름표는 한 회계기간의 현금흐름을 기업의 경영활동별로 구분하여 표시한 재무보고서이기 때문에, 현금흐름표는 총계정원장의 현금및현금성자산계정(현금계정)을 분류·요약한 재무보고서라고 볼 수 있다. 특히, **장부직접법**으로 작성된 현금흐름표는 총계정원장의 현금계정을 영업활동으로 인한 현금흐름(영업현금), 투자활동으로 인한 현금흐름(투자현금), 재무활동으로 인한 현금흐름(재무현금)으로 분류·요약한 재무보고서에 불과한 것이다. 따라서 각 활동별 현금유입은 현금계정의 차변에 그리고 각 활동별 현금유출은 현금계정의 대변에 보고된다. 왜냐 하면 현금은 자산이므로 현금유입은 자산의 증가를 가져오고 현금유출은 자산의 감소를 가져오기 때문이다. 다음의 현금계정은 각 활동별 현금흐름을 현행 회계기준인 「기업회계기준(제6장 현금흐름표)」에 따라 분류한 것이다.

(차변) 현금및현금성자산 (대변)

내 역	유입액	경영활동	내 역	유출액	경영활동
기초 현금잔액	**212,800**	(전기이월)	ⓓ 매 입	500,000	(영업활동)
ⓐ 매 출	600,000	(영업활동)	ⓗ 매입채무	130,600	(영업활동)
ⓕ 매출채권	280,500	(영업활동)	ⓙ 급 여	110,000	(영업활동)
ⓘ 상품권선수금	143,000	(영업활동)	ⓚ 퇴직보험예치금	594	(영업활동)
ⓠ 배당금수익	4,300	(영업활동)	ⓚ 지급수수료	6	(영업활동)
ⓢ 단기매매증권	10,000	(투자활동)	ⓛ 퇴직급여충당부채	230	(영업활동)
ⓢ 단기매매증권처분이익	1,200	(투자활동)	ⓝ 임차료	19,600	(영업활동)
ⓣ 이자수익	10,000	(영업활동)	ⓞ 미지급법인세	31,400	(영업활동)
ⓤ 사 채	200,000	(재무활동)	ⓟ 기부금	110	(영업활동)
ⓤ 사채할증발행차금	5,066	(재무활동)	ⓡ 미지급배당금	40,000	(재무활동)
ⓥ 자본금	44,000	(재무활동)	ⓣ 만기보유증권	95,198	(투자활동)
ⓧ 건 물	52,100	(투자활동)	ⓦ 토 지	33,000	(투자활동)
			ⓨ 외화장기차입금	19,400	(재무활동)
			ⓨ 이자비용	1,940	(영업활동)
			ⓩ 이자비용	10,000	(영업활동)
			ⓩ 사 채	95,000	(재무활동)
			기말 현금잔액	**475,888**	(차기이월)
	1,562,966			1,562,966	

■ **간접법 : 순액보고와 총액보고**

영업활동으로 인한 현금흐름을 간접법으로 표시할 때, 당기순손익에 현금의 유출이 없는 비용(비현금비용)을 가산하고 현금의 유입이 없는 수익(비현금수익)을 차감한다. 이러한 비현금비용과 비현금수익의 일부 항목만을 당기순손익에 가감하여 순액으로 보고할 수 있고(순액보고), 모든 항목을 당기순손익에 가감하여 총액으로 보고할 수 있다(총액보고). 순액보고는 투자활동 및 재무활동과 관련된 자산이나 부채의 비현금비용과 비현금수익만 당기순손익에 가감하고, 영업활동과 관련된 자산이나 부채의 비현금비용과 비현금수익은 당기순손익에 가감하지 않는 방법이다. 총액보고는 투자활동 및 재무활동과 관련된 자산이나 부채의 비현금비용과 비현금수익뿐만 아니라 영업활동과 관련된 자산이나 부채의 비현금비용과 비현금수익도 별도로 당기순손익에 가감하는 방법이다.

이에 따라 매출채권(장기성 매출채권 포함)에 대한 대손상각비와 대손충당금환입·매출채권처분손실·외화표시매출채권 및 외화표시매입채무와 관련된 외화환산손익·재고자산평가손실·원가성이 없는 재고자산감모손실·퇴직급여와 같은 영업활동과 관련된 자산이나 부채의 비현금비용과 비현금수익을 영업활동으로 인한 현금흐름을 간접법으로 표시할 때, 순액보고에서는 당기순손익에 가감하지 않지만 총액보고에서는 당기순손익에 가감한다. 예를 들면, 재고자산평가손실이 발생하면 순액보고에서는 이 손실을 "현금의 유출이 없는 비용 등의 가산"란에는 표시하지 않고, 단지 재고자산의 증감(재고자산평가충당금을 차감한 기말재고액과 기초재고액의 차이)을 "영업활동과 관련된 자산·부채의 변동"란에만 표시한다. 그러나 총액보고에서는 이 손실을 "현금의 유출이 없는 비용 등의 가산"란에 별도로 표시하고, 또 재고자산의 증감(재고자산평가충당금을 차감하지 않은 기말재고액과 기초재고액의 차이)을 "영업활동과 관련된 자산·부채의 변동"란에 표시한다.

한편, 감가상각비·비매출채권(미수금, 대여금 등)에 대한 기타의 대손상각비와 대손충당금환입·단기매매증권평가손익·유형자산에 대한 손상차손과 손상차손환입·외화채권 및 외화채무와 관련된 외화환산손익과 같이 투자활동 및 재무활동과 관련된 자산이나 부채의 비현금비용과 비현금수익은 영업활동으로 인한 현금흐름을 간접법으로 표시할 때, 순액보고하든 총액보고하든 당기순손익에 가감한다.

회계기준위원회는 실무상의 작성편의 등을 고려하여 영업활동 현금흐름을 순액보고의 방식으로 현금흐름표를 작성하도록 권장하고 있으나(기업회계기준서 공개초안 제03-16.2호 '재무제표의 작성과 표시Ⅱ' 결론도출근거 A33 참조), 금융감독원 전자공시시스템에 전송·제출된 공시서류(감사보고서·사업보고서 등)를 보면, 우리나라 대부분의 기업들은 영업활동 현금흐름을 총액보고의 방식으로 현금흐름표를 작성하고 있다.

현 금 흐 름 표(간접법: 순액보고)

제11기 20×7년 1월 1일부터 20×7년 12월 31일까지

회사명 : ㈜경남백화점 (단위 : 원)

과 목	금 액	
Ⅰ. 영업활동으로 인한 현금흐름		233,320
1. 당기순이익	**111,000**	
2. 현금의 유출이 없는 비용 등의 가산	**36,595**	
감가상각비	28,700	
이자비용(사채할인발행차금 상각액)	1,595	
기타의 대손상각비[1)]	300	
외환차손	700	
유형자산처분손실	5,300	

3. 현금의 유입이 없는 수익 등의 차감	**(-)11,013**	
이자수익(만기보유증권할인액 상각액)	1,424	
단기매매증권평가이익	2,600	
외화환산이익	1,800	
사채할증발행차금 상각액	772	
단기매매증권처분이익	1,200	
사채상환이익	3,217	
4. 영업활동으로 인한 자산·부채의 변동	**96,738**	
매출채권의 감소[2)]	66,820	
재고자산의 증가[3)]	(-)10,400	
선급임차료의 증가	(-)3,400	
미수이자수익의 증가	(-)3,500	
이연법인세자산의 증가	(-)2,100	
매입채무의 증가	28,400	
상품권선수금의 감소	(-)17,000	
미지급이자비용의 증가	10,000	
미지급법인세의 증가	10,212	
이연법인세부채의 증가	10,400	
퇴직급여충당부채의 증가[4)]	7,306	
Ⅱ. 투자활동으로 인한 현금흐름		(-)64,898
1. 투자활동으로 인한 현금유입액		
단기매매증권의 처분	11,200	
건물의 처분	52,100	
2. 투자활동으로 인한 현금유출액		
만기보유증권의 취득	(-)95,198	
토지의 취득	(-)33,000	
Ⅲ. 재무활동으로 인한 현금흐름		94,666
1. 재무활동으로 인한 현금유입액		
신사채의 발행	205,066	
보통주의 발행	44,000	
2. 재무활동으로 인한 현금유출액		
외화장기차입금의 상환	(-)19,400	
구사채의 상환	(-)95,000	
배당금의 지급	(-)40,000	
Ⅳ. 현금의 증가(Ⅰ+Ⅱ+Ⅲ)		263,088
Ⅴ. 기초의 현금		212,800
Ⅵ. 기말의 현금		475,888

1) 기타의 대손상각비

기타의 대손상각비 ₩300은 순액보고에서도 "현금의 유출이 없는 비용 등의 가산" 란에 표시하여야 한다. 왜냐 하면 기타의 대손상각비는 비현금비용이고, 이와 관련된 장기대여금은 영업활동과 관련된 자산이 아니고 투자활동과 관련된 자산이기 때문이다.

2) 대손충담금환입(또는 대손상각비)과 매출채권

대손충당금환입은 비현금수익이지만 이와 관련된 자산은 매출채권이다. 그리고 매출채권은 영업활동과 관련된 자산이다. 따라서 순액보고에서는 대손충당금환입 ₩3,680과 대손발생액 ₩3,200을 "현금의 유입이 없는 수익 등의 차감"란에 표시하지 않고, 오로지 대손충당금을 차감한 매출채권의 기말순장부금액(순실현가능가치) ₩241,180(₩270,300－₩29,120)과 기초순장부금액 ₩308,000(₩344,000－₩36,000)의 차이인 ₩66,820만을 "영업활동과 관련된 자산・부채의 변동"란에 매출채권의 감소 (+)₩66,820으로 표시한다.

3) 재고자산평가손실(재고자산평가충당금)과 재고자산

재고자산평가손실은 비현금비용이지만 이와 관련된 자산은 재고자산이다. 그리고 재고자산은 영업활동과 관련된 자산이다. 따라서 순액보고에서는 매출원가(재고자산평가손실) ₩1,600을 "현금의 유출이 없는 비용 등의 가산"란에 표시하지 않고, 오로지 재고자산평가충당금을 차감한 기말재고액(순실현가능가치) ₩207,400(₩211,000－₩3,600)과 기초재고액 ₩197,000(₩199,000－₩2,000)의 차이인 ₩10,400만을 "영업활동과 관련된 자산・부채의 변동"란에 재고자산의 증가 (-)₩10,400으로 표시한다.

4) 퇴직급여과 퇴직급여충당부채(퇴직보험예치금)

퇴직급여는 비현금비용이지만 이와 관련된 부채는 퇴직급여충당부채(및 퇴직보험예치금)이다. 그리고 퇴직급여충당부채(및 퇴직보험예치금)은 영업활동과 관련된 부채(및 부채의 차감)이다. 따라서 순액보고에서는 퇴직급여 ₩8,440을 "현금의 유출이 없는 비용 등의 가산"란에 표시하지 않고, 퇴직보험예치금에 대한 이자수익(퇴직보험료 대체액)으로 현금의 유출 없이 퇴직보험예치금을 증가(퇴직급여충당부채을 감소)시킨 ₩310과 당기의 퇴직금 지급액 ₩230을 "현금의 유입이 없는 수익 등의 차감"란에 표시하지 않는다. 또한 당기의 퇴직보험료 지급액 ₩594도 "영업활동과 관련된 자산・부채의 변동"란에 표시하지 않는다. 오로지 퇴직보험예치금을 차감한 퇴직급여충당부채의 기말순장부금액 ₩58,066(₩90,000－₩31,934)과 기초순장부금액 ₩50,760(₩82,000－₩31,240)의 차이인 ₩7,306만을 "영업활동과 관련된 자산·부채의 변동"란에 퇴직급여충당부채의 증가 (+)₩7,306으로 표시한다.

현 금 흐 름 표(간접법: 총액보고)

제11기 20×7년 1월 1일부터 20×7년 12월 31일까지

회사명 : ㈜경남백화점 (단위 : 원)

과 목	금 액	
Ⅰ. 영업활동으로 인한 현금흐름		233,320
1. 당기순이익	**111,000**	
2. 현금의 유출이 없는 비용 등의 가산	**46,635**	
퇴직급여[1]	8,440	
감가상각비	28,700	
이자비용(사채할인발행차금 상각액)	1,595	
기타의 대손상각비	300	
매출원가(재고자산평가손실)[2]	1,600	
외환차손	700	
유형자산처분손실	5,300	
3. 현금의 유입이 없는 수익 등의 차감	**(−)18,433**	
이자수익(퇴직보험료 대체액)[1]	310	
이자수익(만기보유증권할인액 상각액)	1,424	
단기매매증권평가이익	2,600	
외화환산이익	1,800	
대손충당금환입[3]	3,680	
대손발생액[3]	3,200	
퇴직금의 지급[1]	230	
사채할증발행차금 상각액	772	
단기매매증권처분이익	1,200	
사채상환이익	3,217	
4. 영업활동으로 인한 자산·부채의 변동	**94,118**	
매출채권의 감소[3]	73,700	
재고자산의 증가[2]	(−)12,000	
선급임차료의 증가	(−)3,400	
미수이자수익의 증가	(−)3,500	
이연법인세자산의 증가	(−)2,100	
매입채무의 증가	28,400	
상품권선수금의 감소	(−)17,000	
미지급이자비용의 증가	10,000	
미지급법인세의 증가	10,212	
이연법인세부채의 증가	10,400	
퇴직보험예치금의 증가[1]	(−)594	
Ⅱ. 투자활동으로 인한 현금흐름		(−)64,898
1. 투자활동으로 인한 현금유입액		

단기매매증권의 처분	11,200	
건물의 처분	52,100	
2. 투자활동으로 인한 현금유출액		
만기보유증권의 취득	(-)95,198	
토지의 취득	(-)33,000	
Ⅲ. 재무활동으로 인한 현금흐름		94,666
1. 재무활동으로 인한 현금유입액		
신사채의 발행	205,066	
보통주의 발행	44,000	
2. 재무활동으로 인한 현금유출액		
외화장기차입금의 상환	(-)19,400	
구사채의 상환	(-)95,000	
배당금의 지급	(-)40,000	
Ⅳ. 현금의 증가(Ⅰ+Ⅱ+Ⅲ)		263,088
Ⅴ. 기초의 현금		212,800
Ⅵ. 기말의 현금		475,888

1) 퇴직급여과 퇴직급여충당부채(퇴직보험예치금)

퇴직급여는 비현금비용으로 이와 관련된 부채는 퇴직급여충당부채(및 퇴직보험예치금)이다. 그리고 퇴직급여충당부채(및 퇴직보험예치금)은 영업활동과 관련된 부채(및 부채의 차감)이다. 총액보고에서는 퇴직급여 ₩8,440을 "현금의 유출이 없는 비용 등의 가산"란에 표시하고, 현금의 유입이 없는 이자수익(바로 퇴직보험료로 대체되어 퇴직보험예치금을 증가시킴으로써 퇴직급여충당부채를 감소시킨 이자수익) ₩310과 당기의 퇴직금 지급액 ₩230을 "현금의 유입이 없는 수익 등의 차감"란에 표시한다. 또한 당기의 퇴직보험료 지급액 ₩594을 "영업활동과 관련된 자산·부채의 변동"란에 퇴직보험예치금의 증가 (-)₩594으로 표시한다.

이자수익(퇴직보험료 대체액) ₩310을 "현금의 유입이 없는 수익 등의 차감"란에 표시한 이유는 이자수익 ₩310이 당기순이익은 증가시켰지만 바로 퇴직보험료로 대체되어 현금을 증가시키지 않았기 때문이다. 또한 당기의 퇴직금 지급액 ₩230을 "현금의 유입이 없는 수익 등의 차감"란에 표시한 이유는 퇴직금 지급액 ₩230이 현금과 퇴직급여충당부채는 감소시켰지만 당기순이익은 감소시키지 않았기 때문이다. 그리고 당기의 퇴직보험료 지급액 ₩594을 "영업활동과 관련된 자산·부채의 변동"란에 퇴직보험예치금의 증가 (-)₩594으로 표시한 이유는 퇴직보험료 지급액 ₩594이 현금과 퇴직금여충당부채는 감소(또는 퇴직보험예치금은 증가)시켰지만 당기순이익은 감소시키지 않았기 때문이다.

한편 금융감독원 전자공시시스템에 전송・제출된 공시서류(감사보고서・사업보고서 등)를 보면, 우리나라의 일부 기업들은 당기의 퇴직금 지급액을 "현금의 유입이 없는 수익 등의 차감"란에 표시하지 않고, "영업활동과 관련된 자산・부채의 변동"란에 표시하고 있다.

2) 재고자산평가손실과 재고자산

재고자산평가손실은 비현금비용으로 이와 관련된 자산은 재고자산이다. 그리고 재고자산은 영업활동과 관련된 자산이다. 총액보고에서는 매출원가(재고자산평가손실) ₩1,600을 "현금의 유출이 없는 비용 등의 가산"란에 표시하고, 그 대신에 재고자산평가충당금을 차감하지 않은 기말재고액(취득원가) ₩211,000과 기초재고액 ₩199,000의 차이인 ₩12,000을 "영업활동과 관련된 자산・부채의 변동"란에 재고자산의 증가 (-)₩12,000으로 표시한다.

3) 대손충담금환입(또는 대손상각비)과 매출채권

대손충당금환입은 비현금수익으로 이와 관련된 자산은 매출채권이다. 그리고 매출채권은 영업활동과 관련된 자산이다. 총액보고에서는 대손충당금환입 ₩3,680과 대손발생액 ₩3,200을 "현금의 유입이 없는 수익 등의 차감"란에 표시하고, 그 대신에 대손충당금을 차감하지 않은 매출채권의 기말장부금액 ₩270,300과 기초장부금액 ₩344,000의 차이인 ₩73,700을 "영업활동과 관련된 자산・부채의 변동"란에 매출채권의 감소 (+)₩73,700으로 보고한다.

매출채권의 감소는 일반적으로 현금이 회수된 경우와 대손이나 부도가 실제로 발생하여 회수불능으로 판명되는 경우로 구분된다. 당기의 대손발생액 ₩3,200을 "현금의 유입이 없는 수익 등의 차감"란에 표시한 이유는 "영업활동과 관련된 자산・부채의 변동"란에 매출채권의 감소 (+)₩73,700을 보고함으로써 동액만큼 현금유입이 있는 것으로 하였지만, ₩73,700 중에 ₩3,200은 대손발생액으로 매출채권만 감소시키고 현금유입은 없었기 때문이다. 즉 이중계산을 방지하기 위하여 대손발생액 ₩320을 당기순이익에서 차감한 것이다. 또한 이러한 표시는 매출채권의 감소 ₩73,700을 현금유입이 있는 매출채권의 감소 ₩70,500(외상매출액: 매출채권의 증가 ₩210,000과 매출채권 회수액: 매출채권의 감소 ₩280,500의 차이)과 현금유입이 없는 매출채권의 감소 ₩3,200(실제 대손발생액)으로 구분하기 위해서이다.

2] 공개초안에 따른 현금흐름표의 작성

한국회계기준원(KAI) 회계기준위원회(KASB)가 2003년 7월에 발표한 「기업회계기준서 공개초안 제03-16.2호」 '재무제표의 작성과 표시Ⅱ(현금흐름표)'에 따라 현금흐름표를 작성하면 다음과 같다.

현금흐름표(직접법)

제11기 20×7년 1월 1일부터 20×7년 12월 31일까지

회사명 : ㈜경남백화점 (단위 : 원)

과 목	금 액	
영업활동 현금흐름		235,260
영업활동 현금유입액		
매출처로부터의 현금유입	1,023,500	
기타의 영업활동 현금유입[1)]	4,300	
영업활동 현금유출액		
종업원, 매입처에 대한 현금유출	(-)761,030	
법인세 등의 납부	(-)31,400	
기타의 영업활동 현금유출	(-)110	
투자활동 현금흐름		19,100
투자활동 현금유입액		
건물의 처분	52,100	
투자활동 현금유출액		
토지의 취득	(-)33,000	
재무활동 현금흐름		8,728
재무활동 현금유입액		
신사채의 발행	205,066	
보통주의 발행	44,000	
이자수입	10,000	
단기매매증권의 처분	11,200	
재무활동 현금유출액		
외화장기차입금의 상환	(-)19,400	
구사채의 상환	(-)95,000	
이자비용 지급	(-)11,940	
배당금 지급	(-)40,000	
만기보유증권의 취득	(-)95,198	
현금의 증가		263,088
기초의 현금		212,800
기말의 현금		475,888

1) 기타의 영업활동 현금유입

비유동자산에 속하는 지분증권의 취득과 처분은 투자활동 현금흐름으로 분류되므로 투자활동의 정의상 비유동자산에 속하는 지분증권은 영업활동에 필요한 자산으로 본다. 따라서 비유동자산에 속하는 지분증권(매도가능증권)의 보유에 따른 배당금수입 ₩4,300은 영업활동 현금흐름으로 분류한다(기업회계기준서 공개초안 제03-16.2호 '재무제표의 작성과 표시Ⅱ' 결론도출근거 A42 참조).

다음의 현금계정은 각 활동별 현금흐름을 「기업회계기준서 공개초안 제03-16.2호」 '재무제표의 작성과 표시Ⅱ(현금흐름표)'에 따라 분류한 것이다.

(차변) **현금및현금성자산** **(대변)**

내 역	유입액	경영활동	내 역	유출액	경영활동
기초 현금잔액	**212,800**	(전기이월)	ⓓ 매 입	500,000	(영업활동)
ⓐ 매 출	600,000	(영업활동)	ⓗ 매입채무	130,600	(영업활동)
ⓕ 매출채권	280,500	(영업활동)	ⓙ 급 여	110,000	(영업활동)
ⓘ 상품권선수금	143,000	(영업활동)	ⓚ 퇴직보험예치금	594	(영업활동)
ⓠ 배당금수익	4,300	(영업활동)	ⓚ 지급수수료	6	(영업활동)
ⓢ 단기매매증권	10,000	(재무활동)	ⓛ 퇴직급여충당부채	230	(영업활동)
ⓢ 단기매매증권처분이익	1,200	(재무활동)	ⓝ 임차료	19,600	(영업활동)
ⓣ 이자수익	10,000	(영업활동)	ⓞ 미지급법인세	31,400	(영업활동)
ⓤ 사 채	200,000	(재무활동)	ⓟ 기부금	110	(영업활동)
ⓤ 사채할증발행차금	5,066	(재무활동)	ⓡ 미지급배당금	40,000	(재무활동)
ⓥ 자본금	44,000	(재무활동)	ⓣ 만기보유증권	95,198	(재무활동)
ⓧ 건 물	52,100	(투자활동)	ⓦ 토 지	33,000	(투자활동)
			ⓨ 외화장기차입금	19,400	(재무활동)
			ⓨ 이자비용	1,940	(재무활동)
			ⓩ 이자비용	10,000	(재무활동)
			ⓩ 사 채	95,000	(재무활동)
			기말 현금잔액	**475,888**	(차기이월)
	1,562,966			1,562,966	

현 금 흐 름 표(간접법: 순액보고)

제11기 20×7년 1월 1일부터 20×7년 12월 31일까지

회사명 : ㈜경남백화점 (단위 : 원)

과 목	금 액	
영업활동 현금흐름		235,260
당기순이익	111,000	
당기순이익 조정항목	124,260	

감가상각비	28,700	
이자비용	22,763	
기타의 대손상각비	300	
외환차손	700	
유형자산처분손실	5,300	
이자수익[1)]	(-)14,924	
단기매매증권평가이익	(-)2,600	
외화환산이익	(-)1,800	
단기매매증권처분이익	(-)1,200	
사채상환이익	(-)3,217	
매출채권의 감소	66,820	
재고자산의 증가	(-)10,400	
선급임차료의 증가	(-)3,400	
이연법인세자산의 증가	(-)2,100	
매입채무의 증가	28,400	
상품권선수금의 감소	(-)17,000	
미지급법인세의 증가	10,212	
이연법인세부채의 증가	10,400	
퇴직급여충당부채의 증가	7,306	
이 하 생 략		

1) 퇴직보험예치금에 대한 이자수익

재무자산의 취득과 처분은 재무활동 현금흐름으로 분류되므로, 금융업을 제외하고는 재무자산의 보유에 따른 이자수입(재무부채에 대한 이자지급)도 재무활동 현금흐름으로 분류된다. 따라서 비금융업(유통업이나 제조업)이 간접법을 적용하여 영업활동 현금흐름을 표시하는 경우에 재무활동에 해당되는 항목인 이자수익과 이자비용은 그 전액을 당기순손익에 가감한다.

한편 손익계산서상의 이자수익 ₩15,234 중에는 재무자산의 보유에 따른 이자수익뿐만 아니라 영업활동에 해당되는 항목인 퇴직보험예치금에 대한 이자수익 ₩310(영업활동과 관련하여 발생한 이자수익)도 포함되어 있기 때문에, 재무활동과 관련하여 발생한 이자수익인 ₩14,924(₩15,234－₩310)만 당기순이익에서 차감하여야 한다.

제3절 • 이익잉여금처분계산서 및 자본변동표 작성사례

기업의 규모가 작고 소유구조가 상대적으로 단순하던 시절에는 기업의 자본(주주지분)이 주로 보통주 한 종류만으로 구성되어 있었고 주주와의 거래도 다양하지 않았다. 그러므로 자본의 변동내용도 복잡할 것이 없었기 때문에 별도의 자본변동표(주주지본변동표)를 작성·공시하지 않더라도 대차대조표의 자본항목에 대한 주기나 주석 등을 통하여 자본의 변동내용을 간단하게 전달하는 것이 가능하였다. 그러나 기업규모가 확대됨에 따라 보통주 이외의 다양한 자금원천들이 필요해지고 이를 충족시키기 위하여 우선주의 종류가 참가적, 누적적 등으로 다양해지면서 기업의 소유구조가 복잡하게 되었다. 또한 주식분할·주식병합·주식배당·주식선택권(stock option)의 부여와 같은 다양한 거래들이 기업과 주주들 간에 빈번히 발생함에 따라 더 이상 기존의 재무제표만으로는 자본의 변동내용을 포괄적이고 체계적으로 전달하는 것이 불가능하게 되었다.

이익잉여금처분계산서는 자본의 일부인 이익잉여금의 구성항목 중에 미처분이익잉여금의 변동내용만을 나타낼 뿐 자본을 구성하는 모든 항목의 변동내용을 포괄적이고 체계적으로 제시하지 못하고 있다. 즉 이익잉여금처분계산서는 자본의 구성항목 중 이익잉여금의 변동내용만이 나타나게 되어 이익잉여금을 제외한 자본 구성항목의 변동내용을 파악하기 위해서는 다른 재무제표나 주석 및 부속명세서 등을 참고하여야 한다. 따라서 회계기준의 국제적 정합성 제고 및 자본 구성항목의 모든 변동내용에 대한 포괄적이고 체계적인 정보제공을 위하여 자본변동표가 기본 재무제표에 추가되었다.

1. 자본변동표의 의의 및 기본구조

자본변동표는 대차대조표에 표시되어 있는 자본의 변동내용을 설명하는 재무보고서로서, 자본을 구성하고 있는 모든 항목의 변동내용에 대한 정보를 제공하게 된다. 즉 자본변동표는 자본의 크기와 그 변동에 관한 정보를 제공하는 재무보고서로서,

자본을 구성하고 있는 자본금, 자본잉여금, 자본조정, 기타포괄손익누계액, 이익잉여금(또는 결손금)의 변동에 대한 포괄적인 정보를 제공한다.

이러한 자본변동표의 기본구조는 자본금, 자본잉여금, 자본조정, 기타포괄손익누계액, 이익잉여금(또는 결손금)의 각 항목별로 기초잔액, 변동사항, 기말잔액을 표시하는 것이다.

(1) 자본금의 변동은 유상증자(감자), 무상증자(감자)와 주식배당 등에 의하여 발생하며, 자본금은 보통주자본금과 우선주자본금으로 구분하여 표시한다.

(2) 자본잉여금의 변동은 유상증자(감자), 무상증자(감자), 결손금처리 등에 의하여 발생하며, 주식발행초과금과 기타자본잉여금으로 구분하여 표시한다.

(3) 자본조정의 변동은 ① 자기주식 ② 주식할인발행차금 ③ 주식선택권 ④ 출자전환채무 ⑤ 청약기일이 경과된 신주청약증거금 중 신주납입금으로 충당될 금액 ⑥ 감자차손 ⑦ 자기주식처분손실 등으로 구분하여 표시한다.

(4) 기타포괄손익누계액의 변동은 ① 매도가능증권평가손익 ② 해외사업환산손익 ③ 현금흐름위험회피 파생상품평가손익 등으로 구분하여 표시한다.

(5) 이익잉여금의 변동은 ① 회계정책의 변경으로 인한 누적효과 ② 중대한 전기오류수정손익 ③ 연차배당(당기 중에 주주총회에서 승인된 배당금액으로 하되 현금배당과 주식배당으로 구분하여 기재한다)과 기타 전기말 미처분이익잉여금의 처분 ④ 중간배당(당기 중에 이사회에서 승인된 배당금액) ⑤ 당기순손익 등으로 구분하여 표시한다.

2. 자본변동표의 유용성

재무제표는 정보이용자에게 유용한 회계정보를 전달하는 핵심적인 수단으로서, 일정시점의 재무상태를 표시하는 대차대조표와 일정기간의 영업성과를 표시하는 손익계산서가 중심이 되어왔다. 또한 대차대조표에 나타난 재무상태 변동에 대한 체계적인 정보 특히 현금흐름정보의 중요성이 부각됨에 따라 현금흐름표를 기본 재무제표로 작성하게 되었으며, 우리나라 기업들은 이러한 재무제표 이외에 배당 및 각종

적립금의 처분사항을 전달하는 이익잉여금처분계산서(또는 결손금처리계산서)도 기본 재무제표로 작성하고 있다.

자본변동표는 대차대조표에 나타난 자본항목의 기초잔액과 기말잔액의 차이 즉, 자본의 변동내용을 설명하는 재무보고서이다. 자본변동표는 대차대조표, 손익계산서, 현금흐름표와 같이 기업의 재무상태, 영업성과, 현금흐름과 같이 기업을 평가할 수 있는 직접적 자료를 제공하지는 않기 때문에 정보가치가 상대적으로 낮은 것은 분명하다. 그럼에도 불구하고 다른 재무제표간의 상호관련성(연계성)을 제고하여 이들 재무제표에서 제공하는 정보의 이해도를 높일 수 있으며, 기업 소유구조의 변화 및 증가된 가치의 배분사항을 알려준다는 측면에서 유용성이 있다고 할 수 있다. 그리고 이러한 정보의 유용성은 재무제표간 연계성 파괴의 심화, 기업 소유구조 및 배분방식의 복잡화에 따라 더욱 증가하게 될 것이다. 이러한 유용성을 반영하여 자본변동표를 기본 재무제표의 하나로 작성하는 것이 세계적인 추세이다. 자본변동표의 유용성을 구체적으로 설명하면 다음과 같다.

(1) 기존 주주 및 잠재 주주에게 유용한 정보를 전달한다. 주주들은 기업의 수익성과 안정성 이외에 배당성향이나 지분의 희석화에도 많은 관심을 갖고 있다. 자본변동표는 배당에 관한 정보를 제공함은 물론 신규공모, 주식선택권의 행사, 전환사채의 전환, 우리사주조합의 지분증가 등 주주들의 지분 희석화정도를 파악할 수 있는 정보도 제공한다.

(2) 자본의 변동내용에 대한 정보를 효과적으로 전달한다. 자본의 변동내용은 자본금, 자본잉여금, 자본조정, 기타포괄손익누계액, 이익잉여금(또는 결손금) 등에 모두 존재할 수 있다. 자본변동표를 이용하면 각 변동내용을 정해진 양식에 따라 일목요연하게 보고할 수 있기 때문에, 산재되어 있고 통일된 양식도 없는 주석공시에 비하여 자본의 변동내용에 대한 정보를 보다 더 효과적으로 전달할 수 있다.

(3) 자본변동표는 재무제표간의 연계성을 제고시키며 재무제표의 이해가능성을 높인다. 대차대조표에 표시되어 있는 자본의 기초잔액과 기말잔액을 모두 제시함으로써 대차대조표와 연결할 수 있고, 자본의 변동내용은 손익계산서와 현금흐름표에 나타난 정보와 연결할 수 있어 정보이용자들이 더욱 명확히 재무제표간의 관계를 파악할 수 있게 된다.

(4) 자본변동표는 기업 전체의 재무성과정보를 효과적으로 전달한다. 최근 들어 손익계산서와 대차대조표간의 연계성을 파괴하는 거래나 회계처리들이 속출하고 있다. 매도가능증권평가손익이나 해외사업환산손익처럼 손익계산서의 당기순손익에 반영되지 않은 채 대차대조표의 자본항목에 직접 반영되는 거래들이 그것이다. 앞으로 한국채택국제회계기준(K-IFRS)의 전면 도입에 따라 장기성 금융자산에 대한 시가평가(mark to market)가 확장하게 되면, 이러한 현상은 더욱 빈번히 발생할 것으로 전망된다. 특히 금융자산의 보유비중이 높은 은행, 보험회사와 같은 금융업종 재무제표에서는 이러한 연계성 파괴가 심각한 수준으로 발생하고 있다. 이러한 항목들은 미실현손익이지만 기업전체 재무성과의 일부분을 구성하는 것은 분명하기 때문에, 기존의 손익계산서에 표시되는 회계이익만으로 재무성과를 평가하는 것은 적절하지 않다. 자본변동표는 이러한 미실현손익의 변동내용을 나타냄으로써 손익계산서로는 전부 나타낼 수 없는 포괄적인 경영성과에 대한 정보를 직접적 또는 간접적으로 제공하게 된다. 따라서 이러한 미실현손익까지 포함하는 자본변동표가 기업 전체의 재무성과정보를 전달할 수 있는 유효한 수단이 될 수 있다.

3. 이익잉여금처분계산서 및 자본변동표 작성사례

여기에서는 「기업회계기준서 제21호」 '재무제표의 작성과 표시 I'의 부록 4를 이용하여 관련된 회계처리를 설명하고, 이익잉여금처분계산서 및 자본변동표를 작성한다.

1. 아래 4번(회계정책변경누적효과)과 5번(중대한 전기오류수정)을 반영하지 않은 각 회계연도 말의 자본은 다음과 같다.

	20×1.12.31	20×2.12.31	20×3.12.31
자본금			
보통주자본금	1,000,000	1,500,000(1)	2,000,000(3)

자본잉여금			
주식발행초과금		250,000[1]	600,000[3]
자본조정			
자기주식		(12,000)[2]	(30,000)[4]
기타포괄손익누계액			
매도가능증권평가손익	30,000	15,000	30,000
해외사업환산손익	20,000	(10,000)	(20,000)
이익잉여금			
법정적립금	100,000	120,000	200,000
임의적립금	20,000	80,000	100,000
미처분이익잉여금	130,000	430,000	750,000
자본 총계	1,300,000	2,373,000	3,630,000

거래 (1) : 20×2년 1월에 주식 1,000주(주식액면금액: @₩500, 주식발행금액: @₩750)를 발행

거래 (2) : 20×2년 4월에 자기주식 20주(취득금액: @₩600)를 취득

거래 (3) : 20×3년 5월에 주식 1,000주(주식액면금액: @₩500, 주식발행금액: @₩850)를 발행

거래 (4) : 20×3년 6월에 자기주식 20주(취득금액: @₩900)를 취득

거래번호	차 변		대 변	
(1)	현금및현금성자산	750,000	보통주자본금 주식발행초과금	500,000 250,000
(2)	자기주식	12,000	현금및현금성자산	12,000
(3)	현금및현금성자산	850,000	보통주자본금 주식발행초과금	500,000 350,000
(4)	자기주식	18,000	현금및현금성자산	18,000

2. 아래 4번과 5번을 반영하지 않은 각 회계연도의 이익잉여금 변동은 다음과 같다.

	20×1년도	20×2년도	20×3년도
전기말 이익잉여금	200,000	250,000	630,000
연차배당	(40,000)	(10,000)	(50,000)
중간배당	(10,000)	(10,000)	(30,000)
당기순이익	100,000	400,000	500,000
당기말 이익잉여금	250,000	630,000	1,050,000

3. 각 회계연도의 미처분이익잉여금에 대한 처분계획은 다음과 같다.

	20×1년도	20×2년도	20×3년도
법정적립금 적립	20,000	80,000	100,000
연차배당	10,000	50,000	100,000
임의적립금 적립	60,000	20,000	100,000
처분액 합계	90,000	150,000	300,000

4. 20×0년 1월에 취득한 기계장치 B(취득원가: ₩100,000, 내용연수: 5년, 잔존가치: ₩0)의 감가상각방법을 정률법(40%)에서 정액법으로 20×3년도 장부마감 전에 변경하였다. 단, 법인세효과는 고려하지 않는다.

	20×0년도	20×1년도	20×2년도	20×3년도	20×4년도
정률법	40,000	24,000	14,400	8,640	12,960
정액법	20,000	20,000	20,000	20,000	20,000
차이	20,000	4,000	(5,600)	(11,360)	(7,040)
누적효과(정률법)	40,000	64,000	78,400	87,040	100,000
누적효과(정액법)	20,000	40,000	60,000	80,000	100,000
차이	20,000	24,000	18,400	7,040	–

(차)	감가상각누계액	18,400	(대)	회계정책변경누적효과※	18,400
	감가상각비	20,000		감가상각누계액	20,000

※ 기업회계기준서 제1호 '회계변경과 오류수정'에 따르면, 자주 발생하나 회계변경의 효과가 크지 않은 회계추정의 변경은 이미 공시된 재무제표의 신뢰성을 중시하여 전진법(prospective approach)으로 회계처리하고, 그 반대로 자주 발생하지는 않지만 회계변경의 효과가 큰 회계정책의 변경은 비교가능성을 중시하여 소급법(retroactive approach)으로 회계처리하도록 규정하고 있다.

5. 20×0년에 1월에 취득한 무형자산 A(취득원가: ₩500,000, 내용연수: 5년, 잔존가치: ₩0)를 자산으로 회계처리하지 않고 비용으로 처리한 오류를 20×3년도 장부마감 전에 발견하였다. 이것은 중대한 오류에 해당된다고 판단하였다. 단, 법인세효과는 고려하지 않는다.

	20×0년도	20×1년도	20×2년도	20×3년도	20×4년도
비용처리	500,000	–	–	–	–
자산처리	100,000	100,000	100,000	100,000	100,000
차이	400,000	(100,000)	(100,000)	(100,000)	(100,000)
누적효과(비용처리)	500,000	500,000	500,000	500,000	500,000
누적효과(자산처리)	100,000	200,000	300,000	400,000	500,000
차이	400,000	300,000	200,000	100,000	–

(차)	무형자산	200,000	(대)	전기오류수정이익※	200,000
	무형자산상각	100,000		무형자산	100,000

※ 기업회계기준서 제1호 '회계변경과 오류수정'에 따르면, 중대하지 않은 오류는 당기일괄처리법(current approach)을 적용하여 회계처리하도록 규정하고 있다. 즉 중대하지 않은 오류의 수정으로 인한 누적효과는 전기오류수정손익으로 하여 발견연도의 당기 손익계산서에 영업외손익으로 보고하고, 관련 계정잔액을 수정하여야 한다. 한편 중대한 오류(fundamental error)는 재무제표의 신뢰성을 심각하게 손상시킬 수 있는 매우 중요한 오류로서, 소급법을 적용하여 회계처리하도록 규정하고 있다. 즉 중대한 오류의 수정으로 인한 누적효과는 전기오류수정손익으로 하여 발견연도의 전기이월미처분이익잉여금(기초미처분이익잉여금)에 반영하고, 관련 계정잔액을 수정하여야 한다.

비교재무제표를 작성하는 경우에는 중대한 오류의 영향을 받는 과거 회계기간의 재무제표항목을 재작성하여야 한다. 비교재무제표에 보고된 최초 회계기간 이전에 발생한 중대한 오류의 수정에 대해서는 전기오류수정손익으로 하여 당해 최초 회계기간의 기초이익잉여금을 수정 · 표시하여야 한다. 또한 회계기준에서는 재무제표를 전기와 비교하는 형식으로 제시하도록 규정하고 있으므로 직전기의 재무제표를 수정하여야 한다. 따라서 직전기 이전에 발생한 중대한 오류의 누적효과를 전기오류수정손익으로 하여 이익잉여금처분계산서에서는 전기의 이익잉여금처분계산서에만 전기이월미처분이익잉여금에 반영하면 되지만, 자본변동표에서는 전기의 자본변동표뿐만 아니라 당기의 자본변동표에도 기초이익잉여금(보고금액)에 반영하여야 한다.

이익잉여금처분계산서

제×기	20×3년 1월 1일부터 20×3년 12월 31일까지	제×기	20×2년 1월 1일부터 20×2년 12월 31일까지
처분예정일	20×4년 3월 5일	처분확정일	20×3년 3월 4일

회사명 : (단위 : 원)

구 분	당 기		전 기	
미처분이익잉여금(Ⅰ)		857,040		648,400
전기이월미처분이익잉여금	498,400		40,000[a]	
회계정책변경누적효과	—		24,000[b]	
전기오류수정이익	—		300,000[c]	
중간배당액	(30,000)		(10,000)	
당기순이익	388,640[e]		294,400[d]	
임의적립금등의이입액(Ⅱ)		—		—
××적립금	—		—	
합 계(Ⅰ+Ⅱ)		857,040		648,400
이익잉여금처분액(Ⅲ)		300,000[f]		150,000
법정적립금	100,000		80,000	
배당금(현금배당)	100,000		50,000	
임의적립금	100,000		20,000	
차기이월미처분이익잉여금(Ⅰ+Ⅱ−Ⅲ)		557,040		498,400

(a) ₩130,000(20×1년말 미처분이익잉여금 : 보고금액) - ₩90,000(20×2년 주주총회의 결정에 따른 미처분이익잉여금의 변동) = ₩40,000
(b) 20×3년의 회계정책변경에 따른 20×1년말 미처분이익잉여금의 수정
(c) 20×3년에 발견한 중대한 전기오류수정에 따른 20×1년말 미처분이익잉여금의 수정
(d) ₩400,000(20×2년도 보고 당기순이익) - ₩5,600(회계정책변경효과) - ₩100,000(전기오류수정효과) = ₩294,400
(e) ₩500,000(회계정책변경과 전기오류수정 반영하기 전 20×3년도 당기순이익) - ₩11,360(회계정책변경효과) - ₩100,000(전기오류수정효과) = ₩388,640
(f) 처분예정일인 20×4년 3월 5일에 주주총회에서 결의·확정될 미처분이익잉여금의 처분액

자본변동표

제×기 20×3년 1월 1일부터 20×3년 12월 31일까지
제×기 20×2년 1월 1일부터 20×2년 12월 31일까지

회사명 : (단위 : 원)

구 분	자본금	자본잉여금	자본조정	기타포괄손익누계액	이익잉여금	총 계
20×2. 1. 1(보고금액)	1,000,000	—	—	50,000	250,000	1,300,000
회계정책변경 누적효과					24,000	24,000
전기오류수정손익					300,000	300,000
수정후 이익잉여금					574,000	1,624,000
연차배당					(10,000)	(10,000)
기타 이익잉여금처분액					—	—
처분후 이익잉여금					564,000	1,614,000
중간배당					(10,000)	(10,000)
유상증자	500,000	250,000				750,000
당기순이익					294,400[(1)]	294,400
자기주식 취득			(12,000)			(12,000)
매도가능증권평가손익				(15,000)		(15,000)
해외사업환산손익				(30,000)		(30,000)
20×2.12.31	1,500,000	250,000	(12,000)	5,000	848,400	2,591,400
20×3. 1. 1(보고금액)	1,500,000	250,000	(12,000)	5,000	630,000	2,373,000
회계정책변경 누적효과					18,400	18,400
전기오류수정손익					200,000	200,000
수정후 이익잉여금					848,400	2,591,400
연차배당					(50,000)	(50,000)
기타 이익잉여금처분액					—	—
처분후 이익잉여금					798,400	2,541,400
중간배당					(30,000)	(30,000)
유상증자	500,000	350,000				850,000
당기순이익					388,640[(2)]	388,640
자기주식 취득			(18,000)			(18,000)
매도가능증권평가손익				15,000		15,000
해외사업환산손익				(10,000)		(10,000)
20×3.12.31	2,000,000	600,000	(30,000)	10,000	1,157,040	3,737,040

(1) ₩400,000(20×2년도 보고 당기순이익) - ₩5,600(회계정책변경효과) - ₩100,000(전기오류수정효과) = ₩294,400
(2) ₩500,000(20×3년도 보고 당기순이익) - ₩11,360(회계정책변경효과) - ₩100,000(전기오류수정효과) = ₩388,640

4. 자본변동표의 기간별 비교가능성

재무제표의 유용성은 전달하려는 정보를 얼마나 충실히 반영하느냐 뿐만 아니라 정보를 어떠한 양식으로 전달하느냐에 따라서도 결정된다. 자본변동표는 자본항목(자본금・자본잉여금・자본조정・누적기타포괄손익・이익잉여금)을 복수칼럼에 걸쳐 횡축으로 배열하고 종축에는 각 항목의 변동사항을 정리하는 양식(복수칼럼양식 또는 행렬식)과 단일칼럼에서 자본항목을 종축으로 배열하여 해당 항목 내에서 자본의 변동사항을 정리하는 양식(단일칼럼양식 또는 직렬식)으로 작성할 수 있다.

자본의 총변동은 기초잔액+기중증가−기중감소=기말잔액으로 간략하게 표시할 수 있다. 자본변동표는 이러한 총변동을 자본금・자본잉여금・자본조정・누적기타포괄손익・이익잉여금으로 구분하여 표시한다. 먼저 자본의 총변동을 구분・표시하기 위한 방법으로 앞의 작성사례에서 예시한 복수칼럼양식의 자본변동표를 고려해 볼 수 있다.

복수칼럼양식은 첫 번째 열에는 자본의 변동원인만 정리하고 나머지 열에는 변동이 된 자본의 구성항목을 배열하는 방식으로 단일칼럼양식에 비하여 정보를 간략히 정리할 수 있다는 장점이 있다. 예를 들면, 액면을 초과하여 유상증자를 한 경우에 단일칼럼양식에서는 액면자본금과 주식발행초과금을 기록하기 위하여 두 줄을 사용하지만 복수칼럼양식에서는 한 줄만 사용하면 된다. 그러나 복수칼럼양식에서는 자본의 구성항목별로 변동정보를 파악하는 것이 상대적으로 용이하지 않다. 예를 들면, 이익잉여금의 변동정보를 파악하는 경우 단일칼럼양식에서는 이익잉여금부분을 순차적으로 읽어 내려가면 되지만, 복수칼럼양식에서는 이익잉여금칼럼에서 금액을 먼저 파악하고 그 금액에 해당되는 변동원인을 확인하기 위하여 첫 번째 칼럼을 다시 참조하여야 하는 불편이 있다. 또한 기간별 비교가능성도 단일칼럼양식에 비하여 상대적으로 불편하다. 이러한 불편함에도 불구하고 복수칼럼양식은 자본의 변동정보를 보다 효과적으로 전달할 수 있는 방식이다. 즉, 자본의 모든 변동사항을 첫 번째 칼럼에 배치함으로써 정보이용자들은 첫 번째 칼럼만 보아도 자본의 변동사항을 개략적으로 파악할 수 있는 장점이 있기 때문에, 기업회계기준서 제21호에서는 자본변동표의 표준양식으로 복수칼럼양식을 예시하고 있다.

또한, 자본의 총변동을 구분·표시하기 위한 방법으로 [표 8-1]과 같은 단일칼럼양식의 자본변동표도 고려해 볼 수 있다. 단일칼럼양식의 자본변동표는 자본의 총변동을 자본을 구성하는 자본금·자본잉여금·자본조정·누적기타포괄손익·이익잉여금에 대하여 기초잔액+기중증가−기중감소=기말잔액이라는 형태로 적용하고, 이를 수직으로 결합하는 방식이다. 이러한 단일칼럼양식의 자본변동표는 기업회계기준서 제21호에서 예시하고 있는 대차대조표, 손익계산서, 현금흐름표와 동일한 양식으로 단일칼럼에 자본의 변동정보를 통합할 수 있는 장점이 있을 뿐만 아니라, 전기 자본변동표의 모든 계량정보를 당기 자본변동표와 비교하는 형식으로 표시할 수 있어 기간별 상호관련성(연계성)과 기간별 비교가능성(comparability over time)을 동시에 제고시킬 수 있다.

[표 8-1] 자본변동표(단일칼럼양식)

구 분	20×1년도	20×2년도	20×3년도
자본금			
기초	×××	1,000,000	1,500,000
유상증자	×××	500,000	500,000
기타	×××	−	−
기말	1,000,000	1,500,000	2,000,000
자본잉여금			
기초	×××	−	250,000
유상증자	×××	250,000	350,000
기타	×××		−
기말	−	250,000	600,000
자본조정			
기초	×××	−	(12,000)
자기주식취득	(×××)	(12,000)	(18,000)
기타	×××	−	−
기말	−	(12,000)	(30,000)
기타포괄손익누계액			
기초	×××	50,000	5,000
매도가능증권평가손익	×××	(15,000)	15,000
해외사업환산손익	×××	(30,000)	(10,000)
기타	×××	−	−
기말	50,000	5,000	10,000

이익잉여금			
기초(보고금액)	200,000	250,000	630,000
회계정책변경 누적효과	20,000	24,000	18,400
전기오류수정손익	400,000	300,000	200,000
수정후 이익잉여금	620,000	574,000	848,400
연차배당	(40,000)	(10,000)	(50,000)
기타 이익잉여금처분액	—	—	—
처분후 이익잉여금	580,000	564,000	798,400
중간배당	(10,000)	(10,000)	(30,000)
당기순이익	4,000[(1)]	294,400	388,640
기말	574,000	848,400	1,157,040
자본 총계	1,624,000	2,591,400	3,737,040

(1) ₩100,000(20×1년도 보고 당기순이익) + ₩4,000(회계정책변경효과) - ₩100,000(전기오류수정효과) = ₩4,000

5. 이익잉여금처분계산서의 기간별 비교가능성

자본변동표에서 전기에 이미 보고된 이익잉여금(또는 결손금)의 금액을 별도로 표시하고 회계정책의 변경이나 중대한 전기오류수정이 매 회계연도에 미치는 영향을 가감한 수정후 기초이익잉여금을 표시하도록 규정한 것과 같게, [표 8-2]에서 보는 바와 같이 이익잉여금처분계산서에서도 비교 표시되는 회계연도의 전기이월미처분이익잉여금에 대하여 전기에 이미 보고된 금액을 별도로 표시하고, 회계정책의 변경이나 중대한 전기오류수정이 매 회계연도에 미치는 영향을 가감하여 수정후 전기이월미처분이익잉여금을 다시 공시하는 것이 정보제공 측면에서 유용하다.

[표 8-2] 이익잉여금처분계산서

구 분	20×1년도 처분확정일: 20×2.3.3		20×2년도 처분확정일: 20×3.3.4		20×3년도 처분예정일: 20×4.3.5	
미처분이익잉여금		454,000		648,400		857,040
전기이월 미처분 이익잉여금	40,000[(1)]		40,000		280,000	
회계정책변경누적효과	20,000		24,000		18,400	
전기오류수정이익	400,000		300,000		200,000	

수정후전기이월미처분이익잉여금	460,000		364,000		498,400	
중간배당액	(10,000)		(10,000)		(30,000)	
당기순이익	4,000		294,400		388,640	
임의적립금등의이입액		—		—		—
××적립금	—		—		—	
합계		454,000		648,400		857,040
이익잉여금처분액		90,000		150,000		300,000
법정적립금	20,000		80,000		100,000	
배당금(현금배당)	10,000		50,000		100,000	
임의적립금	60,000		20,000		100,000	
차기이월미처분이익잉여금		364,000		498,400		557,040

(1) ₩XXX(전기이월미처분이익잉여금, 20×1.1.1 현재 미처분이익잉여금)+₩100,000(20×1년도 보고 당기순이익)-₩10,000(20×1년도 중간배당액)=₩130,000(20×1.12.31 현재 미처분이익잉여금)

이와 같이 전기이월미처분이익잉여금에 영향을 미치는 변경사항이나 오류사항을 비교 표시되는 매 회계연도에 공시하게 된다면 변경사항이나 오류사항을 반영하기 이전의 전기 이익잉여금처분계산서에 이미 보고된 전기이월미처분이익잉여금의 금액이, 변경사항이나 오류사항을 반영한 이후의 전기 이익잉여금처분계산서에서도 나타나게 되어 반영 전후의 비교가 쉽고 매 회계연도의 전기이월미처분이익잉여금에 미치는 영향이 표시됨으로써 기간별 비교가능성이 제고된다. 또한, 자본변동표에 표시되는 변경사항이나 오류사항이 [표 8-2]의 이익잉여금처분계산서에서도 매 회계연도에 같이 표시됨으로써 자본변동표와 이익잉여금처분계산서간에 상호관련성(연계성)도 제고된다.

부 록

[부록 A] 단일금액 ₩1의 현재가치
[부록 B] 정상연금 ₩1의 현재가치

[부록 A] 단일금액 ₩1의 현재가치

기간이자율

기간수	1%	2%	3%	4%	5%	6%	7%	8%	9%	10%
1	.9901	.9804	.9709	.9615	.9524	.9434	.9346	.9259	.9174	.9091
2	.9803	.9612	.9426	.9246	.9070	.8900	.8734	.8573	.8417	.8264
3	.9706	.9423	.9151	.8890	.8638	.8396	.8163	.7938	.7722	.7513
4	.9610	.9238	.8885	.8548	.8227	.7921	.7629	.7350	.7084	.6830
5	.9515	.9057	.8626	.8219	.7835	.7473	.7130	.6806	.6499	.6209
6	.9420	.8880	.8375	.7903	.7462	.7050	.6663	.6302	.5963	.5645
7	.9327	.8706	.8131	.7599	.7107	.6651	.6227	.5835	.5470	.5132
8	.9235	.8535	.7894	.7307	.6768	.6274	.5820	.5403	.5019	.4665
9	.9143	.8368	.7664	.7026	.6446	.5919	.5439	.5002	.4604	.4241
10	.9053	.8203	.7441	.6756	.6139	.5584	.5083	.4632	.4224	.3855
11	.8963	.8043	.7224	.6496	.5847	.5268	.4751	.4289	.3875	.3505
12	.8874	.7885	.7014	.6246	.5568	.4970	.4440	.3971	.3555	.3186
13	.8787	.7730	.6810	.6006	.5303	.4688	.4150	.3677	.3262	.2897
14	.8700	.7579	.6611	.5775	.5051	.4423	.3878	.3405	.2992	.2633
15	.8613	.7430	.6419	.5553	.4810	.4173	.3624	.3152	.2745	.2394
16	.8528	.7284	.6232	.5339	.4581	.3936	.3387	.2919	.2519	.2176
17	.8444	.7142	.6052	.5134	.4363	.3714	.3166	.2703	.2311	.1978
18	.8360	.7002	.5874	.4936	.4155	.3503	.2959	.2502	.2120	.1799
19	.8277	.6864	.5703	.4746	.3957	.3305	.2765	.2317	.1945	.1635
20	.8195	.6730	.5537	.4564	.3769	.3118	.2584	.2145	.1784	.1486
21	.8114	.6598	.5375	.4388	.3589	.2942	.2415	.1987	.1637	.1351
22	.8034	.6468	.5219	.4220	.3418	.2775	.2257	.1839	.1502	.1228
23	.7954	.6324	.5067	.4057	.3256	.2618	.2109	.1703	.1378	.1117
24	.7876	.6217	.4919	.3901	.3101	.2470	.1971	.1577	.1264	.1015
25	.7798	.6095	.4776	.3751	.2953	.2330	.1842	.1460	.1160	.0923
26	.7720	.5976	.4637	.3604	.2812	.2198	.1722	.1352	.1064	.0839
27	.7644	.5859	.4502	.3468	.2678	.2074	.1609	.1252	.0976	.0763
28	.7568	.5744	.4371	.3335	.2551	.1956	.1504	.1159	.0895	.0693
29	.7493	.5631	.4243	.3207	.2429	.1846	.1406	.1073	.0822	.0630
30	.7419	.5521	.4120	.3083	.2314	.1741	.1314	.0994	.0754	.0573
35	.7059	.5000	.3554	.2534	.1813	.1301	.0937	.0676	.0490	.0356
40	.6717	.4529	.3066	.2083	.1420	.0972	.0668	.0460	.0318	.0221
45	.6391	.4102	.2644	.1712	.1113	.0727	.0476	.0313	.0207	.0137
50	.6080	.3715	.2281	.1407	.0872	.0543	.0339	.0213	.0134	.0085
60	.5504	.3048	.1697	.0951	.0535	.0303	.0173	.0099	.0057	.0033

[부록 A] 단일금액 ₩1의 현재가치

기간이자율

기간수	11%	12%	13%	14%	15%	16%	17%	18%	19%	20%
1	.9009	.8929	.8850	.8772	.8696	.8621	.8547	.8475	.8403	.8333
2	.8116	.7972	.7831	.7695	.7561	.7432	.7305	.7182	.7062	.6944
3	.7312	.7118	.6931	.6750	.6575	.6407	.6244	.6086	.5934	.5787
4	.6587	.6355	.6133	.5921	.5718	.5523	.5337	.5158	.4987	.4323
5	.5935	.5674	.5428	.5194	.4972	.4761	.4561	.4371	.4190	.4019
6	.5346	.5066	.4803	.4556	.4323	.4104	.3898	.3704	.3521	.3349
7	.4817	.4523	.4251	.3996	.3759	.3538	.3332	.3139	.2959	.2791
8	.4339	.4039	.3762	.3506	.3269	.3050	.2848	.2660	.2487	.2326
9	.3909	.3606	.3329	.3075	.2843	.2630	.2434	.2255	.2090	.1938
10	.3522	.3220	.2946	.2697	.2472	.2267	.2080	.1911	.1756	.1615
11	.3173	.2875	.2607	.2366	.2149	.1954	.1773	.1619	.1476	.1346
12	.2858	.2567	.2307	.2076	.1869	.1685	.1520	.1372	.1240	.1122
13	.2575	.2292	.2042	.1821	.1625	.1452	.1299	.1163	.1042	.0935
14	.2320	.2046	.1807	.1597	.1413	.1252	.1110	.0985	.0876	.0779
15	.2090	.1827	.1599	.1401	.1229	.1079	.0949	.0835	.0736	.0649
16	.1883	.1631	.1415	.1229	.1069	.0930	.0811	.0708	.0618	.0541
17	.1696	.1456	.1252	.1073	.0929	.0802	.0693	.0600	.0520	.0451
18	.1523	.1300	.1103	.0946	.0803	.0691	.0592	.0508	.0437	.0376
19	.1377	.1161	.0981	.0829	.0703	.0596	.0506	.0431	.0367	.0313
20	.1240	.1037	.0863	.0723	.0611	.0514	.0433	.0365	.0303	.0261
21	.1117	.0926	.0768	.0633	.0531	.0443	.0370	.0309	.0259	.0217
22	.1007	.0326	.0680	.0560	.0462	.0382	.0316	.0262	.0218	.0181
23	.0907	.0738	.0601	.0491	.0402	.0329	.0270	.0222	.0183	.0151
24	.0817	.0659	.0532	.0431	.0349	.0284	.0231	.0188	.0154	.0126
25	.0736	.0588	.0471	.0378	.0304	.0245	.0197	.0160	.0129	.0105
26	.0663	.0525	.0417	.0331	.0264	.0211	.0169	.0135	.0109	.0087
27	.0597	.0469	.0369	.0291	.0230	.0182	.0144	.0115	.0091	.0073
28	.0538	.0419	.0325	.0255	.0200	.0157	.0123	.0097	.0077	.0061
29	.0485	.0374	.0289	.0224	.0174	.0135	.0105	.0082	.0064	.0051
30	.0437	.0334	.0256	.0196	.0151	.0116	.0090	.0070	.0054	.0042
35	.0259	.0189	.0139	.0102	.0075	.0055	.0041	.0030	.0023	.0017
40	.0154	.0107	.0075	.0053	.0037	.0026	.0019	.0013	.0010	.0007
45	.0091	.0061	.0041	.0027	.0019	.0013	.0009	.0006	.0004	.0003
50	.0054	.0035	.0022	.0014	.0009	.0006	.0004	.0003	.0002	.0001
60	.0019	.0011	.0007	.0004	.0002	.0001	.00008	.00005	.00003	.00002

[부록 B] 정상연금 ₩1의 현재가치

기간이자율

기간수	1%	2%	3%	4%	5%	6%	7%	8%	9%	10%
1	0.9901	0.9804	0.9709	0.9615	0.9524	0.9434	0.9346	0.9259	0.9174	0.9091
2	1.9704	1.9416	1.9135	1.8861	1.8594	1.8334	1.8080	1.7833	1.7591	1.7355
3	2.9410	2.8839	2.8286	2.7751	2.7232	2.6730	2.6243	2.5771	2.5313	2.4868
4	3.9020	3.8077	3.7171	3.6299	3.5460	3.4651	3.3872	3.3121	3.2397	3.1699
5	4.8534	4.7135	4.5797	4.4518	4.3295	4.2124	4.1002	3.9927	3.8897	3.7908
6	5.7955	5.6014	5.4172	5.2421	5.0757	4.9173	4.7665	4.6229	4.4859	4.3553
7	6.7282	6.4720	6.2303	6.0021	5.7864	5.5824	5.3893	5.2064	5.0330	4.8684
8	7.6517	7.3255	7.0197	6.7327	6.4632	6.2098	5.9713	5.7466	5.5348	5.3349
9	8.5660	8.1622	7.7861	7.4353	7.1078	6.8017	6.5152	6.2469	5.9952	5.7590
10	9.4713	8.9826	8.5302	8.1109	7.7217	7.3601	7.0236	6.7101	6.4177	6.1446
11	10.368	9.7868	9.2526	8.7605	8.3064	7.8869	7.4987	7.1390	6.8052	6.4951
12	11.255	10.575	9.9540	9.3851	8.8633	8.3838	7.9427	7.5361	7.1607	6.8137
13	12.134	11.348	10.635	9.9856	9.3936	8.8527	8.3577	7.9038	7.4869	7.1034
14	13.004	12.106	11.296	10.563	9.8986	9.2950	8.7455	8.2442	7.7862	7.3667
15	13.865	12.849	11.938	11.118	10.380	9.7122	9.1079	8.5595	8.0607	7.6061
16	14.718	13.578	12.561	11.652	10.838	10.106	9.4466	8.8514	8.3136	7.8237
17	15.562	14.292	13.166	12.166	11.274	10.477	9.7632	9.1216	8.5436	8.0216
18	16.398	14.992	13.756	12.659	11.690	10.828	10.059	9.3719	8.7556	8.2014
19	17.226	15.679	14.324	13.134	12.085	11.158	10.336	9.6036	8.9501	8.3649
20	18.046	16.351	14.877	13.590	12.462	11.470	10.594	9.8131	9.1285	8.5136
21	18.857	17.011	15.415	14.029	12.821	11.764	10.835	10.017	9.2922	8.6487
22	19.660	17.658	15.937	14.451	13.163	12.042	11.061	10.201	9.4424	8.7715
23	20.456	18.292	16.444	14.857	13.489	12.303	11.272	10.371	9.5802	8.8832
24	21.243	18.914	16.935	15.247	13.799	12.550	11.469	10.529	9.7066	8.9847
25	22.023	19.524	17.413	15.622	14.094	12.783	11.654	10.675	9.8266	9.0770
26	22.795	21.121	17.877	15.983	14.375	13.003	11.826	10.810	9.9290	9.1609
27	23.560	20.707	18.327	16.330	14.643	13.210	11.987	10.935	10.027	9.2372
28	24.316	21.281	18.764	16.663	14.898	13.406	12.137	11.051	10.116	9.3066
29	25.066	21.844	19.188	16.984	15.141	13.591	12.278	11.158	10.198	9.3696
30	25.808	22.397	19.600	17.292	15.373	13.765	12.409	11.258	10.274	9.4269
35	29.409	24.999	21.487	18.665	16.374	14.498	12.948	11.655	10.567	9.6442
40	32.835	27.356	23.115	19.793	17.159	15.046	13.332	11.925	10.757	9.7791
45	36.095	29.490	24.519	20.720	17.774	15.456	13.605	12.108	10.881	9.8628
50	39.196	31.424	25.730	21.482	18.256	15.762	13.801	12.233	10.962	9.9148
60	44.955	34.761	27.676	22.623	18.929	16.161	14.039	12.376	11.048	9.9671

[부록 B] 정상연금 ₩1의 현재가치

기간이자율

기간수	11%	12%	13%	14%	15%	16%	17%	18%	19%	20%
1	0.9009	0.8929	0.8850	0.8772	0.8696	0.8621	0.8547	0.8475	0.8403	0.8333
2	1.7125	1.6901	1.6681	1.6467	1.6257	1.6052	1.5852	1.5656	1.5465	1.5278
3	2.4437	2.4018	2.3612	2.3216	2.2832	2.2459	2.2096	2.1743	2.1399	2.1065
4	3.1024	3.0373	2.9745	2.9137	2.8550	2.7982	2.7432	2.6901	2.6386	2.5887
5	3.6959	3.6048	3.5172	3.4331	3.3522	3.2743	3.1993	3.1272	3.0576	2.9906
6	4.2305	4.1114	3.9975	3.8887	3.7845	3.6847	3.5892	3.4976	3.4098	3.3255
7	4.7122	4.5638	4.4226	4.2883	4.1604	4.0386	3.9224	3.8115	3.7057	3.6046
8	5.1461	4.9676	4.7988	4.6389	4.4873	4.3436	4.2072	4.0776	3.9544	3.8372
9	5.5370	5.3282	5.1317	4.9464	4.7716	4.6065	4.4506	4.3030	4.1633	4.0310
10	5.8892	5.6502	5.4262	5.2161	5.0188	4.8332	4.6586	4.4941	4.3389	4.1925
11	6.2065	5.9377	5.6869	5.4527	5.2337	5.0286	4.8364	4.6560	4.4865	4.3271
12	6.4924	6.1944	5.9176	5.6603	5.4206	5.1971	4.9884	4.7932	4.6105	4.4392
13	6.7499	6.4235	6.1218	5.8424	5.5831	5.3423	5.1183	4.9095	4.7147	4.5327
14	6.9819	6.6282	6.3025	6.0021	5.7245	5.4675	5.2293	5.0081	4.8023	4.6106
15	7.1909	6.8109	6.4624	6.1422	5.8474	5.5755	5.3242	5.0916	4.8759	4.6755
16	7.3792	6.9740	6.6039	6.2651	5.9542	5.6685	5.4053	5.1624	4.9377	4.7296
17	7.5488	7.1196	6.7291	6.3729	6.0472	5.7487	5.4746	5.2223	4.9897	4.7746
18	7.7016	7.2497	6.8399	6.4674	6.1280	5.8178	5.5339	5.2732	5.0333	4.8122
19	7.8393	7.3658	6.9380	6.5504	6.1982	5.8775	5.5845	5.3162	5.0700	4.8435
20	7.9633	7.4694	7.0248	6.6231	6.2593	5.9288	5.6278	5.3527	5.1009	4.8696
21	8.0751	7.5620	7.1015	6.6870	6.3125	5.9731	5.6648	5.3837	5.1263	4.8913
22	8.1757	7.6446	7.1695	6.7429	6.3587	6.0113	5.6964	5.4099	5.1486	4.9094
23	8.2664	7.7184	7.2297	6.7921	6.3988	6.0442	5.7234	5.4321	5.1668	4.9245
24	9.3481	7.7843	7.2829	6.8351	6.4338	0.0726	6.7465	5.4509	5.1822	4.9371
25	8.4217	7.8431	7.3300	6.8729	6.4641	6.0971	5.7662	5.4669	5.1951	4.9476
26	8.4881	7.8957	7.3717	6.9061	6.4906	6.1182	5.7831	5.4804	5.2060	4.9563
27	8.5478	7.9426	7.4086	6.9352	6.5135	6.1364	5.7975	5.4919	5.2151	4.9636
28	8.6016	7.9844	7.4412	6.9607	6.5335	6.1520	5.8099	5.5016	5.2223	4.9697
29	8.6501	8.0218	7.4701	6.9830	6.5509	6.1656	5.8024	5.5093	5.2292	4.9747
30	8.6938	8.0552	7.4957	7.0027	6.5660	6.1772	5.8294	5.5168	5.2347	4.9789
35	8.8552	8.1755	7.5856	7.0700	6.6166	6.2153	5.8582	5.5386	5.2512	4.9915
40	8.9511	8.2433	7.6344	7.1050	6.6418	6.2335	5.8713	5.5482	5.2582	4.9966
45	9.0079	8.2825	7.6609	7.1232	6.6543	6.2421	5.8773	5.5523	5.2611	4.9986
50	9.0417	8.3045	7.6572	7.1327	6.6605	6.2463	5.8801	5.5541	5.2623	4.9995
60	9.0736	8.3240	7.6873	7.1401	6.6651	6.2491	5.8819	5.5553	5.2630	4.9999

찾아보기

찾아보기

ㅁ

ㅂ

ㅅ

ㅇ

ㅈ

A

B

C

T

U

V

W